A IRA DE DEUS

Edward Paice

A IRA DE DEUS

A INCRÍVEL HISTÓRIA DO TERREMOTO
QUE DEVASTOU LISBOA EM 1755

Tradução de
MÁRCIO FERRARI

3ª EDIÇÃO

EDITORA RECORD
RIO DE JANEIRO • SÃO PAULO
2024

CIP-BRASIL. CATALOGAÇÃO NA PUBLICAÇÃO
SINDICATO NACIONAL DOS EDITORES DE LIVROS, RJ

P16li
3. ed.

Paice, Edward
A ira de Deus / Edward Paice; tradução Márcio Ferrari. – 3ª ed. –
Rio de Janeiro: Record, 2024.

ISBN 978-85-01-08653-2

1. Terremotos – Portugal – Lisboa. 2. Lisboa (Portugal) – História –
Séc. XVIII. I. Título.

09-5332

CDD: 946.9425
CDU: 94(469):550.348.436

Título original em inglês:
WRATH OF GOD

Copyright © 2008 by Edward Paice
Originalmente publicado no Reino Unido por Quercus, 2008

Todos os direitos reservados. Proibida a reprodução, armazenamento ou transmissão de partes deste livro, através de quaisquer meios, sem prévia autorização por escrito. Proibida a venda desta edição em Portugal e resto da Europa

Direitos exclusivos de publicação em língua portuguesa para o Brasil
adquiridos pela
EDITORA RECORD LTDA.
Rua Argentina, 171 – Rio de Janeiro, RJ – 20921-380 – Tel.: (21) 2585-2000.
que se reserva a propriedade literária desta tradução

Impresso no Brasil

ISBN 978-85-01-08653-2

Seja um leitor preferencial Record.
Cadastre-se no site www.record.com.br
e receba informações sobre nossos
lançamentos e nossas promoções.

Atendimento e venda direta ao leitor:
sac@record.com.br

EDITORA AFILIADA

Para Stephanie
e os recém-chegados, Ted e Arthur

SUMÁRIO

Mapa de Lisboa	9
Agradecimentos	11
Introdução: Terremoto? Que terremoto?	13

Parte Um: Um Império folheado a ouro

1. Quem nunca viu Lisboa não viu coisa boa	23
2. Na Corte do rei João	39
3. *Terra incognita*	53
4. A tempestade se aproxima	71

Parte Dois: Uma conspiração dos elementos

5. Dia de Todos os Santos	89
6. Uma cidade em ruínas	97
7. Ondas de choque	107
8. Fogo e água	117
9. Teletsunami	125
10. O segundo grande tremor	133

11. A primeira noite   143

12. "Horroroso deserto"   151

13. Leis e desordem   165

14. As notícias se espalham   171

15. Ajuda e medo   181

16. O saldo de mortes   193

17. Chuva, falência e revolução   199

18. Jejum e filosofia   215

Parte Três: Depois do terremoto

19. Execuções   229

20. O fim do otimismo e o nascimento de uma ciência   239

21. Progresso lento, recessão e o reinado do terror   249

22. O fim de Pombal   259

23. Memórias e memoriais   267

Notas   279

Bibliografia   299

Índice remissivo   313

AGRADECIMENTOS

Gostaria de agradecer às seguintes pessoas por responderem às minhas consultas, fornecerem orientações interessantes de pesquisa e me cumularem de outras gentilezas: professor Miguel Telles Antunes (diretor do Museu da Academia das Ciências de Lisboa, por me guiar nas escavações da recém-descoberta vala comum); Ana Catarina Almeida (da Faculdade de Letras da Universidade de Lisboa); Alison Blakely, GMD Booth (arquivista sênior do Warwickshire County Council, repositório dos papéis de John Dobson); Ann Branton (da revista *The Southern Quarterly*); Max Edelson (da Universidade de Illinois em Urbana-Champaign, por me dar acesso a sua monografia "All may fall: the commercial impact of the Lisbon earthquake of 1755 on the British Atlantic World ["Tudo pode cair: o impacto comercial do terremoto de Lisboa de 1755 no mundo atlântico britânico"], apresentada no Encontro Anual de 2006 da Social Science History Association, em Minneapolis); David Edmunds (proprietário da livraria John Drury Rare Books, por me deixar ler e citar o manuscrito de Benjamin Farmer *Some account of Timothy Quidnunc the author by the editor*); Lynn Finn (do Centre for Kentish Studies, detentor de uma cópia do manuscrito de Thomas Chase); Maria Alexandre Lousada (do Centro de Estudos Geográficos da Universidade de Lisboa); Dr. Paulo Lowndes Marques, cavaleiro da Ordem do Império Britânico, e a British

Historical Society of Portugal; Bill Monaghan (do Norfolk Record Office, repositório dos escritos de Henry Hobart); Oliver Nicholson; David Powell (da Congregational Library, repositório da publicação *Lisbon's voice to England, particurlarly to London*, atribuída a Samuel Hayward); Emma Rainforth (da History of Earth Sciences Society); Henry F. Scammell e Kristin Fowler (da Boston Public Library); e Dr. José Vicente Serrão (do Instituto Superior de Ciências do Trabalho e da Empresa). As equipes da Biblioteca Nacional de Lisboa, da British Library, dos National Archives e da Royal Society Library também foram extremamente solícitas.

Alexandra Markl, do Museu Nacional de Arte Antiga de Lisboa, e Esmeralda Lamas e Rosário Dantas, do Museu da Cidade, cederam-me grande parte de seu tempo e conhecimento ao me ajudarem a selecionar imagens.

Meus agradecimentos especiais a Anthony Cheetham, Richard Milbank, Slav Todorov, Georgina Difford e a todos os outros da editora Quercus, pela confiança e pelo entusiasmo em relação a este projeto; a Linden Lawson e ao cartógrafo David Hoxley; a Álvaro Nóbrega, em Lisboa; a Georgina Capel, por seu sábio aconselhamento; e, como sempre, a Terry Barringer, por ajudar de inúmeros modos.

INTRODUÇÃO

Terremoto? Que terremoto?

O 250º aniversário do terremoto de Lisboa, em novembro de 2005, foi marcado por numerosas conferências acadêmicas e uma pletora de artigos especializados da autoria de sismólogos, filósofos e historiadores. Tendo caído menos de um ano depois das imensas perdas de vidas em razão do *tsunami* desencadeado pelo terremoto de Sumatra-Andaman, cinco semanas depois da destruição de Nova Orleans pelo furacão Katrina e menos de um mês depois do terremoto na Caxemira, a efeméride se revestiu de pungência adicional. Os terremotos de Lisboa e de Sumatra-Andaman foram ambos de duração, magnitude e intensidade excepcionais; ambos desencadearam *tsunamis*; ambos envolveram colossais perdas de vidas. No caso de Lisboa, incêndios também devastaram a cidade durante mais de uma semana após o abalo, destruindo uma área maior e mais edifícios do que o Grande Incêndio de Londres em 1666 e fazendo da capital do Império Português a vítima de uma tripla hecatombe sem similar.

A grandiosidade da devastação infligida a Lisboa é incontestável. Um século depois, o *Manual para viajantes em Portugal* [*Handbook for Travellers in Portugal*], de John Murray, pôde descrevê-lo como a "mais terrível catástrofe registrada pela história"[1] sem ser acusado de hipérbole indevida. Cento e cinquenta anos mais tarde, o geofísico norte-americano Harry Fielding Reid afirmou, na esteira do terremoto de

São Francisco, que o de Lisboa "ainda continua o mais importante da História",[2] e o autor de um artigo sobre o mesmo acontecimento, na revista *Geographic Journal*, escreveu que "podemos antecipar, com segurança, que o terremoto de 18 de abril terá lugar nos anais da sismologia abaixo apenas do ocorrido em Lisboa em 1755".[3] No bicentenário deste, Charles Boxer, professor de Português do King's College de Londres, especializado em Luís de Camões, afirmou que foi um "desastre que afetou a Europa em seu tempo do mesmo modo que a explosão da bomba atômica em Hiroxima abalou o mundo recentemente".[4] No fim do século XX, eminentes cientistas ainda se referiram ao "evento" de 1755 como sendo "possivelmente o maior terremoto já descrito pela história";[5] como "provavelmente o maior desastre sísmico a atingir a Europa Ocidental";[6] e como "um dos mais devastadores [desastres naturais] ocorridos num núcleo populacional do Ocidente".[7]

Mesmo assim, além dos corredores das academias, e além das fronteiras de Portugal, o que aconteceu no Dia de Todos os Santos de 1755 não deixou uma marca na imaginação popular comparável, por exemplo, à destruição de Pompeia em 79 d.C. — ainda que seus efeitos tenham sido visíveis ou perceptíveis pela Europa Ocidental. Nove entre dez europeus viajados e bem informados ainda o desconhecem. "É uma fonte de grande perplexidade", observou o grande geógrafo Peter Gould, "que esse evento ambiental devastador, bem no meio do século do Iluminismo, em geral mal deixe uma breve referência em muitos trabalhos de bom nível escritos por biógrafos e historiadores. (...) Se Voltaire não tivesse criado seu célebre *Poema sobre o desastre de Lisboa*, é possível perguntar se o acontecimento não teria desaparecido completamente da memória humana."[8]

Realmente é uma fonte de "grande perplexidade", dado o impacto naquela época. "Terremotos já tinham ocorrido antes, e cidades inteiras haviam sido destruídas por eles, mas nenhum teve repercussão comparável ao da tragédia de Lisboa", escreveu Charles Boxer. Foi um acontecimento que "realmente fez as pessoas pensarem"[9] e que levaria a uma revolução no pensamento europeu, reputada por Goethe como comparável à Revolução Francesa. Em outras palavras, o terremoto de Lisboa foi sem dúvida "um ponto de inflexão na história humana",[10]

INTRODUÇÃO   15

"a primeira catástrofe moderna",[11] e até se disse que no fim do século XVIII a palavra "Lisboa" adquiriu conotações malignas "do mesmo modo como hoje utilizamos a palavra Auschwitz".[12] Também foi "notável por ter sido o primeiro [terremoto] a ser investigado segundo os parâmetros da ciência moderna".[13]

Em muitos dos mais volumosos tomos sobre a História da Europa no século XVIII onde esperamos encontrar o terremoto de Lisboa, muitas vezes ele está inexplicavelmente ausente ou é apenas mencionado;[14] outros contêm surpreendentes erros factuais e até, como no caso de um livro premiado, e de resto excelente, publicado em 2006, datam o desastre com o ano errado.[15] Talvez a explicação para essa "vista grossa" possa ser encontrada na queixa feita por Fernando Pessoa, na década de 1920, de que "para o britânico médio e, de fato, para qualquer outro estrangeiro médio (exceto o espanhol), Portugal é um pequeno e vago país em algum lugar da Europa, que às vezes as pessoas creem fazer parte da Espanha".[16] Pode ser que apenas um reduzido punhado de desastres naturais tenha deixado impressões na imaginação popular. Talvez a ausência de produção literária não religiosa — romances, diários e assim por diante — em meados do século XVIII em Portugal, atribuível em parte à rigorosa censura do Estado e da Igreja, tenha turvado a lembrança da maior tragédia do país. Em sua vasta obra *Depois do terremoto*, Gustavo de Matos Sequeira observou que, com uma ou duas exceções, as fontes portuguesas não passavam de "uma vasta série de documentos inúteis".

Seja qual for a explicação, felizmente muitos estrangeiros — a maioria deles comerciantes ingleses residentes em Lisboa — deixaram testemunhos oculares escritos em linguagem clara e expressiva que ainda transmitem ao leitor contemporâneo o horror do que aconteceu. Alguns deles foram muito citados ou reunidos em coletâneas, como a produzida pela British Historical Society of Portugal, *The Lisbon earthquake of 1755: British accounts*. Outros aparecem em versão impressa pela primeira vez neste livro, e, se alguma reivindicação de originalidade pode ser feita para este volume, é o modo como os relatos estão reunidos para reconstruir os terríveis acontecimentos do Dia de Todos os Santos de 1755 e suas consequências.

Em 2004, uma vala comum foi descoberta no Museu da Academia de Ciências de Lisboa. Eram túmulos que haviam sido abertos atrás do pátio do antigo Convento Franciscano de Nossa Senhora de Jesus e preenchidos até a borda com os corpos, ou, mais apropriadamente, pedaços de corpos de pelo menos 3 mil homens, mulheres e crianças, com uma variedade de pertences. Cinzas e muita madeira queimada também foram encontradas entre os ossos.

Essas pessoas não haviam sido enterradas com qualquer ritual, uma anomalia evidente num país profundamente religioso. Elas foram apenas empilhadas rapidamente dentro das covas e cobertas de terra nos fundos do mosteiro, provavelmente um bom tempo depois de mortas. Outras peculiaridades começaram a aparecer à medida que se examinavam os pedaços de corpos. Muitos crânios haviam sido esmagados, outros haviam "explodido" devido ao contato com uma fonte de calor extremo. Partículas de areia haviam se fundido com muitos dos ossos, reação que requer uma temperatura acima de 1.000 graus centígrados. A presença de cloro em alguns objetos de prata sugeria interação com água do mar.

Tiveram sorte os que morreram rapidamente durante aquilo que o professor Miguel Telles Antunes, coordenador das escavações, chama de "ocorrências singulares e calamitosas". Num grande número de casos, talvez a maioria, os mortos foram sujeitados a agressões violentas impostas por mãos humanas durante o período de total e apavorante anarquia que se seguiu ao terremoto. Há crânios perfurados por balas de chumbo, e um grande número de ossos ostenta sinais de cortes. As marcas de faca num fêmur exumado indicam a possibilidade de canibalismo. Os numerosos cortes rasos no crânio de uma criança de 2 anos sugerem que, antes de morrer, ela foi usada para extorquir alguma coisa de seus pais — bens ou aquilo que teria sido a mais cobiçada de todas as posses: comida.

É impossível que o Convento de Nossa Senhora de Jesus tenha sido o único local escolhido para uma vala comum em 1755, o que levanta uma questão perturbadora: quantos mais jazem sob a cidade?

PARTE UM

Um Império folheado a ouro

"E a terra balançou e tremeu:
as bases dos montes se abalaram,
por causa de Seu furor estremeceram."

Salmos 18:8

CAPÍTULO 1

Quem nunca viu Lisboa
não viu coisa boa

Para os intrépidos viajantes ingleses que partiram rumo a Lisboa em meados do século XVIII, o momento em que o paquete saído do porto de Falmouth chegou ao delta do rio Tejo foi motivo de comemoração. Quatro desses navios de 150 toneladas, dois mastros e velas quadradas fizeram a rota entre Falmouth e Lisboa carregando correspondência e alguns passageiros. Eles mediam apenas 24 por 7 metros e haviam sido construídos com ênfase na rapidez, não no conforto. Conseguiam vencer uma boa distância — uma distância *realmente* muito boa — em apenas 80 horas. Uma travessia normal durava oito ou nove dias, e as tempestades violentas comumente encontradas no golfo de Biscaia causavam terríveis enjoos. Depois de ultrapassar "The Groyne" (o quebra-mar), como era conhecido pelos ingleses o porto de La Coruña, na Galícia, e o cabo Finisterra, os mares costumavam ficar mais tranquilos. Mas a tranquilidade das águas sob o espesso nevoeiro que habitualmente cobre a costa portuguesa era igualmente desconfortável — e transformava em obstáculos mortais pontos de referência normalmente úteis como as ilhas Berlenga.

Corsários hostis eram outro perigo, mesmo em épocas de paz, e não havia talvez destino mais temido do que um encontro com os piratas berberes — saqueadores que infestavam o litoral português e não estavam familiarizados com os últimos tratados ou acordos que seu sultão havia feito com a coroa inglesa e tampouco tinham respeito por eles. Em 1749, nem a bandeira branca levada pelo *Prince Frederick* nem o fato de que o paquete havia sido batizado com o nome do herdeiro do trono tinham sido proteções suficientes para o capitão Williston e sua tripulação, que foram arrastados para a Argélia e aliviados de sua carga de 41 pacotes de prata, 70 de ouro e dois de diamantes. Na ocasião, o furor político que se seguiu assegurou a rápida libertação dos tripulantes e dos passageiros, o que os poupou de se tornarem escravos ou soldados do exército do sultão. Muitos outros homens capturados pelos piratas berberes não tiveram a mesma sorte.

A vista do cabo da Roca (forma arcaica da palavra rocha) era a primeira indicação de que o fim da viagem estava próximo. Os penhascos, que se erguiam 150 metros acima das águas do Atlântico, marcavam o ponto mais ocidental da Europa e eram coroados por uma pequena casa solitária que teria sido por muitos anos a residência de um ex-capitão do mar inglês após renunciar a uma vida de pecado. A distância, viam-se as encostas verdes das montanhas de Sintra, que então ganhava rapidamente uma reputação paradisíaca entre os poucos estrangeiros que a haviam visitado. Poucas milhas mais ao sul, o paquete passou o cabo Raso, e aqui, se os ventos e marés fossem favoráveis, os comandantes podiam virar em direção ao leste para entrar em Lisboa.

Depois dessa mudança de percurso, o paquete seguia a linha costeira além da cidadela do pequeno porto pesqueiro de Cascais rumo à passagem entre a Fortaleza de São Julião da Barra, uma imensa construção do século XVII com 94 canhões, localizada num árido promontório em Oeiras, e um outro forte, o de São Lourenço do Bugio, também chamado de "o Bugio", construído sobre um banco de areia em meio à correnteza. Era nesse estreito que o Tejo se encontrava com o mar depois de percorrer mais de 1.000 quilômetros desde sua nascente na serra de Albarracín, na Espanha. Tempestades e piratas berberes à parte, a barra do rio era a parte mais perigosa de toda a travessia. O Cachopo do Sul,* banco sobre

---

* Um *cachopo* é também um tipo de sanduíche asturiano. *(N. do A.)*

QUEM NUNCA VIU LISBOA NÃO VIU COISA BOA 25

o qual o Bugio foi construído, e o Cachopo do Norte — ou os *Ke-tchips* do sul e do norte, para os marinheiros ingleses — criavam dois canais pelos quais todos os navios "passavam por funis": o do norte era perigosamente estreito e raso, e o do sul, conhecido como "carreira da Alcáçova", era difícil de navegar por causa dos indefectíveis ventos noroeste.

Com seus redemoinhos e sua mínima tolerância a erros, "a Barra" havia muito se provara um cemitério tanto para aliados como para inimigos descuidados ou sem sorte, assim como, num episódio famoso, para uma das próprias naus das Índias Portuguesas, a *Nossa Senhora dos Mártires*, que havia batido, 150 anos antes, contra os muros da Fortaleza de São Julião, afundando com uma carga de cerâmica chinesa, pimenta e outros tesouros. Depois disso, todos os barcos passaram a confiar num navegador local para enfrentar um perigo que também consistia numa defesa militar muito melhor do que todos os canhões dos dois fortes. Essa era, geralmente, a ocasião do primeiro encontro com um português, e, nas palavras de um jovem inglês, "sua aparição era o maior divertimento". "O navegador vestia sua longa capa jogada uma segunda vez sobre o ombro esquerdo, o que, somado a um comprido chapéu de abas viradas para cima e um par de botas longas, lhe conferia a aparência de uma impagável caricatura", dizia o relato. "Com muita pompa, ele desfilava para cima e para baixo do convés, comendo carne salgada dada a ele pelos marinheiros, que se ofendiam porque ele separava a gordura e jogava-a no mar, provocando palavras de maldição contra seu *estômago português*."[1]

Uma vez ultrapassada a Barra com segurança, uma sucessão de fortes em variados estágios de abandono eram avistados ao longo da margem norte do Tejo. Passado o imenso forte em estilo mourisco de São João das Maias, depois o de São Bruno, no ponto onde o rio Barcarena desaguava no Tejo, surgia a entrada de Lisboa: o bairro de Belém, ou, para os ingleses, "Bellisle". Aqui, a algumas dezenas de metros da margem, se erguia a bela e incomum visão da Torre de Belém, com suas 17 canhoneiras entalhadas em paredes de mais de 3 metros de espessura. Mandado construir por D. Manuel I no início do século XVI, o forte tinha ornamentos intrincados — esferas armilares (símbolos da navegação), cordames esculpidos em pedra (símbolos das habilidades marítimas), navios portugueses sob velas que ostentavam a cruz de São Jorge (símbolos do empenho evangelizador) e cúpulas em formato de pimenteiro nos postos de sentinela das arestas — que combinavam traços mouriscos, orientais e góticos* e assim serviam para lembrar aos recém-chegados que Portugal não pertencia nem à Europa Setentrional nem ao mundo mediterrâneo, e que o Tejo era uma fronteira entre o Norte e o Sul, a Europa e a África, o europeu e o mouro.

Mas antes de tudo e principalmente, a Torre de Belém era um monumento à grande "era dos descobrimentos". Foi desse ponto que Vasco da Gama e sua armada de quatro navios partiram em 1497, voltando dois anos mais tarde, depois de descoberta a rota marítima para a Índia; que Pedro Álvares Cabral partiu para a Índia em 1500 e, no caminho, se tornou o primeiro europeu a pisar no litoral do Brasil; que Afonso de Albuquerque saiu para consolidar as conquistas portuguesas na costa oriental da África, no golfo Pérsico e na Índia, e que uma missão diplomática foi despachada para a Abissínia, chegando a suas terras altas em 1520. Como observou um viajante do século XVIII, "numa época em que as outras nações da Europa estavam afundadas em indolência e ignorância, [os portugueses] se empenhavam em propagar o cristianismo, combater os infiéis e ampliar nosso conhecimento do planeta".[2] Esse era o legado marítimo que a torre apresentava aos recém-chegados e lhes lembrava que estavam pedindo permissão de acesso à capital de um vasto império e ao porto mais importante do oceano Atlântico.

Todas as embarcações recebiam saudações do forte, de onde se pedia que ancorassem em Belém enquanto eram submetidas a revistas pelo inspetor de saúde. Qualquer um que tentasse escapar desse processo tomando o rumo da margem sul do Tejo caía sob disparos dos canhões

---

* Uma descrição sucinta do estilo peculiar da arquitetura manuelina a qualificou como "uma espécie de gótico superadornado e subdecadente" (Young, p. 23). *(N. do A.)*

da Torre Velha, em Caparica, a pouco menos de 2 quilômetros. Com as exceções dos paquetes de Falmouth e dos navios de guerra, todos os barcos também eram revistados à procura de contrabando. Com quase mil barcos chegando a cada ano, as autoridades municipais temiam epidemias — a "peste"* de 1723, que começou nos arredores da catedral de Lisboa, havia matado cerca de 6 mil moradores. Também eram considerados contrabando a literatura herética e qualquer item que violasse um dos muitos monopólios reais — até mesmo os estoques pessoais de tabaco e rapé dos marinheiros. O zelo com que os agentes alfandegários assumiam sua missão era costumeiramente alvo de farta zombaria e demonstrações de desprezo por parte dos marujos ingleses, convictos de que o processo todo se destinava principalmente a cobrar subornos (ou roubar abertamente).

O tempo gasto nesse processo, no entanto, permitia aos recém-chegados a oportunidade de tomar contato com as cercanias, em particular com a colossal fachada "gótica" de pedra calcária, com extensão de 300 metros, do Mosteiro dos Jerónimos. Esse "polígono de pérgulas petrificadas",[3] como foi descrito muitos séculos depois, também tinha sido encomendado por D. Manuel I para comemorar os feitos de Vasco da Gama e atender às necessidades espirituais dos marinheiros e exploradores que partiam do Tejo. Foi pago, em grande parte, pelos imensos lucros do comércio monopolista de Portugal com o Oriente. Depois do mosteiro, ficava um testemunho das riquezas conquistadas mais recentemente: na década de 1720, D. João V havia adquirido nesse local um pequeno palácio e várias porções de terra. Ali se dedicou a criar uma "cidade da realeza". Trinta anos depois, esse magnífico complexo régio, que incluía uma Casa da Ópera exclusiva, palco de estreia do repertório italiano em Portugal, foi considerado pelos portugueses um equivalente do Palácio de Kensington, em Londres.

---

* Essa "peste" era provavelmente a "febre do vômito negro", ou febre amarela, e não — como se temia — a chegada da peste bubônica, vinda de Marselha, que matou 100 mil pessoas. *(N. do A.)*

28   A Ira de Deus

Depois de deixar Belém, os capitães dos paquetes em geral os conduziam tão rentes à margem que era possível discernir os rostos das pessoas transportadas em seges, cabriolés ou carruagens pela rua da Junqueira, indo ou voltando do centro da cidade. Até as carruagens reais, que eram as maiores e mais caprichosamente adornadas de toda a Europa, podiam ser vistas rodando ao longo da margem. Se por acaso toda a corte estivesse se locomovendo, haveria um comboio de centenas de carruagens. E se a comitiva real cruzasse o Tejo ou navegasse correnteza acima rumo aos campos de caça do palácio em Salvaterra, cerca de trezentas lanchas e outros barcos fariam todo o tráfego fluvial parar respeitosamente. Esse trecho final da jornada permitia a magnífica visão de uma sucessão de quintas e mansões nobres — o Palácio da Ribeira Grande, o Palácio dos Patriarcas e o Palácio de Sabugosa, da família César de Menezes, o Palácio das Águias, do secretário de Estado Diogo de Mendonça Corte-Real, e o Palácio da Ega — intercaladas por casas brancas cercadas de áreas verdes, que pertenciam aos meros mortais, além de muitos moinhos de vento. As rosas pareciam florescer até mesmo no inverno, ao lado das exóticas e onipresentes aleias de buganvílias.

A 2,5 quilômetros de Belém, outra propriedade real podia ser vista, compreendendo um palácio e uma quinta: o Mosteiro das Flamengas, fundado por monges flamengos fugidos de perseguição no século XVI, e atrás dele a Real Tapada de Alcântara, terreno de caça da corte. Através da nova ponte sobre o rio Alcântara, que se unia ao Tejo num ancoradouro para os mastros do rei, chegava-se ao Convento do Monte Calvário e ao Forte de Alcântara, ambos na margem do rio. Um pouco acima ficava a nova fábrica real de pólvora. A atmosfera, como observavam todos os visitantes, parecia agradavelmente pura e sadia, "deliciosa de tão suave".[4]

O Portão de Alcântara, um dos 43 nos muros da cidade, marcava sua extremidade ocidental e, uma vez ultrapassado, via-se outro edifício da realeza, o Palácio das Necessidades, construído num terreno um pouco recuado da margem do rio, sobre um ligeiro aclive. Este também foi construído por D. João V na década de 1740. Os irmãos do rei, António e Manuel, viviam no palácio. Anexados a ele havia um convento e uma capela da Ordem do Oratório, com uma biblioteca de 30 mil livros que teriam custado 120 mil cruzados (15 mil libras esterlinas à época). Um pouco mais adiante, bem na praia em frente à colina da Lapa, ou "Buenos Ayres", como a chamavam os ingleses, ficava o palácio de Francisco de Assis de Távora, terceiro conde de Alvor, patriarca de uma das mais poderosas famílias do país. Quatrocentos e cinquenta metros para o leste, em Santos, ficava o igualmente magnífico palácio do marquês de Abrantes, e atrás dele colunas de fumaça se levantavam das fogueiras queimando no bairro de Madragoa, então chamado de "Mocambo", lar da maior concentração de africanos da Europa; em outra colina, para o nordeste, ficava o pesado Convento de São Bento.

Atrás da "Escadaria dos Paquetes", ao lado de uma pedra na margem do rio conhecida como rocha do Conde de Óbidos, se levantava a colina de Santa Catarina e, atrás dela, surgia no cenário o Convento de São Francisco, carbonizado pelo grande incêndio que o devastou em 1741. Abaixo, na margem do rio, estava o sólido e bojudo edifício da nova Casa da Moeda, a igreja de São Paulo e uma área bem conhecida de todos os marinheiros — os Remolares, moradia de muitos huguenotes franceses e de um número ainda maior de irlandeses e homens do mar. À direita havia outro local familiar aos marinheiros — a Cadeia do Tronco, onde eram jogados se suas estripulias em terra saíssem do controle. De frente para a margem, erguia-se o Palácio dos Corte-Real. Esse prédio imponente media 60 metros de lado, com suas inconfundíveis pequenas torres pontiagudas em cada extremidade, e havia sido o palácio de D. Pedro II no século anterior. Mas, depois que um grande incêndio o consumiu em 1750, tornou-se um cenário um tanto desolador, com seus 185 cômodos e 18 salões reais, distribuídos em volta de um jardim italiano que se estendia até a margem do rio, totalmente abandonados.

A 4 quilômetros de Belém e a 14 do oceano, depois dos estaleiros e docas reais conhecidos como Ribeira das Naus, ficava o coração político e comercial de Lisboa, o Terreiro do Paço, praça do Palácio Real. O próprio palácio, do lado esquerdo, dominava o espaço aberto. Como tantos dos marcos distintivos da cidade, este também datava do reinado de D. Manuel I, mas passou por significativas alterações e ampliações nos anos posteriores, principalmente durante a "ocupação" espanhola, quando seu imenso e quadrangular torreão à beira do rio foi construído por ordem do rei Felipe II. Projetado pelo arquiteto italiano Filippo Terzi, ele abrigava um arsenal no andar térreo; a biblioteca régia, uma longa galeria conhecida como Sala dos Tudescos — na qual as pessoas se reuniam durante as audiências do monarca — e os aposentos da rainha ficavam no primeiro andar; e a Ala dos Embaixadores e os apartamentos do rei, no andar acima. Os visitantes eram apresentados a um balcão da torre que teria sido utilizado pelos rebeldes portugueses, em 1640, para atirar de cabeça no Tejo um representante do domínio espanhol, o secretário de Estado Miguel de Vasconcelos. Um século depois também se dizia, talvez com um grau maior de veracidade, que D. João V havia gasto somas prodigiosas de dinheiro neste seu "palácio da cidade" e que todos os seus apartamentos eram "notáveis pela grandiosidade e variedade de estilos, por suas caras tapeçarias e rico mobiliário".[5] O Paço da Ribeira, como o palácio à beira-rio era conhecido, também foi ampliado para incorporar uma nova Casa da Índia, onde todos os negócios com o exterior eram supervisionados, uma Casa da Ópera considerada por alguns como "uma das mais requintadas construções da Europa",[6] e uma nova e suntuosa igreja da sé.

Do Paço da Ribeira, o rei podia apreciar a reconfortante visão de centenas e centenas de barcos no mar da Palha, um dos mais amplos e espetaculares ancoradouros do mundo, e ter certeza de que todos eles estavam de alguma forma tornando mais volumosas as riquezas dos cofres reais. Abrindo caminho entre os navios maiores estavam incontáveis embarcações: catraieiros (como eram chamados os estivadores) transportando passageiros através do Tejo em suas velozes faluas de dois mastros (conhecidas como "peixes-feijão" pelos ingleses, por causa da curva em forma de cimitarra de seus cascos); muletas (pequenos barcos de pesca) fisgando sardinhas; chatas trazendo para Lisboa a lenha da floresta na margem sul; espalhafatosos barcos de palha tão abarrotados que pareciam prestes a virar; e grandes fragatas transportando cargas diversas de um lado para o outro.

O mar da Palha era na verdade um mar interior, mas sua grande extensão permitia que tempestades ferozes irrompessem num instante. Dentre as que ainda estavam vivas na memória, a de novembro de 1724 havia sido uma das piores — uma centena de navios ou mais teriam afundado ou encalhado. Mesmo alguns ventos mais fortes podiam vir acompanhados de trovões de tamanha violência que eram sentidos no fundo dos porões dos navios, além de relâmpagos "assombrosos a ponto de os céus parecerem estar inteiramente em chamas", nas palavras de um vigário inglês que testemunhou um deles. "Eu confesso que não foi pequeno o efeito em mim, porque tive a impressão de que representavam uma amostra dos terrores e das forças do Todo-poderoso", dizia o religioso em seu relato.

Mas eram céus azuis e límpidos que davam as boas-vindas mais frequentes aos recém-chegados, e muitas vezes era possível enxergar tão longe em direção ao sul que se via a serra da Arrábida, a mais de 30 quilômetros de distância. A bela luz de Lisboa realçava o encanto da cena; na penumbra do entardecer, o ar se enchia do som dos barqueiros entoando rezas vespertinas, e à noite o rio brilhava como se estivesse "cheio de diamantes reluzentes".[7] Diz a lenda que a cidade foi fundada por Ulisses, depois da destruição de Troia, daí seu antigo nome de Ulissipo (ou Olissipo), e os moradores locais diziam que foi construída, como Roma, sobre sete colinas. Quer sejam as histórias verdadeiras ou não, ninguém podia negar que, vista do rio, Lisboa era "uma das mais opulentas, populosas e (...) magníficas cidades da Europa",[8] ou mesmo "uma das mais belas paisagens do mundo"[9] e até "obra de algum benevolente feiticeiro".[10] Não é de admirar que, a qualquer oportunidade, os "alfacinhas",* como são chamados jocosamente os lisboetas, estavam prontos a declarar orgulhosamente: "Quem nunca viu Lisboa não viu coisa boa."

Se a vista de quem chegava pelo Tejo era indiscutivelmente bela, a primeira impressão da cidade para os que desembarcavam em terra firme com pernas trêmulas era de que "as regiões interiores de modo algum correspondiam a seu esplendor externo".[11] Qualquer pessoa do

---

* A origem do termo é obscura. *(N. do A.)*

Norte da Europa ficava surpresa ao perceber como Lisboa era diferente, a ponto de mal ser possível reconhecê-la como uma cidade do mesmo continente. O grande número de escravos e ex-escravos vindos da África e do Brasil chamava imediatamente a atenção. Alguns viajantes do século XVIII calcularam que até 200 mil almas eram "avermelhadas, negras e marrons".[12] Escravos das galés podiam ser vistos por toda parte, desempenhando trabalhos domésticos para o rei ou para as autoridades municipais, e muitos dos limpadores de rua, lavadeiras, vendedores de mariscos, feirantes, pintores de paredes e guarda-costas dos comerciantes e dos nobres eram negros. Eles tinham um dialeto próprio e inconfundível, danças exclusivas, que chocavam os não iniciados por sua "lascívia", e demonstravam seu grande amor pela música tocando bandolins, tamborins e violões nas esquinas.

Igualmente surpreendente para os forasteiros eram as hordas de padres, monges e frades, mais numerosos que os soldados que havia em Berlim. Acreditava-se consensualmente que um em cada seis adultos de Lisboa era clérigo de alguma denominação, e muitas cidades pareciam congestionadas pelos hábitos negros dos jesuítas, os hábitos roxos dos agostinianos e as túnicas brancas, escapulários, capas e capuzes dos dominicanos e dos jerônimos — para mencionar apenas algumas das ordens. Com mais de quinhentos mosteiros e conventos e incontáveis igrejas, Portugal nessa época veio a ser memoravelmente descrita como "mais tomado de monges do que qualquer outro país do mundo, com a possível exceção do Tibete".[13] Dificilmente havia um dia do ano sem alguma procissão vagando pela cidade ou sem a celebração pública do santo do dia. No entardecer, não importa onde ou o que estivessem fazendo, todas as pessoas deviam parar e orar quando os sinos repicavam.

A pele escura herdada dos mouros pelos saloios, camponeses que transportavam suas variadas mercadorias até as ruas da cidade, era outra visão desconhecida, assim como o grande número de ciganos, videntes e saludadores, os curandeiros que prometiam a solução para tudo, desde uma decepção amorosa até doenças veterinárias e disfunções sexuais. Feitiço, superstição e magia pareciam escorrer dos próprios muros das ruas e becos estreitos e sinuosos. E havia as hordas de "meninos desamparados", os enxames de mendigos e as legiões de cegos vendendo textos teatrais pendurados em varais. A miséria era mais evidente do que em qualquer outra capital da Europa e a violência, endêmica. Todos os homens carregavam espadas ou adagas sob as longas capas negras; havia rixas ancestrais entre diferentes freguesias, e à noite ladrões reinavam sem que houvesse vigilância de qualquer força policial. Gangues de jovens nobres, equivalentes aos *roaring boys* da Londres elisabetana, também tiravam vantagem das ruas sem iluminação para se entregarem ao rito de passagem tradicional de atacar tabernas, bordéis e uns aos outros. "Os assassinatos são tão comuns que quase ninguém lhes dá atenção, e, se você vir um deles acontecer sob sua janela, não há nada a fazer, a não ser se fechar em casa", escreveu um visitante inglês.[14]

Mulheres eram uma visão rara, exceto entre os saloios e os escravos. Segundo um dito popular, elas só saíam de casa para serem batizadas, casadas ou enterradas. No verão, o calor era sufocante e as revoadas de insetos, irritantes. Quando chovia, era com extrema violência — um grande alívio, na opinião dos muitos que consideravam a cidade a mais suja e insalubre que já tinham visto. Na maré vazante, a região da Baixa, o coração da cidade, localizada numa depressão de terreno que se estende ao norte para além do Terreiro do Paço, era invadida pelo mau cheiro da lama do Tejo, e todo o esgoto era despejado pelas janelas nas ruas e nas cabeças de qualquer passante suficientemente infeliz para não reagir a tempo ao grito de "água vai" vindo de cima. Não havia clubes e eram poucos os tipos de diversão como aqueles que em Londres causavam furor. Provenientes de uma cidade com 6 mil cervejarias, 9 mil lojas de conhaque e um consumo médio — entre adultos e crianças — de um litro de gim por semana, Lisboa parecia quase seca aos olhos dos ingleses. E ainda havia os cachorros, dezenas de milhares de vira-latas sarnentos patrulhando as ruas de dia e uivando de noite.

Por outro lado, para quem estivesse disposto a se desvencilhar de prevenções e preconceitos e lembrasse que também existiam favelas, imundície, *smog*, tráfego congestionado, porcos e lama em Londres, as ruas eram puro espetáculo. No nível do chão, havia o constante rumor de zum-zum (fofocas) e murmuração (sussurros), os inconfundíveis gritos dos feirantes, o som dos instrumentos e canções exóticas, a visão de mulheres sentadas de pernas cruzadas em tapetes de cortiça e bambu, pedestres fumando charutos birmaneses e jogando cartas enquanto esperavam seus patrões, e lá em cima senhoras em suas sacadas levavam uma animada "comunicação dígito-telegráfica"[15] numa língua de sinais toda própria. Alguns achavam que a beleza das mulheres portuguesas, com seus impressionantes dentes brancos, olhos "negros como ameixas selvagens, ou castanho-claros, ou de um azul profundo"[16] e seus luxuriantes e grossos cachos de cabelos, "era maior do que em toda a Europa":[17] o reverendo John Swinton, por exemplo, se permitia elogiar suas "belas formas graciosas, seus traços delicados, seus charmosos ares e aparências, sua vivacidade e determinação (...) seu comportamento atrativamente triunfante" e declará-las "as melhores mulheres do mundo".[18] As dezenas de milhares de galegos, que transportavam água em tonéis pela cidade ou trabalhavam como carregadores de rua até que economizassem suficientemente para voltar para suas terras natais no norte, eram uma tribo igualmente bem-parecida e industriosa.

Havia uma estimulante insolência na vida das ruas: eram "bamboleantes e barulhantes",[19] um cenário de brados e gesticulação, e abundavam os costumes estranhos. Os cavalheiros cumprimentavam as damas com reverências como se estivessem diante de uma imagem da Virgem Maria e se beijavam uns aos outros no ombro esquerdo; um homem digno sempre saía de um aposento em primeiro lugar para mostrar ao convidado que era confiável e não iria apunhalá-lo pelas costas. Até dois almocreves, ao se encontrarem na rua, tiravam seus chapéus um para o outro com a solenidade dos membros da nobreza, e dizia-se que a maioria dos "despossuídos" preferiria "morrer de fome a servir a um nobre".[20] Para alguns estrangeiros, tanto orgulho e cerimônia pareciam absurdos e ultrapassados, mas para outros eram traços curiosos e enternecedores.

Também havia exotismo no ar — beberagens de chocolate servidas com temperos que em qualquer outro lugar da Europa custariam o equivalente ao resgate de um rei, o cheiro de alecrim subindo de braseiros de carvão e a estonteante variedade de desconhecidos pudins, bolos e cucas adoçados com açúcar brasileiro nas lojas da rua da Confeitaria. Como observou um turista da época, "tudo é um pouco diferente do que conhecemos",[21] e, para aqueles que aceitassem essa diferença, a cidade sem dúvida possuía "uma qualidade peculiar, de uma beleza extravagante".[22]

O Terreiro do Paço era o local dos grandes espetáculos reais, touradas e autos de fé (nos quais os condenados pela Inquisição eram queimados ou recebiam alguma outra punição menos definitiva). Aqui também, sob os arcos ou sobre o esplêndido e novo Cais da Pedra, os comerciantes cultivavam o hábito de se reunir no fim da tarde para discutir os negócios e a chegada da próxima frota trazendo riquezas do Brasil. No lado norte da praça, o mercado de carne vendia vastas quantidades de cabrito macio (e não tão macio), carne de porco de Lamego e carne bovina da Irlanda. No lado leste ficavam vários escritórios e armazéns e o mercado de cereais. Um pouco mais além se estendia a praça da Ribeira, cujo mercado de peixe era "considerado, pela quantidade e pela variedade, o melhor do mundo".[23] Os gritos das regateiras (vendedoras de peixes), com seus panos coloridos e joias de ouro, enchiam o ar, instigando as pessoas a comprar sardinhas ou pescadinhas assadas em pequenos fornos, para uma refeição rápida, bacalhau salgado da Terra Nova ou tainhas do Tejo, suficientemente grandes para alimentar uma dúzia de pessoas. Havia vendedores das melhores castanhas cozidas do mundo, medideiras vendendo trigo, catraieiros que caçavam peixes com arpões durante a noite, pescadores de Ilhavo, no litoral ao norte, vendendo suas presas, e "a borda d'água", termo genérico para os grupos ribeirinhos que ostentavam canivetes e eram "respeitados entre seus pares na proporção do número de vezes que tinham esfaqueado pessoas".[24] Outras barracas estavam carregadas de queijadas — pequenos queijos de cabra de Sintra — ou frutas e verduras com o dobro do tamanho daquelas que chegavam ao norte da Europa e algumas, como os melões, que sequer eram vistas por lá. Até papagaios e macacos podiam ser comprados.

No fundo da praça da Ribeira estava a curiosa vista da fachada crespa da Casa dos Bicos, construída pelo filho do grande Afonso de Albuquerque, e atrás dela se erguiam as duas torres românicas da catedral, cujo sino principal, de 44 toneladas, era o mais pesado da Europa. Num plano mais alto, as vielas labirínticas e as escadarias da Alfama, a parte mais velha de Lisboa, serpenteavam caminho acima, passando pela Prisão do Limoeiro em direção ao Castelo de São Jorge. A leste da praça, o rio passava pelo palácio dos condes de Coculim, pela nova fonte pública, o Chafariz d'el Rei, pela velha Casa da Moeda e pelo Arsenal até o banho dos escravos nos limites da cidade. A distância de Alcântara ao banho, ou seja, a extensão da margem do rio delimitada pelos muros da cidade, era, de acordo com um meticuloso visitante escocês, uma caminhada de uma hora e 27 minutos num passo estável de 5 quilômetros por hora.

Partindo-se do Terreiro do Paço em direção norte, através da Baixa, no entanto, manter um "passo estável" estaria fora de questão. Embora fosse o centro da cidade, depois da rua Nova dos Ferros, a grande via comercial, muitas vielas eram tão estreitas que não permitiriam a passagem de um cavalo puxando uma carroça, muito menos de um dos milhares de cabriolés que eram a forma mais comum de transporte na cidade. Acima do nível do chão, os moradores de muitas das mais dilapidadas casas de quatro ou cinco andares do bairro podiam sair à sacada e apertar a mão do vizinho do outro lado da rua. Essas residências faziam um contraste gritante com as mansões e palácios de Junqueira e Belém, ou as casas das pessoas de bem no Bairro Alto, a oeste. Para muitos visitantes tolos a ponto de se arriscarem a ficar durante dias andando perdidos pelas vielas da Baixa, rumo ao norte, era uma espécie de alívio emergir na segunda maior praça da cidade, o Rossio.

Se o Terreiro do Paço era a reserva da nobreza e dos comerciantes, o Rossio era a praça do povo. Aqui os "alfacinhas" se encontravam para contar e saber das novidades, fazer pedidos, lamentar seus males, assistir a paradas, procissões e touradas promovidas pela municipalidade, mais do que pela Coroa, e comparecer a feiras e às grandes liquidações das terças-feiras. Também para o Rossio as vítimas malaventuradas dos autos de fé eram trazidas do palácio da Inquisição, mais ao norte, para confessar seus pecados diante das pessoas. Do lado leste ficava o Hospital Real de Todos os Santos, um dos maiores e mais bem equipados da Europa. Olhando-se para cima, via-se, a leste, o Castelo de São Jorge e, a oeste, os imponentes arcos do Convento do Carmo.

Esta, pois, era a cidade sobre a qual Lorde Tyrawley, que foi, durante muitos anos da primeira metade do século, o enviado extraordinário da Inglaterra a Portugal, declarou: "Excita a curiosidade mais do que qualquer outra (...) embora seja a menos conhecida e esteja à margem da estrada de todos os viajantes, aquela batida pelas patas do cavalo do velho John Trott",* acrescentando que os espíritos intrépidos que a visitassem se tornariam "tão famosos na posteridade quanto Dampier, Sir John Mandeville, Hacklyut ou Fernão Mendes Pinto", célebres exploradores.[25]

---

* Aparente referência à pressa (trote de cavalo) com que os viajantes habitualmente passam pelos lugares que não conhecem. (N. do T.)

CAPÍTULO 2

Na Corte do rei João

Durante a primeira metade do século XVIII, Lisboa, para todas as finalidades e propósitos, pertencia a D. João V, cujos feitos naquele tempo eram nada menos que idiossincráticos. No século XVII, Portugal havia amargado sessenta anos como província da Espanha, ficando outras três décadas em luta para superar aquele jugo, além de ter de enfrentar as incursões inglesas e holandesas em seu império no Extremo Oriente, os ataques holandeses no litoral do Brasil e o colapso do lucrativo comércio do açúcar brasileiro. Quando D. João subiu ao trono, em 1706, a sorte de seu país não parecia ter melhorado: Portugal estava implicado, muito relutantemente e a um custo considerável, na guerra de trinta anos pela sucessão espanhola, ou seja, a briga entre as famílias Habsburgo e Bourbon pela Coroa, depois da morte do rei Carlos II, "o Enfeitiçado", que não deixou herdeiros. Terminado esse período, no entanto, D. João se empenhou obsessivamente em restaurar o prestígio e o poder portugueses e manteve o país longe de qualquer outro conflito. O segundo objetivo ele conquistou graças, em grande parte, à aliança com a Inglaterra, que garantia o socorro da Marinha Real ou de soldados do Exército sempre que este fosse requisitado. Quanto ao primeiro objetivo, foi alcançado graças a um extraordinário golpe de sorte.

Depois de duas décadas de recessão em Portugal e de receitas declinantes do açúcar proveniente do Brasil, reservas de ouro aluvial foram descobertas na região do sudeste do Brasil que veio a ser conhecida como Minas Gerais. Durante a década de 1720, ficou claro que a "galinha" das Américas tinha proporções estonteantes, fornecendo maiores quantidades de ouro do que haviam sido extraídas em todo o mundo nos três séculos anteriores. O *boom* foi reforçado por uma substancial recuperação da indústria do açúcar brasileiro e pelo crescimento nos lucros do tabaco, das peles e do pau-brasil, e era sustentado pelo embarque de um vasto número de escravos dos territórios portugueses na África. Ao fim do reinado de D. João V, até 2 milhões de libras em ouro, uma soma equivalente à metade do orçamento de defesa da Grã-Bretanha, eram oficialmente enviadas de navio do Brasil para Lisboa todo ano, e um imenso comércio de contrabando trazia mais um terço dessa quantia. O quinto real, ou seja, a destinação ao monarca de uma quinta parte de todo o ouro extraído, e os monopólios da coroa sobre muitos outros produtos conferiam a D. João a reputação de ser o monarca mais rico da Europa.

Com essa fortuna nas mãos, as ambições do rei eram faraônicas, e nenhuma maior do que seu desejo de construir um complexo de palácio, igreja e convento num planalto varrido pelo vento e com vista para o Atlântico em Mafra, 40 quilômetros ao norte de Lisboa. O projeto se iniciou como um mosteiro para 13 frades franciscanos, mas, 12 anos depois, com a riqueza jorrando do Brasil, tornou-se óbvio que se estava construindo um rival do Escorial, palácio dos reis da Espanha, ou mesmo de Versalhes. A obra era administrada por um ourives da Suábia chamado Ludovice, sob a constante supervisão do próprio rei. Lorde Tyrawley informou que 45 mil homens estavam trabalhando noite e dia no complexo de Mafra, sob a vigilância de 6 mil soldados, em setembro de 1730, dois meses antes de ser consagrado e inaugurado. O efeito, ele lamentou, era que se drenava "o país inteiro de seus trabalhadores", deixando "metade das terras (...) sem cultivo neste ano". Impostos sobre todas as necessidades da vida foram criados ou aumentados, em alguns casos em até 50%, e isso exacerbou grandemente "a opressão, a pressa e a confusão" sofridas "por causa dessa igreja".[1]

A fachada principal de Mafra media mais de 300 metros e tinha grandes torres com a altura de cem palmos em cada extremidade, se-

NA CORTE DO REI JOÃO   41

melhantes àquelas do torreão do Paço da Ribeira, o palácio real que ficava na principal praça de Lisboa. O lado norte era o edifício do rei, o sul abrigava os aposentos da rainha e entre eles se construiu uma igreja que pretendia ser uma réplica da basílica de São Pedro, no Vaticano. O complexo todo cobria 46.500 metros quadrados. Dentro havia 870 cômodos, incluindo espaço para uma biblioteca medindo 90 metros por 10, e 58 estátuas foram encomendadas a Roma para ocupar nichos da fachada e da basílica — o maior conjunto de estatuária italiana desse gênero a ser encontrado na Europa. Dizia-se que havia espaço suficiente no terraço de cobertura para que fosse feita a revista de 10 mil soldados. Os campos de caça em torno do conjunto arquitetônico eram cercados de muros com 14,5 quilômetros de comprimento e 3,5 metros de altura e abastecidos com veados, javalis, lebres, perdizes e outras presas. Na cerimônia para consagrar a basílica à Virgem e a Santo Antônio, no dia do 41º aniversário do rei, em outubro de 1730, D. João permaneceu várias horas ajoelhado enquanto os carrilhões eram abençoados. Nove mil fiéis foram alimentados, e começou uma semana de celebrações extraordinárias. Tyrawley reprovou tudo isso como uma "farsa".

Os forasteiros podiam no máximo supor o custo da empreitada. Um médico e naturalista suíço que trabalhava na Casa da Moeda de Lisboa estava "seguro de que o tesouro do rei e o ouro trazido do Brasil por frotas de navios se metamorfosearam em pedras de construção".[2] Ele provavelmente estava certo. Só os carrilhões pendurados nas torres da basílica, feitos por Nicolas Levache e Willem Witlocks, de Antuérpia, custaram 2 milhões de cruzados (285 mil libras), o equivalente a três quartos da quantia prevista para a construção da grandiosa ponte de Westminster, em Londres. Mas os gastos não importavam para D. João. Mafra foi construída para a glória de Deus, era um monumento à devoção religiosa de Portugal e à dele mesmo, e assim, para assombro de Tyrawley, o rei continuou levando em frente sua finalização "como se o destino de Portugal dependesse dela". Além disso, depois que foram descobertos também diamantes no Brasil, na década de 1720, não parecia haver razão para que D. João contivesse sua prodigalidade. O enviado extraordinário inglês dos últimos anos do reinado, que conhecia o tesoureiro do rei particularmente bem, recebeu dele a informação de que "nunca foi possível chegar ao montante exato das rendas do rei",[3] mas que uma estimativa razoável estaria entre 20 e 24 milhões de cruzados (2,5 a 3 milhões de libras) por ano.

D. João acertou com o Papa a elevação de Lisboa à sede patriarcal e decidiu que, para dar "relevo ao seu reino",[4] era necessária uma nova sé para o clero mais bem mantido e bem vestido da Europa. O primeiro projeto era tão colossal que até os conselheiros normalmente dóceis de D. João advertiram que poderia ser um pouco demais. Uma vez na vida ele ouviu o conselho, mas só por temer que o projeto pudesse não ficar pronto enquanto ele ainda estava vivo, não porque se preocupasse com a impressão que poderia causar no país e no exterior. Decidiu então ampliar e embelezar a Capela Real anexa ao palácio no Terreiro do Paço. Quando essas obras se completaram, incluíam-se entre os adornos uma cruz de prata desenhada pelo grande ourives italiano Antonio Arrighi a um custo de 300 mil cruzados e uma vasta coleção de relíquias adquiridas em toda a Europa. A dotação anual para a capela estava estipulada em bem mais do que 1 milhão de cruzados.

Em 1742, o rei sofreu um derrame que o deixou paralisado e, desde então, sua determinação de realizar grandes projetos em Lisboa tornou-se quase maníaca. Ainda mais suntuosa do que a sé foi a capela que ele encomendou para o templo jesuíta de São Roque, no Bairro Alto. Ela foi construída em Roma, segundo um projeto de Luigi Vanvitelli, arquiteto da basílica de São Pedro, e Nicola Salvi, arquiteto da fonte de Trevi, e transportada para Lisboa, onde foi remontada. Ostentando um par de candelabros em bronze dourado de 4 metros de altura, cada um pesando três quartos de tonelada, 18 tipos de mármore, desenhos intrincados de lápis-lazúli, ametistas e jade, e aquela que seria considerada "a mais bela coleção de ourivesaria italiana do século XVIII",[5] a capela de São João Batista foi abençoada por Bento XIV em 1747 e custou mais de 1,75 milhão de cruzados (225 mil libras). Quando se recuperou parcialmente do derrame, D. João comemorou encomendando a construção do suntuoso conjunto de igreja,

NA CORTE DO REI JOÃO

palácio e asilo de Nossa Senhora das Necessidades para os monges oratorianos, e fortunas foram gastas em seus últimos anos numa série de outros projetos eclesiásticos. O reinado de D. João foi verdadeiramente uma era de grandiosidade e vaidade.[6]

A única grande empreitada desse meio século com valor prático, em vez de espiritual, para o povo de Lisboa foi a construção de um novo aqueduto, o de Águas Livres, para trazer a muito necessitada água de Caneças para a cidade, e seus custos de 13 milhões de cruzados (1,7 milhão de libras) foram angariados com impostos sobre o vinho, o sal, a carne, a palha e todas as outras mercadorias, mas não nos fundos do Tesouro Real. Nada explica mais claramente a concepção de D. João, ou de seus subalternos, a respeito de seus deveres reais. Seu epíteto, "o Magnânimo", foi adquirido pela generosidade em fazer tudo o que estivesse em seu poder pelo bem-estar espiritual da população, não para melhorar a vida terrena. O trabalho no aqueduto começou no início dos anos 1730 sob a supervisão do arquiteto italiano Antonio Canevari e continuou sob Manuel da Maia e José Custódio Vieira até que, em 1747, foram concluídos os 17,6 quilômetros entre as fontes de Caneças e Amoreiras, no norte de Lisboa. Trinta e cinco arcos, o mais alto deles com mais de 60 metros de altura, suportavam a estrutura ao longo de 900 metros, ao cruzar o vale de Alcântara. Mais tarde a rede completa chegaria a 50 quilômetros de comprimento. Esse aqueduto era tido pelo arquiteto irlandês James Murphy e por todas as outras pessoas que o viram como "um dos mais grandiosos monumentos da construção moderna na Europa, e, em magnitude, não fica a dever, talvez, a qualquer aqueduto que os antigos nos deixaram".[7]

D. João pode não ter cogitado que estivesse entre suas atribuições a melhoria da infraestrutura do país, mas sempre foi ávido em aumentar sua coleção de tesouros artísticos. Nos anos 1720, ele comprou 75 obras de mestres europeus numa única transação com o negociante de arte parisiense Pierre-Jean Mariette, incluindo três pinturas de Rubens, três de Van Dyck e uma de Rembrandt, assim como 106 volumes de gravuras. O monarca não pensou duas vezes antes de comprar do grande ourives parisiense François-Thomas Germain um serviço de prata pesando 1,5 tonelada e, como um pequeno presente para sua amante, a madre Paula Teresa da Silva, do Convento de Odivelas, ofertou uma sólida banheira de prata pesando mais de um terço de tonelada, feita por Paul Crespin, um ourives huguenote de Londres.

Ele colecionava pessoas também, quando necessário, para compensar uma escassez de talentos autóctones entre a população comum. O compositor napolitano Domenico Scarlatti foi diretor musical da Capela Real por quase uma década. Quando D. João quis os melhores cantores de ópera que seu dinheiro pudesse comprar, importou da Itália a família Paghetti a um custo de 20 mil cruzados (2.600 libras) cada membro, cinco vezes o estipêndio anual de Tyrawley como embaixador inglês. Engenheiros militares de toda a Europa foram empregados vitaliciamente para trabalhar nos esquemas monumentais do rei. Escritores não eram bem-vindos — os livros e a literatura do tipo profano conhecidos pelos leitores na França e na Inglaterra simplesmente não existiam, e mesmo os melhores cientistas de Portugal, como o médico Jacob de Castro Sarmento e António Nunes Ribeiro Sanches, viveram a maior parte de suas vidas no exílio. No caso destes dois homens, o fato de serem "conversos" — judeus convertidos ao cristianismo — foi determinante para que decidissem sair de Portugal, atraídos pela liberdade intelectual: ambos haviam sido perseguidos pela Inquisição.

Tyrawley observou, à época da consagração do Palácio de Mafra, que o reinado de D. João V foi "o mais arbitrário e absoluto sob o Sol",[8] e nenhum visitante estrangeiro em Lisboa na primeira metade do século XVIII discordou. D. João era tão rico que não precisou reunir sequer uma vez as Cortes, o "Parlamento dos Três Estados", durante todo o seu reinado. E se orgulhava de proclamar: "Meu avô temeu e deveu; meu pai deveu; eu não temo nem devo." Confiante em que a Grã-Bretanha sempre ajudaria no caso de uma ameaça externa, e tendo casado seu filho e sua filha com membros da família real espanhola, ele não se deu o trabalho de repor vagas no Exército depois de 1736. Como resultado, as forças militares definharam até chegarem a um estado de insignificância no fim de seu reinado. Um dos sucessores de Tyrawley relatou que não havia "algo parecido com uma frota

NA CORTE DO REI JOÃO

regular de navios" e até duvidou que essa outrora formidável nação marítima conseguisse "reunir uma esquadra de dez embarcações numa emergência".[9]

Internamente, D. João chefiou com mão de ferro a nobreza excessivamente endogâmica e endividada: alguns de seus membros eram ocasionalmente açoitados ou espancados por escravos em sua presença. A Igreja estava inteiramente sob seu controle, e, quando a plebe eventualmente se amotinava, como foi o caso dos engenheiros navais que ele não pagou por mais de um ano quando a construção de Mafra estava perto de ser concluída, ele não tinha por que achar que se tratava de um sinal de descontentamento generalizado. Os súditos pareciam genuinamente satisfeitos e orgulhosos de seu extraordinário rei. Além disso, havia um velho ditado que era bem observado: "Com El Rei e com a Inquisição — chitão" ("com o rei e com a Inquisição, boca fechada"). Podia-se mesmo contar com a Igreja, muito mais do que com um exército ou uma força policial, para manter a segurança de D. João durante a noite.

O monarca não parecia se importar minimamente com sua reputação no exterior, a não ser em emergências, e nunca saiu do país. Tyrawley achava isso espantoso e até ofensivo, por mais que suas relações com o rei fossem boas. Quando D. João se recusou a tratar de qualquer assunto diplomático durante semanas a fio porque estava muito ocupado com Mafra, Tyrawley considerou a atitude um insulto direto ao rei Jorge II da Inglaterra, a quem naturalmente considerava "em todos os aspectos muito acima" do rei de Portugal. D. João se mostrou singularmente ingrato depois dos 22 meses em que a frota de *Sir* John Norris permaneceu em Portugal, na década de 1730, para dissuadir a Espanha de promover uma invasão, a um custo de 1 milhão de libras totalmente arcado pela Inglaterra. Tyrawley só continuou a se referir a ele em seus despachos como "absolutamente afável" e "tão grande homem" porque estava tentando persuadir seus superiores em Londres a aprovarem seus próprios planos para invadir a Espanha. D. João tampouco se furtava a cortar relações com o Vaticano se seus pedidos fossem recusados, mas sucessivos papas consideraram sua riqueza suficientemente tentadora para acabar logo com os intermináveis batebocas e até promover a cardeal o patriarca de Lisboa, assim como, mais tarde, conferir a D. João o título de "Rei Fidelíssimo".

A maioria dos viajantes deixava Portugal ou perplexa ou muito descontente com o reinado de D. João. A opinião de seus colegas soberanos também não costumava ser respeitosa: acredita-se que Frederico, o Grande, da Prússia, tenha dito sobre ele que "funções sacerdotais são a sua diversão; conventos, suas construções; monges, seu exército; e freiras, suas amantes". Era certamente verdade que o mandato de D. João foi uma "época dourada", e algumas de suas realizações, principalmente o mecenato da música das artes, assim como manutenção da neutralidade de Portugal, merecem elogios. Mas, arranhando um pouco, o ouro parecia ser apenas um verniz, e o monarca português dava a impressão de ter desperdiçado a sorte inesperada ocupando seus dias com a tentativa de remodelar o reino à imagem da França de um século antes ou mesmo do Portugal da Era dos Descobrimentos, cantado por Camões em *Os Lusíadas*, mais do que introduzir o país no mundo moderno. Era como se, nas palavras de um observador daquele tempo, "a Igreja e o Estado tivessem feito um sólido acordo para conservar a nação numa condição abjeta de escravidão, ignorância e miséria da qual dependia sua conservação e segurança".[10]

Outros fatores conspiraram para manter Portugal isolado e numa dobra do tempo. O país estava nas mãos daquilo que liberais portugueses do século seguinte descreveriam como uma "forma quase cretina de catolicismo romano".[11] Quando o reverendo George Whitefield, líder metodista, visitou Lisboa a caminho da América na primavera de 1754, ficou horrorizado com a visão das pessoas "batendo no peito, estapeando as próprias faces e chorando sentidamente" nas pantomimas da Quaresma, com as procissões de penitentes descalços usando correntes afiveladas aos tornozelos e carregando cruzes nas costas, com o onipresente espetáculo das autoflagelações e com os "garotinhos amarrados a asas".[12] Quando ele deixou a cidade, consolou-se com o pensamento de que deveria estar "chegando um tempo em que o Senhor Deus de Elias virá Ele mesmo e destruirá tudo isso e todas as outras espécies de Anticristo pelo hálito de sua boca e o brilho de seu espírito".[13] Visitantes protestantes usavam expressões

NA CORTE DO REI JOÃO

como "coalhadas de padres" ou "infestadas de frades" para descrever as ruas de Lisboa. Visitantes de outros países católicos ficavam menos atordoados, mas costumeiramente afirmavam que os portugueses "levam a superstição a uma distância maior do que qualquer outro país".[14] Os espanhóis viam seus vizinhos simplesmente como *pocos y locos*. Além disso, a corrupção e a imoralidade eram endêmicas nos escalões mais altos da Igreja. Entre os dignitários patriarcais dos anos 1730, um "mantinha um cassino", outro "colecionava pornografia e caixas de rapé com imagens de mulheres nuas", um terceiro sustentou diversas amantes e acabou na prisão e um quarto foi preso depois de tentar fugir com uma prostituta irlandesa.[15]

A influência de outros corpos religiosos em todos os aspectos da vida portuguesa era igualmente imensa. Durante duzentos anos, a Inquisição vinha empreendendo uma implacável caça a (ou fabricando provas contra supostos) bígamos, feiticeiras, judeus, sodomitas e outros "malfeitores". Isso criou uma atmosfera paralisante de medo e suspeita entre uma plebe incentivada a espionar a si mesma, o que sufocava a iniciativa e o progresso econômicos. Os jesuítas, graças ao patrocínio real, asseguraram para si enormes benefícios financeiros em Portugal, no Estado da Índia* e no Brasil e operavam quase como um Estado dentro do Estado. Eles também controlavam determinadamente a educação do modo como D. João a permitia: bloqueando a infiltração de ideias novas e "perniciosas" vindas de fora. Em 1746, o reitor jesuíta do Colégio das Artes de Coimbra não apenas proibiu referências a "novas ideias, pouco aceitáveis ou inúteis para o estudo das altas ciências, como as de Descartes, Gassendi, Newton e outros", mas também baniu "qualquer conclusão que se oponha ao sistema de Aristóteles".

Na esfera comercial, o ouro do Brasil permitiu a Portugal "fazer uma figura respeitável na Europa", "manter a estabilidade" e, no caso dos mais afortunados da sociedade, "desfrutar não só dos confortos, mas também das elegâncias da vida". Era esta a visão do autor das *Cartas sobre Portugal e seu comércio* [*Letters on Portugal and its Com-*

---

* Conjunto dos territórios portugueses na Índia, entre eles Goa e Damão. *(N. do T.)*

merce], publicadas em Londres em 1754, época em que a produção de ouro havia atingido níveis recorde. Mas pouco dessa riqueza gotejava para baixo e muitos acreditavam que os ricos "tendiam apenas a encorajar a indolência e retardar o progresso da indústria".[16]

A incapacidade de desenvolver indústrias manufatureiras nacionais com a recém-encontrada riqueza teve, certamente, consequências dramáticas. No início do século XVIII, o Tratado de Methuen concedeu a Portugal, entre outras coisas, o livre acesso aos têxteis da Inglaterra, em troca de privilégios similares aplicados aos vinhos portugueses exportados para a Inglaterra. No ano seguinte à assinatura do tratado, Portugal exportou 331 mil libras em produtos para a Inglaterra, e a Inglaterra, 781 mil libras em produtos para Portugal. Quase cinquenta anos mais tarde, porém, no fim do reinado de D. João V, as exportações de Portugal permaneceram as mesmas, enquanto a Inglaterra havia ultrapassado 1 milhão de libras por ano nos vinte anos anteriores. A demanda pelos vinhos, o sal, as frutas, a cortiça e outros produtos portugueses simplesmente não cresceu de modo tão rápido quanto a procura interna por produtos de luxo, tecidos e gêneros alimentícios estimulada pela entrada das riquezas do Brasil. Quase não havia produtos industriais portugueses adequados para exportação que pudessem mitigar os efeitos do *boom* das importações. A Inglaterra supria Portugal até com brinquedos, relógios, lustres, armas e munições. Os palitos de dente feitos em Coimbra ou os tapetes de palha de Alcácer do Sal nunca conseguiram reequilibrar a balança. O resultado foi que até três quartos do ouro português deixavam Lisboa, aos cuidados de navios de guerra e paquetes ingleses, tão rapidamente quanto chegavam, para pagar a outros países europeus, principalmente a Inglaterra, por todas as coisas que o país não podia — ou não queria — produzir por si mesmo. Um visitante francês resumiu esse estado de coisas assim: "Pode-se aplicar aos portugueses o que M. de Montesquieu* diz sobre certos povos africanos: eles não têm indústria, não têm artes,

---

* O francês Charles de Montesquieu (1689-1755) foi um filósofo iluminista, célebre por ter idealizado o sistema de três poderes adotado pela maioria das democracias. *(N. do T.)*

mas possuem uma abundância de metais preciosos que arrancam rapidamente da mão da natureza."[17]

Enquanto o déficit comercial de Portugal se tornava um abismo comercial, o país experimentava outro efeito negativo da corrida do ouro. O fenômeno estimulou uma enorme onda de emigração — meio milhão de pessoas partiu para o Brasil no século XVIII. Para alguns estrangeiros, parecia que os portugueses exportaram seu espírito empreendedor do mesmo modo que expeliram grande parte de sua especialização mercantil ao perseguirem os judeus e depois os "cristãos--novos" (os judeus convertidos à força).

A opinião predominante em Portugal sobre a situação de seu comércio com a Inglaterra não levou em conta as vantagens de ter a Marinha Real inglesa como garantia da integridade do país. Havia uma crença muito difundida de que Portugal estava sendo explorado economicamente pela Inglaterra e de que o aliado cobiçava seus territórios na América. Essa visão da relação anglo-portuguesa era, previsivelmente, compartilhada pelos franceses. A supremacia mercantil da França em Portugal havia começado a declinar depois da Guerra da Sucessão Espanhola, quando o predomínio de seu vinho no mercado inglês foi usurpado pelos acordos comerciais entre a Inglaterra e Portugal. Como resultado, Portugal era, muito ciumentamente, considerado pela França pouco mais do que uma colônia de um país que lhe havia assegurado "o privilégio de fornecer quase todos os artigos de luxo, utilidade e até mesmo necessidade".[18] Mas havia alguns portugueses iluminados que reconheciam as falhas estruturais na economia e na sociedade de seu país e percebiam que, se reformas radicais não fossem postas em prática, as coisas provavelmente só ficariam piores.

Um desses homens era Sebastião José de Carvalho e Melo, futuro marquês de Pombal,* que serviu como enviado português a Londres e Viena durante a década de 1740. Foi ele quem escreveu a um dos secretários de Estado de D. João V que considerava "um dos [seus]

---

* Embora Sebastião José de Carvalho e Melo só tenha adquirido o título em 1770, será referido de agora em diante como marquês de Pombal ou Pombal, como ficou conhecido historicamente. *(N. do T.)*

mais interessantes deveres" ter de informar ao rei "por que encontrou Portugal num declínio tão grande, enquanto a Inglaterra e outros países estavam florescendo". Pombal havia pesquisado exaustivamente as causas dessa anomalia. Ele lera todos os tratados sobre comércio, ciência e política que teve ao alcance das mãos e conversava com qualquer um que pudesse fazer avançar seu conhecimento sobre assuntos específicos. Uma das principais conclusões era que os países do Norte da Europa estavam prosperando "por meio de imitação recíproca" e que "cada um observa cuidadosamente as ações dos outros, de modo que todas as nações se beneficiam ao usarem informações sobre invenções úteis, fornecidas por ministros estrangeiros".[19] Essa prática, ele sabia bem, era estranha a Portugal, periférico e insular, e seria difícil de incorporar, dado o "brio nacional" português e os direitos adquiridos pela Igreja, pelos jesuítas e pela nobreza. Mas também sabia que, se seu país não abraçasse a "imitação" e recapturasse o espírito empreendedor, arriscava-se a ser deixado inteiramente para trás, na mais retrógrada periferia da Europa ocidental.

Essa era uma conclusão dolorosa para um homem educado cujo país tinha, nas palavras de um historiador, "introduzido a gravura no Japão, os conventos na Índia, os bois no Brasil e o milho na África Ocidental"[20] em tempos idos. Mas Pombal sabia que seus pontos de vista se repetiam nos de outros observadores. Eles, ao contrário do rei e de muitos de seus conselheiros, tinham aprendido alguma coisa com os trabalhos do resto da Europa. Outro "reformador" era Luís António Verney, padre, teólogo e orador que viveu em Roma e cujo *Verdadeiro método de estudar*, uma análise seminal dos defeitos da educação em Portugal e suas consequências, encomendada por D. João e publicada no exterior em 1746, continha críticas severas à física aristotélica (e foi por isso rejeitado pelo rei por recomendação de seus conselheiros jesuítas). Numa veia similar, o eminente diplomata Luís da Cunha, um dos mentores de Pombal, criticava em seu *Testamento político* a estagnação da indústria de Portugal, a censura vigente e, sobretudo, as influências perniciosas da Inquisição. Cunha chegou a sugerir que a capital do Império Português fosse transferida para o Brasil, a fim de facilitar o processo de revigoramento e eliminar o perpétuo medo de invasão de Portugal.

NA CORTE DO REI JOÃO

Os "estrangeirados" tinham uma coisa em comum além da inteligência, da opinião de que seu país carecia de qualquer forma de curiosidade intelectual e do desalento diante do fato de que Portugal chafurdava na superstição e nas mais paralisantes espécies de tradições. Como sugere o apelido, eles todos residiam no exterior. Alguns, como Manuel Teles da Silva, que foi feito duque de Silva Tarouca por Carlos VI da Áustria e se tornou confidente da imperatriz Maria Teresa, se sentiam tão apartados que escolheram servir outras dinastias, no caso dele a dos Habsburgo. D. João se dispunha a ouvir conselhos de seus diplomatas, até mesmo quando eles tentavam convencê-lo da conveniência de serem feitas "correções" amenas no estado de coisas vigente em Portugal, e ocasionalmente ele fazia alguma coisa a respeito. Mas na maior parte das vezes sua conduta personificava o "preconceito nacional" que ele sempre inculcou no povo — a firme convicção de que Portugal era o melhor país da Europa e que criticar qualquer coisa portuguesa era uma ofensa que não poderia ser tolerada. Os súditos portugueses que ultrapassassem o limite, dentro ou fora do país, se viam subitamente exilados ou trancados num calabouço.

Depois de 46 anos de reinado, D. João V morreu em 31 de julho de 1750, dia marcado por um leve terremoto em Lisboa. Durante pelo menos um ano antes de sua morte, o reino foi em grande parte governado pelo confessor de João e por um padre jesuíta. Seu filho D. José, de 35 anos, assumiu o trono. Com 12 meses de governo, ele já tinha, na opinião do enviado extraordinário inglês, Abraham Castres, "apresentado mais provas de senso de justiça e humanidade do que seu falecido pai durante todo o curso de seu reinado". Por recomendação da mãe, D. José I fez de Pombal seu secretário de Estado de Negócios Estrangeiros e da Guerra, para guiá-lo "no despacho da administração",[21] uma indicação que deixou Castres bastante apreensivo sobre o futuro do comércio da Inglaterra com Lisboa.

CAPÍTULO 3

Terra incognita*

L isboa mereceu míseras quatro páginas do *Manual para a Grand Tour*** [*Handbook for the Grand Tour*], de Thomas Nugent, em 1749. Viajar por prazer era um hábito que ainda estava em seus primórdios, e, para os ingleses jovens, predominantemente do sexo masculino e aristocráticos, ávidos por experimentar a vida do outro lado do canal da Mancha, a ênfase ficava habitualmente no prazer, com um pouco de aprendizado em nome da boa medida. Veneza oferecia o Carnaval (e a certeza de aventuras sexuais com as mais caras e fabulosas cortesãs da Europa); Florença e Roma ofereciam arte, arquitetura e antiguidades (e os Estados italianos eram coletivamente reputados como "a mãe e a ama da sodomia"); Paris oferecia moda e luxo (e a oportunidade de ter relações com qualquer pessoa de ambos os sexos). Por comparação, a capital do "reino de Portugal e do Algarve" oferecia... ninguém sabia direito o quê — embora a publicação, naquele mesmo ano, do *Relato dos mais notáveis lugares e curiosidades na Espanha e em Portugal* [*Account of the most remarkable places and curiosities in Spain and Portugal*], de Udal

---

* Expressão que indicava, nos mapas antigos, as regiões desconhecidas. *(N. do T.)*
** Grand Tour era a viagem por vários países que os jovens da nobreza inglesa faziam como parte de sua educação. *(N. do T.)*

Ap Rhys, tenha significado uma melhora considerável no cabedal de informações disponíveis.

Quando os livros de Nugent e de Rhys foram publicados, menos havia sido escrito em língua inglesa sobre Portugal nos cinquenta anos anteriores do que sobre a África. Afora novas edições da sempre popular tragédia *Don Sebastian*, de John Dryden, e reimpressões da *História das revoluções portuguesas* [*Histoire des revolutions de Portugal*], do abade de Vertot — ambos os livros a respeito do Portugal de antanho —, havia algumas publicações esquisitas de interesse apenas para mercadores e, com o objetivo de manter o espírito anticatólico da época, um punhado de histórias medonhas sobre as atividades da infame Inquisição portuguesa e os perigos que um protestante corria ao visitar o país tido como bastião do catolicismo não reformado.

Até mesmo informações orais eram exíguas. Istambul recebia mais visitantes ingleses do que Lisboa. Praticamente os únicos portugueses que viviam em Londres eram 2 mil judeus sefarditas que haviam fugido da mira da Inquisição e que formaram uma comunidade insular não muito disposta a entoar louvores a seu lar anterior. Como as estradas eram em menor número e em pior estado em Portugal do que no Império Otomano, Lisboa constituía um autêntico beco sem saída que dificilmente entrava em combinação com outras capitais mais conhecidas da Europa nos roteiros de viagem. O interior do país era reputado como uma perigosa *terra incognita*, e "o reino do Algarve" era um mundo inteiramente diferente, com seus 100 mil habitantes mais ligados à "bárbara" África do Norte (e expulsos dela) do que à Europa. Se Lisboa estava no caminho para algum lugar, era para o Oriente, a África ou o Brasil — lugares aonde nenhum turista de bom senso iria se aventurar. E, se havia alguma imagem da cidade no imaginário dos ingleses, fora pintada pelo cronista Samuel Pepys e seus contemporâneos um século antes. Textualmente, era "um lugar muito pobre e sujo",[1] velho e decadente.

Em seu novo guia de viagens, Udal Ap Rhys procurou reagir ao fato de que "muitos se apressam demais em concluir que pouquíssima coisa vale a pena conhecer em Portugal". A prevalência dessa visão desdenhosa era surpreendente sob vários aspectos: embora Portugal

TERRA INCOGNITA   55

tivesse apenas 2,25 milhões de habitantes, menos que dois terços da população da Irlanda, apresentava uma história longa e ilustre e, no início do século XVI, havia sido indiscutivelmente uma "nação heroica"[2] — a pátria do império mais rico do mundo, tendo a maior e mais cosmopolita cidade como capital. Além disso, a Inglaterra foi, por longos períodos, o principal jogador estrangeiro na quadra de Portugal. Os ingleses tinham ajudado a promover o nascimento dessa "pequena nação com uma grande história",[3] enviando cruzados para ajudar D. Afonso I a capturar Lisboa do poder dos mouros em 1147, e um desses cruzados, Gilbert de Hastings, foi consagrado primeiro bispo de Lisboa.

Dois séculos mais tarde, vários acordos comerciais entre as duas nações levaram, em 1386, à assinatura do Tratado de Windsor, que estabeleceu formalmente uma aliança duradoura. Essa parceria sobreviveu até mesmo a sessenta anos de "suspensão", durante o "Cativeiro Babilônico" nas mãos da Espanha, que implicou a participação da frota portuguesa na "Invencível Armada" em 1588. Depois que os nobres portugueses se sublevaram em 1640, a aliança foi rapidamente ressuscitada. Em 1654, a ajuda militar inglesa recebeu pagamento na forma de concessões comerciais. Oito anos depois, Carlos II da Inglaterra casou-se com uma noiva portuguesa, Catarina de Bragança, que levou o mais rico dote registrado pela História — incluía Bombaim, Tânger e 2 milhões de cruzados em ouro (cerca de 400 mil libras). O início do século XVIII assistiu à assinatura do Tratado de Methuen, estabelecendo privilégios comerciais recíprocos para os vinhos portugueses e os têxteis ingleses. Tropas inglesas estavam estacionadas em Portugal durante a Guerra da Sucessão Espanhola. Depois, em meados da década de 1730, a frota inglesa de navios de combate ficou ancorada no Tejo durante 22 meses para reagir à ameaça de uma nova guerra com a Espanha.

A despeito da escassez de relatos de turistas ou livros de história em circulação entre as classes ilustradas, o público inglês não era totalmente alheio a Portugal, mesmo numa época em que havia apenas dois países de verdade — Inglaterra e França — e *qualquer* estrangeiro em Londres estava sujeito a ser atacado aos gritos de "cão francês". Pode ter sido a "era do gim", mas todo mundo entre o público beberrão conhecia os vinhos de Lisboa e do Porto, dos quais quantidades colossais eram entornadas todo ano: três quartos de todo o vinho consumido na Inglaterra vinha de Portugal. O público esbanjador tinha igualmente familiaridade com Portugal porque moedas de ouro portuguesas — especialmente o "Jo", assim chamado em referência a D. João V — eram um dinheiro comum e, às vezes e em certos lugares, o único disponível.

Algumas das pessoas interessadas nesse tipo de coisa mal sabiam que existia uma aliança ancestral entre Inglaterra e Portugal, mas qualquer um acima dos 50 anos podia lembrar que a rainha casada com Carlos II havia sido importada de Portugal. Além do mais, muito do tecido produzido nas cidades têxteis da Inglaterra se destinava ao Império Português, e histórias sobre Lisboa circulavam livremente em cada porto do país. A capital portuguesa era um conhecido refúgio para os marinheiros que procuravam escapar da arregimentação forçada ou pulavam do navio depois de terem sido arregimentados. Era lendária por causa das brigas causadas por pichações que zombavam dos símbolos do catolicismo, e também eram lendárias as aventuras daqueles que procuravam uma das melhores diversões da cidade — visitar um mosteiro e fingir ter encontrado a "salvação" ou encenar uma conversão ao catolicismo para ganhar os presentes em dinheiro e roupas que costumavam acompanhá-la.

Entre o pessoal de navegação, havia mais do que uma ligeira familiaridade com a vasta extensão da rede de comércio portuguesa. Os marujos sabiam que grandes quantidades de produtos eram embarcadas a Lisboa para frete posterior ao Brasil, que centenas de milhares de armas inglesas e grandes cargas de tabaco eram despachadas regularmente para as colônias portuguesas na África e que navios ingleses de escravos, dos quais os portos de Liverpool e Bristol tinham quase 150, eram sempre requisitados para transportar cargas humanas da África ao Brasil por negociantes portugueses. Toda a área em torno de Falmouth enriqueceu graças a um serviço de paquetes para Lisboa no século XVIII, e as frotas inglesas que pescavam às margens da Terra Nova venderam a maior parte de seu bacalhau em portos espanhóis e portugueses.

Na cidade de Londres também havia considerável interesse pelo "comércio de Lisboa", mesmo que poucos financistas tivessem alguma vez posto os pés em solo português. Pela metade do século, mais de 25 milhões de libras em ouro português haviam sido escoados para a Inglaterra em pagamento por tecidos e outros produtos — uma soma três vezes maior do que a quantia total de moedas de ouro em circulação no país no início do século —, e esse fluxo formou a base do crescimento do mercado de crédito e da emissão de ações, estabelecendo dessa forma Londres como o principal mercado financeiro do mundo e lançando as fundações para o desenvolvimento industrial da Inglaterra.

A "Ala Portuguesa" da Royal Exchange* começava em sua esquina sudeste, entre a ala dos judeus e a ala armênia. Enormes carregamentos do principal artigo inglês — lã — e de outros produtos eram financiados e negociados ali. Um quinto de todas as exportações de produtos de lã e uma parcela de um quinto a um terço das exportações de cereais ia para Lisboa. Isso tornou a cidade bem conhecida dos comerciantes de Londres, a ponto de um membro de uma família de fabricantes de armas de Birmingham escrever nessa época que a capital portuguesa era "tão célebre por seu comércio vantajoso que a maior parte da Europa opera ali, em particular os ingleses, sendo desnecessário descrevê-la". Para ele e seus pares, Lisboa ainda era vista como "uma das cidades mais ricas e bem situadas do mundo".[4] Nas cafeterias Garraway's, Tom's, Jonathan's e outras que ficavam perto da Royal Exchange, o importante era saber o que estava sendo discutido na cafeteria Portugal, em Swithin's Alley. Os comerciantes e os financistas também sabiam que, se precisassem fazer contato com alguém chamado Álvares, Fonseca, Dias, Costa ou Silva — judeus refugiados da Inquisição —, deveriam começar a perguntar por eles nos enclaves em Devonshire Square ou em Bury Street.

Dentre os pouquíssimos ingleses que viram Lisboa pessoalmente e deixaram registros escritos de suas aventuras e observações, nenhum tinha mais afeição pela cidade do que o capitão Augustus Hervey. Sua

---

* Bolsa de Valores de Londres, fundada em 1565 e desativada em 1939. (N. do T.)

primeira visita, em 1737, foi na condição de aspirante da Marinha, aos 13 anos, na frota de *Sir* John "Tempo Ruim" Norris, enviado para prevenir uma invasão espanhola a Portugal. Três anos depois, como tenente do navio *Superb*, ele se deixou seduzir pela famosa beldade da ópera italiana Elena Paghetti. Retornando em 1748 numa situação melhor, de posse de 6.850 libras ganhas como recompensa por suas incursões no Mediterrâneo durante a Guerra da Sucessão Austríaca, ele descobriu que a Signora Paghetti não só era "ainda muito atraente" como estava ávida por renovar os laços de intimidade entre os dois. Na casa dela em Junqueira, a oeste de Lisboa, Hervey alegremente "passou a maior parte das noites e muitos pernoites".

Seu charme era considerável, mas a linhagem familiar também colaborava para a facilidade de acesso à Corte de Lisboa. O pai de Augustus, o barão Hervey de Ickworth, havia sido um político cortesão, favorito da rainha Carolina e fiel conselheiro do primeiro-ministro Robert Walpole. Tais "qualificações" permitiram a seu filho se tornar amigo próximo de D. João da Bemposta, filho ilegítimo do irmão de D. João V, e do duque de Baños, um "jovial nobre espanhol". Hervey não poderia ter desejado *facilitateurs** mais atenciosos na capital portuguesa. D. João era tão hospitaleiro quanto seu pai, o duque de Beja, havia sido cruel: de uma sacada com vista para o rio Tejo, ele algumas vezes utilizava marinheiros e barqueiros que passavam por ali para praticar tiro ao alvo. Já seu filho pôs à disposição de Hervey o magnífico Palácio da Bemposta, que já fora residência de Catarina de Bragança, rainha da Inglaterra e resignada esposa de Carlos II.

O duque de Baños, por seu lado, apresentou o aristocrata inglês a um dos mais extravagantes passatempos da nobreza portuguesa — visitar a grade do convento. A "grade de doces" era para ser um cavalheiresco encontro social entre freiras e visitantes, rigorosamente separados por uma cerca através da qual seriam servidos quitutes como num chá das cinco e se entabulariam conversas corteses. Sobre as freiras dos conventos genuínos, um visitante inglês escreveu que "ninguém senão um homem desesperado tentaria pervertê-las, mesmo

---

* Pessoas que facilitam os encontros sociais. Em francês no original. *(N. do T.)*

TERRA INCOGNITA

que elas consentissem",[5] até porque acasalar com freiras era pecado mortal. Mas muitos dos conventos de Portugal eram instituições bastante diferentes. O conjunto de residentes, ou internas, era uma mistura de freiras que tinham feito seus votos, damas confiadas à clausura por maridos ausentes e em terras distantes do império, mocinhas cujos pais esperavam um pretendente adequado para elas (ou que procuravam prevenir que um dote provocasse a dissipação da fortuna da família), assim como viúvas sem dinheiro, donzelas destinadas a receber educação musical, amantes descartadas e moças acusadas de — ou aparentemente dispostas a — alguma transgressão moral.

Nessas instituições, a grade frequentemente se mostrava permeável e, uma vez no interior do convento, as atividades poderiam se estender bem além da conversação, das récitas musicais e do flerte inofensivo. Um visitante francês sem papas na língua acusou as "freiras" de algumas das casas de serem "pouco mais do que prostitutas enclausuradas".[6] Outro observou que "as grades têm um ar de indecência e teatralidade como nas comédias francesas (...) as freiras usam ruge e pó como mulheres mundanas e vestem espartilhos que mostram seus atributos da melhor forma".[7] Nos primeiros anos do século, o Convento de Sant'Ana, na cidade nortista de Viana do Castelo, provocou um rumoroso escândalo quando suas internas foram pegas usando edículas, originalmente destinadas à prática culinária, para encontros amorosos. Além disso, esse convento era sede de um vigoroso contrabando de tabaco.

Na região de Lisboa, nenhum convento desse tipo ficou mais famoso do que o de Odivelas, 8 quilômetros ao norte da cidade, e foi para lá que o duque de Baños levou Hervey. *Esta* casa tinha patrocínio real: nos primeiros anos de seu reinado, pelo menos duas das internas eram amantes de D. João V — Madalena Máxima de Miranda e a madre Paula Teresa da Silva —, em acréscimo a outra que ele mantinha no convento de Santos, Luísa Clara de Portugal. As três lhe deram filhos, como o fez uma outra amante. Tais filhos ilegítimos ficaram conhecidos como "Meninos de Palhavã", nome do palácio em que mais tarde eles foram abrigados. Já que a existência deles era de conhecimento público, e uma fonte de orgulho considerável entre os súditos, D. João V recebeu o apelido de "O Freirático", que se somava a "O Magnânimo" e

"Sua Majestade Fidelíssima". Para a rainha Mariana Josefa de Áustria, ser casada com alguém da realeza portuguesa era uma experiência não muito diferente daquela de sua tia Catarina quando se casou com um monarca inglês proverbialmente infiel. As traições conjugais cometidas por D. João não eram consideradas contraditórias com sua devoção. Dizia-se que ele até levava seu onipresente confessor aos encontros amorosos, "para que pudesse contar com seu amparo em caso de emergência".[8]

Augustus Hervey não deixou relato detalhado de sua primeira visita às alcovas de Odivelas. Mas lavrou registros de muitas das outras diversões desfrutadas em Lisboa: organizar jantares a bordo do *Phoenix* para D. João da Bemposta, seus outros novos amigos e o embaixador da França; comparecer a festas oferecidas em sua homenagem pelos principais comerciantes ingleses da cidade; ir a um "grande baile" promovido por um deles, em que a atração central era o canto da "muito bela" Francisca Brezio (a quem depois ele "atacou à moda portuguesa, indo visitá-la constantemente sob sua janela, coberto com um grande manto").[9] Hervey também era visitante habitual da casa de campo de Mr. Mayne e Mr. Burn, o Palácio do Braço de Prata, para discutir quanto ouro português os comerciantes ingleses gostariam de levar a bordo do *Phoenix* como carregamento para Londres.

Antes de ir embora, ele gozou de uma última aventura memorável. Num único "trabalho matinal", como ele descreveu, Hervey, o duque de Baños e o conde de Vergennes, um sobrinho do embaixador francês, vestiram longas *capotas* portuguesas para disfarçar suas identidades e visitaram "mais de trinta casas de mulheres".[10] Quando Hervey, depois alcunhado de "Casanova inglês", embarcou para casa, levou consigo não só boas lembranças, mas um carregamento de ouro em barras no valor de 110 mil libras, sobre as quais sua comissão era de 1%. No fim das contas, seus ganhos durante 18 meses somaram 9 mil libras — uma pequena fortuna, mesmo depois da dedução do terço devido a seu comandante, o que lhe permitiu comprar uma das novas casas suntuosas construídas em Grosvenor Square, em Londres. A guerra e os fretes de Lisboa eram decididamente um bom negócio para os capitães da Marinha Real inglesa no século XVIII.

Foi também a guerra o motivo inicial que levou à Ibéria James O'Hara, outro estrangeiro que deixou para a posteridade breves impressões sobre a cidade de D. João V. A primeira experiência que ele teve em Lisboa quase significou seu fim. Filho de um comandante em chefe de tropas na Irlanda, O'Hara havia sido enviado à Espanha com o regimento do pai para lutar ao lado de soldados portugueses na Guerra da Sucessão Espanhola. Ficou ferido na desastrosa derrota de Almansa, em 1707, uma estranha batalha em que as tropas dos Bourbon foram comandadas pelo duque de Berwick, um inglês, e a força anglo-portuguesa foi liderada pelo conde de Galway, um francês. Trinta e um anos depois, ele retornou à península ao ser indicado para o posto de enviado extraordinário a Lisboa. Nesse intervalo, havia herdado o título de lorde Tyrawley e o coronelato dos fuzileiros reais, ganhou reputação por sua esperteza e perversidade e acumulara, durante os 12 anos servidos na Irlanda, dívidas de tal magnitude que tornavam uma temporada no serviço diplomático, e até seus modestos estipêndios, bastante bem-vindos. Tyrawley também teve de fugir de uma mulher com quem tinha se casado em segredo pelo dinheiro dela, mas cujo pai havia descoberto o plano, e de uma amante de 15 anos que esperava um filho seu.

Um escândalo político criou a vaga preenchida por ele. Seu predecessor em Lisboa, o major-general James Dormer, foi chamado de volta em desgraça por ter tentado encomendar o assassinato do próprio cônsul inglês. Tyrawley presumiu que, depois de consertar os danos causados ao prestígio inglês por esse incidente, estaria apto a reunir seu regimento ou seguir para outra tarefa diplomática qualquer. Mas um longo período de relativa paz conspirou para impedir que a primeira coisa acontecesse e, apesar de se queixar continuamente do "abominável apreço por todas as conveniências da vida"[11] em Lisboa, seus apelos para ser transferido para outro lugar caíram em ouvidos moucos. No fim, o mandato de Tyrawley na capital portuguesa durou 13 anos, durante os quais os despachos do irascível fidalgo alcançavam o tom franco daqueles escritos durante a construção de Mafra ou na época da ameaça de invasão pela Espanha na década de 1730.

Seu "temperamento básico" era, nas palavras do amigo Horace Walpole, "imperiosamente ríspido, arrogante e desdenhoso, com uma porção audaz de espirituosidade": ao longo dos anos, ele descreveu os anfitriões portugueses como "dignos de confiança só quando sob ameaça" e possuidores de "um limitado estoque de sagacidade", o país como "num estado absoluto de negligência" e a perigosa situação de sua agricultura como tendente a levar à fome em massa "em menos de um ano depois da interrupção de seu comércio conosco".[12] Mas, felizmente para as relações anglo-portuguesas, Tyrawley também demonstrava "uma boa dose de humor e boas maneiras ocasionais".[13] Sua relação com D. João V, um homem que ele tinha "em máxima consideração e alta estima" durante a maior parte do tempo, era de proximidade, e ele se mantinha em excelentes termos com as personalidades eminentes de uma corte que descreveu como "uma dama por quem nós sempre tivemos muita deferência".[14] Quando finalmente foi chamado de volta em 1742, era considerado, tanto na Inglaterra como em Portugal, "quase um português, praticamente naturalizado entre eles, e muito querido lá".[15] De acordo com Horace Walpole, Tyrawley foi para casa acompanhado de "três esposas e 14 filhos".[16]

Em 1752, Hervey e Tyrawley voltaram juntos para Lisboa. Hervey foi encarregado de acompanhar o ex-embaixador e o atual incumbente, Abraham Castres, que estava voltando de licença. A missão de Tyrawley, na qualidade de bem relacionado "especialista" em assuntos portugueses, era solucionar uma disputa acrimoniosa que emergira na ausência de Castres, relacionada ao confisco de uma quantidade de ouro que estava sendo transferida para um navio inglês. Na época de D. João V, o atrito seria muito provavelmente resolvido sem estardalhaço. Mas, transcorridos dois anos do reinado de D. José, as preocupações de Castres de que seu novo secretário de Estado, Pombal, pudesse tentar afrouxar o domínio que os comerciantes ingleses pareciam ter sobre o comércio português, além de promover amplas reformas na economia do país, pareciam ter sido justificadas.

Não havia intenção, da parte de D. José, de tentar romper a antiga tradição que permitia aos navios de guerra ingleses exportar lingotes portugueses sem impedimento: afinal, os déficits do comércio de seu

TERRA INCOGNITA

país com seu parceiros comerciais europeus precisavam ser sanados, e, se a Inglaterra era a maior potência marítima e uma velha aliada, seus navios eram a escolha óbvia para a tarefa de distribuir barras de ouro portuguesas na Europa. Pombal também reconheceu prontamente as razões desse *status quo*. Os comerciantes ingleses tinham habilidades e crédito que faltavam aos comerciantes portugueses. O tradicional e bastante paradoxal desdém português pelas atividades mercantis — entre outras coisas, por causa da associação do comércio com judeus e "cristãos-novos" — permitiu a comerciantes estrangeiros fazerem as próprias reservas de mercado. A virtual ausência de uma burguesia profissional ou de uma classe média em Portugal era um obstáculo em grande parte fabricado pela própria sociedade portuguesa. Mas o secretário do rei estava determinado a enfrentar tudo isso a longo prazo e revolucionar o modo como Portugal lidava com seu comércio exterior. Enquanto isso, o protesto motivado pela conduta grosseira dos comerciantes ingleses no comércio do ouro, tanto legal como contrabandeado, era uma oportunidade de lançar uma advertência.

Tyrawley tinha considerável simpatia pela posição portuguesa. Ele nunca havia morrido de amores pela "Fábrica" inglesa (o nome coletivo dado aos comerciantes que, com suas famílias, formavam uma parte substancial da população inglesa e irlandesa em Lisboa, contando duas mil pessoas ou mais), por conta da aversão que sentia pelo "comércio" em geral. Em mais de uma ocasião, ele havia descrito os membros da "Fábrica", que controlavam até três quartos do comércio do porto, como "uma parcela dos maiores fanfarrões que jamais encontrei: almofadinhas, galanteadores, beberrões e jogadores incrivelmente ignorantes até sobre os próprios negócios".[17] Tyrawley tradicionalmente tinha o hábito da hipérbole, mas era verdade também que, exatamente na época em que Pombal estava cogitando o melhor modo de começar a tirar Portugal de um estado de dependência econômica externa, uma facção de "resmungões", isto é, jovens de cabeça quente, fazia sentir sua presença dentro da comunidade comercial inglesa, conjurando protestos contra seus anfitriões portugueses a qualquer oportunidade. Quando discutiu "o estado dos negócios"

64 A IRA DE DEUS

com Hervey, Tyrawley "condenou a Fábrica como um bando de camaradas insatisfeitos, inquietos, orgulhosos e extravagantes" e "insultou a todos" por fazerem "exigências muito despropositadas".[18]

Nessa ocasião, todas as partes se reconciliaram, e Tyrawley foi para casa descrente de que a disputa pudesse significar um plano dos portugueses para restringir as atividades dos comerciantes ingleses. Para ele, os estrangeiros haviam "engordado e dado coices",[19] nos limites da legalidade. Concluiu que a viagem inteira havia sido uma monstruosa perda de tempo. Mas mudanças radicais, como Castres suspeitava, estavam sendo gestadas na corte. Pombal já tinha demonstrado sua determinação ao convencer o rei, no ano anterior, a publicar um decreto sujeitando todas as sentenças da Inquisição à ratificação da Coroa, uma medida descrita por um biógrafo, um século depois, como "talvez um dos atos mais ousados de qualquer ministro, em qualquer tempo e em qualquer país".[20] Ficava cada vez mais óbvio para todos os enviados estrangeiros que, depois do início promissor de seu reinado, D. José parecia agora mais inclinado à caça, à ópera e a encontros amorosos com Mariana Bernarda de Távora (cujos marido e sogro ele providencialmente despachou para governar a Índia Portuguesa) do que na tarefa de governar Portugal, sobre a qual seu tirânico pai não havia lhe fornecido experiência alguma.

Quando outro conflito emergiu no ano seguinte, depois que Pombal baniu as exportações de milho para a Espanha, num esforço para evitar a fome em Portugal, e os comerciantes ingleses acostumados a fazer fortunas com esse comércio protestaram veementemente, ficou claro que uma nova era de tensão crescente começara depois da chegada do novo rei e do novo ministro. No ano seguinte, Hervey seria chamado para uma reunião com Pombal, na qual este deixou claro que as frequentes "encenações e tramoias" de alguns dos comerciantes ingleses não seriam mais toleradas. Uma década antes, Benjamin Keene, o embaixador inglês em Madri, disse sobre o secretário de Estado: "Um pequeno gênio com uma grande mente num país pequeno se torna um animal muito arisco."[21] Agora que ele estava protegido na Corte pela herdeira do trono, situação que se manteve até a morte da monarca em 1754, o avanço de Pombal parecia inexorável.

As progressivas tensões nas relações comerciais anglo-portuguesas não tiveram efeito perceptível na exportação do ouro brasileiro para a Inglaterra. Quantidades recorde eram embarcadas durante os primeiros anos do reinado de D. José. Augustus Hervey se beneficiava constantemente da necessidade pelos serviços de frete da Marinha Real inglesa. Depois de cada visita, ele deixava Lisboa com considerável tristeza, dada "a grande atenção que me foi demonstrada lá e minha intimidade com diversas famílias portuguesas, que não é de fácil obtenção para estrangeiros".[22] Seu "querido amigo" D. João da Bemposta havia sido reconhecido formalmente por D. João V como sobrinho pouco antes de sua morte e nomeado capitão-general das armas reais e galeões de alto bordo. Era agora um dos "maiores favoritos" de D. José. Isso, somado ao fato de ele ter sido mordomo-mor* do Palácio da Bemposta, deu a Hervey uma facilidade de acesso à sociedade da corte que não havia sido desfrutada por nenhum dos comerciantes ingleses, nem por Abraham Castres, que, na avaliação aristocrática de Hervey, "vivia de um modo muito avarento". O rei e a rainha eram sempre "muito generosos" com ele: numa ocasião, eles lhe concederam a honra de escoltar o *Phoenix* rio abaixo com seus iates, enquanto Hervey partia rumo ao Mediterrâneo. Em outra, ele chegou a ser convidado a acompanhar a família real ao Palácio em Salvaterra em sua viagem anual de caça — uma diversão que durava um mês, envolvia toda a corte e se dizia custar espantosas 150 mil libras.

Numa "grande gala" para o aniversário do rei, em 1752, a rainha disse a Hervey ter sabido que ele estava passando um período bastante "divertido". Isso certamente era verdade: Hervey descobriu que as damas portuguesas eram "muito amorosas" e "muito dispostas a nunca perder a oportunidade de se divertirem, sendo seus maridos assaz ciumentos e vigilantes".[23] Numa ocasião, ele foi até sequestrado nas ruas pelos criados da duquesa de Cadaval e levado para a propriedade da viúva, onde ela lhe "pôs fogo". Em outra, ele sentiu "a maior alegria de que posso lembrar" com Feliciana da Silveira, de 15 anos. Também se relacionou com Maria Anna Leopoldine, princesa de Holstein, uma

---

* Administrador principal de uma casa de nobres. (*N. do T.*)

"mulher muito bela, mas gorda" que era casada com o capitão da guarda da rainha. Aconteceu ainda de "fazer amor à maneira *freirática*" com as "bonitas freiras" de Odivelas e de outros conventos, além de comparecer a missas na igreja da Trindade, no Bairro Alto, com o objetivo de inspecionar as damas e arranjar um encontro amoroso com a "peça mais encantadora". Eram dias felizes, mais livres e alegres do que a última década do reinado de D. João V, e parecia impossível imaginar que uma cidade que externamente aparentava possuir tantas riquezas pudesse se encontrar aprisionada num turbilhão econômico.

Durante uma estada na cidade, em setembro de 1753, Hervey recebeu um convite do camareiro da corte para visitar o Tesouro Real no Palácio de Bragança, e ficou atordoado com o que viu. Impressionou-se em particular com a latrina de ouro recebida de presente pela rainha em seu casamento com D. José e comentou que "a renda de Bruxelas que cobre tudo supera qualquer coisa que possa ser encontrada em seu gênero em qualquer lugar". Havia grande número de quadros de valor incalculável, presentes do "imperador da China", que lotavam um cômodo atrás do outro, e muitas outras "espécies de coisas ímpares que custaram grandes somas e são de nula utilidade".[24]

No outono do ano seguinte, ao mesmo tempo que uma frota de 44 navios chegava de Pernambuco e era descrita pela *Gazeta de Lisboa* como "mais rica do que qualquer outra que de lá chegou nos últimos anos",[25] Hervey foi inspecionar o projeto que captou da melhor forma o espírito de seu tempo. A um custo de 200 mil libras, ou quase, D. José estava construindo a nova Casa da Ópera, perto do Paço da Ribeira, cuja "magnificência e bom gosto", Hervey tinha certeza, "excederiam a de qualquer outra na Europa".[26]

Havia um tipo de visitante inglês cada vez mais comum que não ia a Lisboa em busca de prazeres como os experimentados por Hervey. Em meados do século, a cidade subitamente se tornou um destino para os que sofriam as agonias da "acrimônia escorbútica", ou infecção venérea. A nova "bebida curativa de Lisboa", intensamente comercializada por Mr. Leake, de Half Moon Street, em Piccadilly, causou considerável movimento: dizia-se que fornecia uma cura não só para a "acrimônia escorbútica", mas também para o próprio escorbuto (de-

TERRA INCOGNITA   67

ficiência de vitamina C), além de uma variedade de outras aflições. Leake assegurou aos compradores potenciais da poção que nada se comparava à sua eficácia e que aquela "de Montpellier dos últimos anos não ficou mais célebre do que a de Lisboa", onde era conhecida como a bebida curativa *alemã*, "para os fins de reparar as constituições que sofreram de males venéreos".[27] O uso feito por Leake do nome da capital portuguesa era sagaz. Lisboa havia se tornado o destino de inverno da moda, o *dernier resort** para os doentes graves. Seu clima — o primeiro assunto de conversação, como observou o Dr. Johnson** — era qualificado como quase perfeito, particularmente para aqueles com males do pulmão, que poderiam não sobreviver a outro inverno inglês, e o ar da cidade havia adquirido a reputação de ser maravilhosamente puro e benéfico.

Para alguns, a visita a Lisboa prolongava um pouco a vida; para outros, terminava num túmulo no cemitério inglês da Estrela. Dentre os aristocratas e famosos, Charles Mordaunt, terceiro conde de Peterborough, morreu em Lisboa em 1735; Alexander Ogilvy, sexto lorde Banff, em 1746; Arthur Mohun St. Leger, terceiro visconde de Doneraile e lorde camareiro do príncipe de Gales, em outubro de 1750; e, naquele mesmo mês, Philip Doddridge, o grande pastor não--conformista e autor de hinos, chegou depois que as fontes termais de Bristol não haviam conseguido cessar seus terríveis acessos de tosse. Morreu menos de duas semanas depois.

Foi no rastro deles que Henry Fielding — romancista, dramaturgo, magistrado e fundador dos Bow Street Runners, primeira força policial profissional de Londres — partiu para Lisboa em junho de 1754. O inverno anterior na Inglaterra havia sido perverso, o que agravou fortemente seu sofrimento decorrente de uma "conjunção de enfermidades", e sua mulher morrera. Fielding havia tentado o "remédio do duque de Portland", o purgante Pill and Drops, de Joshua "Spot" Ward, e doses de "água de alcatrão". Mas nada disso o curou de seu

---

* Último recurso. Em francês no original. (*N. do T.*)
** Epíteto com o qual costuma ser referido o escritor e moralista inglês Samuel Johnson (1709-1784). (*N. do T.*)

"edema destemperado", acúmulo e retenção de líquido provavelmente causados por cirrose do fígado, e menos ainda aliviou os desconfortos causados por icterícia, gota e asma. Como não era um mero "caso para banhos termais em Bath" e suas doenças estavam agora "unindo forças na destruição de um corpo tão inteiramente emaciado que perdeu toda a carne muscular",[28] Fielding, em desespero, decidiu procurar o ar de Lisboa.

O deleite costumeiro de Fielding com a vida estava consideravelmente reduzido por causa de seu sofrimento terrível. Quase dez galões de líquido haviam sido tirados de seu abdome na primavera e no verão, ele não tinha mais dentes dignos desse nome, seu rosto "continha marcas de um estado muito doentio, senão da própria morte" e, como não desfrutava mais do "uso dos membros inferiores", teve de ser "alçado (...) com polias" a bordo do navio no Tâmisa, com o acompanhamento de "todo o tipo de insultos e zombarias sobre meu infortúnio" vindos de "fileiras de marinheiros e barqueiros".[29] Uma vez a bordo, mais quatro galões foram drenados dele. Adiante o esperava uma viagem de pesadelo que duraria, por obra dos ventos contrários e de outros azares, não os seis dias habituais, mas seis semanas.

Fielding havia escolhido para sua travessia o capitão Rich Veale, "bravo e de boa índole", e o navio *Queen of Portugal*. Ex-comandante de navios de combate, Veale possuía "uma voz capaz de abafar todas as outras" e levava "uma espada de tamanho descomunal a seu lado, com a qual ele esgrimia em sua cabine, entre os passageiros infelizes que ele armazenara em cubículos".[30] Veale conhecia mais do que a maioria os perigos de deparar com piratas berberes em alto-mar: em 1746, seu navio *Inspector* encalhara na baía de Tânger, e o ataque corsário causara a perda de 96 marujos e a captura do resto da tripulação (o último membro não foi resgatado senão cinco anos depois). Mas foram as seis semanas a bordo, não a pirataria, que fizeram a viagem tão lúgubre para Fielding. No momento em que o *Queen of Portugal* finalmente alcançou o Tejo no início de agosto, ele não estava com nenhuma disposição para apreciar a paisagem. Para piorar, passava-se pelo período mais quente do quarto ano seguido de seca: o solo, ele escreveu, "parecia um velho forno de queimar cerâmica ou um campo em que a grama tivesse sido cortada e incendiada".

Ele imediatamente sentiu falta do verdor da pátria e não demoraria para que sentisse falta também de pastinaca e dos queijos de Cheshire e Stilton. O assédio dos funcionários da alfândega e dos fiscais de saúde lhe causaram cansaço, embora tenha se divertido com "o desprezo e a raiva" dirigidos a eles pelos marinheiros ingleses, e sua observação de que o Convento dos Jerônimos era "um dos mais belos complexos de edifícios que havia em Portugal" constituía mais um relato obrigatório do que opinião própria. Em seu estado desalentado e exausto, Fielding se decepcionou ao constatar que, embora os prédios brancos à beira do rio parecessem "muito bonitos a distância", de perto "toda ideia de beleza desaparecia". Em 7 de agosto, Fielding foi depositado em terra pelo capitão Veale, momento registrado em seu *Diário de uma viagem a Lisboa* [*Journal of a voyage to Lisbon*] como se segue:

> Cerca das sete horas da noite eu entrei numa carruagem e fui transportado pela cidade mais asquerosa do mundo, embora ao mesmo tempo uma das mais populosas. Chegamos a uma espécie de cafeteria, muito agradavelmente situada no alto de uma colina, a mais ou menos 1,5 quilômetro da cidade, e que oferece uma bela perspectiva do rio Tejo, na direção de Lisboa para o mar. Aqui nos regalamos com uma boa ceia, pela qual fomos todos cobrados como se a conta tivesse sido calculada na estrada de Bath, entre Newbury e Londres.[31]

Exatamente no dia seguinte, dois navios com cargas valiosas destinadas a Lisboa, vindos do Porto, foram capturados por piratas bérberes e levados para o Norte da África.

Exceto por ter escapado providencialmente da escravidão no Norte da África e pela estação de clima benfazejo, a chegada de Fielding não aconteceu no melhor dos momentos. Na semana seguinte, a herdeira do trono, a austríaca Mariana Josefa de Áustria, morreu e a cidade toda entrou em luto, demonstrando em toda a sua glória o que Fielding descreveu como "pompa fanática".[32] Para agravar a infelici-

70   A IRA DE DEUS

dade com a doença, sua nova esposa — a camareira da falecida Mrs. Fielding — estava sentindo uma desesperadora nostalgia de casa. Ele ficou, além disso, constrangido com as tentativas da governanta de sua filha de cortejar o reverendo John Williamson, capelão da Fábrica inglesa a quem ele considerava "sob todos os aspectos o camarada mais inteligente que já conheci e meu principal companheiro", e ficou horrorizado ao constatar que havia aparentemente ido parar na "cidade mais cara do mundo e na casa mais cara da cidade".[33] Além de tudo, parecia não haver "algo parecido como uma pena de escrever à venda em Lisboa".

Depois de algum tempo, porém, Fielding começou a sentir-se um pouco melhor. Sua disposição foi estimulada pela descoberta, com a ajuda do comerciante de milho inglês John Stubbs, de uma *kintor* (quinta, na pronúncia inglesa) em Junqueira. Ele conseguiu obter dois escravos, um homem e uma mulher, já que o aluguel era de apenas 6 libras por ano, e descobriu que na verdade era possível "fazer boa figura com quase nada" em Lisboa. Fielding comprou um papagaio para a filha e outro para mandar para a irmã. Recebeu a visita de "um nobre português" e se declarou pronto "para ser visitado por todos tão logo minha *kintor* esteja em ordem". Ele se sentia suficientemente bem para considerar a ideia de começar a trabalhar num livro sobre Portugal.

As observações de um homem com conhecimento íntimo da vida de rua e do crime em Londres, e que era fascinado pelas imagens e sons "de homens do mar, barqueiros, pescadoras, ostreiras e todos os ruidosos habitantes de ambas as margens"[34] da região das docas de Wapping, assim como pelos trabalhos nos bordéis e cassinos, além de todas as outras formas de diversão, forneceriam uma compreensão única da vida em Lisboa. Mas em 8 de outubro de 1754, apenas 62 dias após sua chegada, Henry Fielding morreu. Dezessete anos depois, entre os anúncios da quarta edição de suas obras reunidas, um dizia que Fielding havia sido "acusado por Samuel Johnson de causar terremotos com seus escritos obscenos".

CAPÍTULO 4

A tempestade se aproxima

O ano de 1755 marcou o 500º aniversário da elevação oficial de Lisboa a capital do país. Começou com as tradicionais festas de Ano-Novo e dos Reis Magos, durante as quais todos os embaixadores estrangeiros, nobres, funcionários graduados e líderes religiosos se reuniam para beijar a mão real. Depois disso, D. José transferiu a corte, como era costumeiro, para o palácio e os campos de caça de Salvaterra. O honorável Edward Hay, filho afável e capaz do conde de Kinnoull, que recentemente havia se mudado de Cádiz para assumir o posto de cônsul inglês, relatou no início de janeiro que Lisboa e os negócios dos comerciantes britânicos se encontravam em situação de "extrema tranquilidade" e, um mês depois, que "tudo está bem calmo atualmente".

Os 14 navios mercantes que formavam a frota para Pernambuco e os 29 barcos da frota para o Rio partiram no início de janeiro. O comboio para a Bahia tomou rumo no início de março. Enquanto isso, pequenos grupos e navios solitários saíram para outras partes do Império Português — Paraíba, Maranhão e Pará, no Brasil; Cabo Verde e Angola, na África. O Tejo permaneceu tão movimentado como sempre: raramente havia menos de 150 navios do Norte da Europa e do Mediterrâneo atracados no rio, dois terços deles ingleses; remessas de trigo, centeio, cevada, manteiga, carne, queijo, pão, bacalhau salgado, linho, alcatrão, carvão, lenha e ferro eram descarregadas,

72 A IRA DE DEUS

e vinho, sal, frutas, tabaco, açúcar e pau-brasil partiam para portos estrangeiros.

As numerosas procissões da Quaresma ocorreram como de hábito. No dia de São José, houve uma magnífica "serenata de instrumentos" no Terreiro do Paço, e a Páscoa foi comemorada alegremente no fim de março. Ao mesmo tempo, o navio de guerra *Nossa Senhora da Natividade* chegou do Rio depois de uma viagem de 96 dias com uma carga equivalente a 2,5 milhões de cruzados (325 mil libras) para os cofres reais e 1,5 milhão de cruzados (195 mil libras) que eram devidos aos comerciantes de Lisboa por produtos que haviam embarcado para o Brasil. Outro barco trouxe mais de meio milhão de libras em diamantes. Para grande alívio dos "alfacinhas", copiosas chuvas de primavera indicavam um fim à seca dos cinco anos anteriores, e, no início de abril, o tom confiante dos despachos de Edward Hay para Londres pouco havia mudado: "Não há notícia em qualquer departamento que valha sua atenção", ele escreveu a *Sir* Thomas Robinson, secretário de Estado do Departamento do Sul,* "estando todas as coisas da esfera pública num caminhar muito tranquilo".[1]

A maior excitação na Corte era gerada pela inauguração da grandiosa Casa da Ópera, adjacente ao Paço da Ribeira, no aniversário da rainha, em fins de março. Projetada pelo arquiteto italiano Giovanni Carlo Bibiena, media mais de 60 metros de comprimento por 35 de largura, e muitos dos melhores artistas da Europa, incluindo o compositor Antonio Mazzoni e o *castrato* "Caffarello", foram atraídos para Lisboa pela promessa de cachês dez vezes maiores que o salário anual de Abraham Castres, o enviado inglês, mais ajuda de custo diária equivalente a vinte vezes o pagamento de um mestre-carpinteiro. A apresentação de abertura, a ópera de David Perez, *Alessandro nell'Indie*, incluía até uma aparição no palco do grande toureiro Carlos Antônio Ferreira à frente de coluna de 25 cavaleiros. Os relatos sobre a escala das novas produções e dos cenários, sem precedentes em toda a Eu-

---

* Entre 1660 e 1782, o governo britânico contava com um secretário de Estado para as regiões do Sul do país e com outro para as regiões do Norte. Cada um era responsável também por uma parte das relações internacionais da Grã-Bretanha. *(N. do T.)*

A TEMPESTADE SE APROXIMA 73

ropa, se espalharam rapidamente. Poucos dias depois, o velho amigo de Castres, *Sir* Benjamin Keene, escreveu-lhe, da Corte espanhola: "Aguardo ansiosamente o relato da inauguração de seu novo teatro. Temo que nós precisemos *baisser pavillon* * diante de você. Não vamos jogar nosso dinheiro pela janela, porque você não parece se importar nem com janelas nem com portas em suas apostas."[2]

Um dos primeiros visitantes a ver uma apresentação na nova Ópera foi Augustus Hervey, que voltou a Lisboa em fins de abril e descreveu-a como "o teatro mais suntuoso que já vi, e tudo nele é verdadeiramente régio". Ele também foi convidado por D. João da Bemposta para um concerto no Palácio de Belém, no qual o rei e a princesa do Brasil,** de 21 anos, gracejaram sobre seus encontros românticos com madame Brignole, uma mulher casada, em Gênova. Ele passou os dois meses seguintes tirando o máximo proveito de seu tempo, do seu modo habitual. Houve visitas a Odivelas e a outros conventos, jantares com o embaixador espanhol, o conde de Perelada, com o núncio papal, Filippo Acciaiuoli, e até com alguns dos principais comerciantes britânicos. Hervey participou ainda de discussões sobre vários assuntos com Pombal, e frequentemente divertia seus amigos da nobreza portuguesa a bordo do *Phoenix*, "com bailes, ceias e música no rio durante a noite toda". O caso com madame Brignole não era impedimento para suas atividades amorosas: as relações com dona Feliciana, de 15 anos, e as outras continuavam indo "muito bem".

Os giros sociais de Hervey eram uma fonte de informações valiosas, tanto quanto de diversão. Na Ópera, no dia do aniversário de D. José, em junho, ele observou que o rei e a jovem marquesa de Távora "não fizeram outra coisa senão olhar um para o outro, tanto quanto puderam ousar na presença da rainha".[3] Hervey era provavelmente até mais bem informado do que o "velho Castres", como se referia a ele, mas logo assuntos mais belicosos do que a vida social de Lisboa começaram a preocupar os dois. Um conflito não declarado entre a Inglaterra e a França estava em curso na América do Norte, e os embaixadores e capitães navais ingleses ficaram sabendo que "as relações entre as duas

---

* Dar-nos por vencidos. Em francês no original. *(N. do T.)*
** A futura rainha Maria I, depois conhecida como Maria, a Louca. *(N. do T.)*

74 A IRA DE DEUS

nações tornaram-se críticas". Até o conde de Baschi, novo embaixador francês em Lisboa (e um homem a quem Castres desprezava, por ser "inteiramente *sans façon** e, embora nascido fidalgo, [possui] os modos e a linguagem de um puro financista"),[4] disse descuidadamente a seu colega inglês que, em sua opinião, as hostilidades na vizinhança seriam "inevitáveis".[5]

Uma nova guerra na Europa não era algo que a maioria dos nobres portugueses gostaria de contemplar. A França tentaria solicitar o apoio da Espanha, que, apesar de parecer mais independente de seu parceiro Bourbon do que havia sido durante muitos anos, ainda estava, na opinião de Benjamin Keene, "presa (...) como uma moela sob a asa da França",[6] e qualquer envolvimento da Espanha ameaçaria a segurança de Portugal, ainda que as duas famílias reais fossem vinculadas intimamente por laços de casamento.** Do ponto de vista inglês, a sempre crescente influência de Pombal na corte criou igual preocupação a respeito de até onde Portugal apoiaria seu aliado. Embora Castres não o considerasse "nenhum francês",[7] o secretário de D. José já se havia mostrado menos maleável do que a maioria dos predecessores, e a direção dos acontecimentos políticos "nesse misterioso país",[8] como o havia chamado o enviado inglês, tornara-se muito imprevisível nos últimos tempos. Em 18 de junho, exatamente quando Augustus Hervey se preparava para navegar até Gibraltar com um carregamento de moedas de ouro portuguesas, a conduta provável da Corte no caso de guerra foi inesperadamente submetida a um ensaio geral, quando nove navios de guerra franceses apareceram em Cascais, e o conde du Guay, comandante da Marinha no porto de Brest, no Noroeste da França, solicitou permissão para adentrar o Tejo.

Canhoneiros franceses não costumavam aparecer em Lisboa, muito menos esquadras inteiras. A cidade era considerada uma segunda casa para a Marinha inglesa. E, dado o momento em que a aparição ocorreu, Hervey e Castres tinham boas razões para temer que a guerra na

---

* Sem modos. Em francês no original. *(N. do T.)*
** A rainha Mariana Vitória, esposa de D. José, era filha do rei Bourbon anterior, Felipe V, e sua irmã era casada com Fernando VI. *(N. do A.)*

A TEMPESTADE SE APROXIMA   75

Europa acabara de começar. Hervey e seu amigo D. João da Bemposta correram para uma audiência com o rei, a quem encontraram "muito desgostoso" com a situação, e em seguida pegaram um batel para inspecionar os barcos franceses. Todos estavam em condições excelentes, bem equipados e bem comandados. Antes que seis deles obtivessem permissão para ancorar perto do Terreiro do Paço, Hervey já havia deslizado para longe do porto e estava a caminho de relatar o que havia visto para seu oficial de comando na esquadra mediterrânea. Se a visita da frota francesa tinha a intenção, como um de seus jovens fuzileiros escreveu, de "jogar um pouco de pó nos olhos dos ingleses",[9] ou se o propósito era elevar o prestígio francês em Portugal e na Espanha antes da eclosão da "guerre génerale",* ou então se a ideia era causar a dispersão dos navios ingleses que de outro modo poderiam estar no rumo do outro lado do Atlântico para bloquear o comércio francês e os novos envios de tropas francesas à América do Norte, ou mesmo se a pretensão era provocar um ataque, Hervey não tinha como saber.

Depois que os navios franceses atracaram diante do palácio, D. José, fossem quais fossem suas opiniões particulares sobre aquela presença, providenciou uma recepção cortês aos visitantes. O conde du Guay obteve uma audiência real, um jantar de gala foi oferecido a bordo do *Formidable* para dignitários portugueses (ao qual nem o rei nem Pombal compareceram) e houve uma apresentação especial de *La Clemenzia di Tito*[A clemência de Tito], do libretista italiano Pietro Metastasio, na nova Casa da Ópera, no último domingo de junho. Alguns oficiais e fuzileiros franceses foram convidados a visitar Mafra, o palácio real e os campos de caça de Salvaterra, e também a suntuosa escola de equitação real em Belém, enquanto outros se contentaram em conhecer melhor Lisboa.

Entre estes estava Charles-Christian, cavaleiro des Courtils, um fuzileiro naval de 21 anos que prestava serviço no *Palmier*, cujas cartas para a mãe pintam um retrato detalhado — e perspicaz, quando visto em retrospecto — da Lisboa de 1755. Ele achou "muito agradável" a vista dos campos, conventos e aldeias às margens do Tejo obtida em

* * "Guerra geral". Em francês no original. (*N. do T.*)

Belém, assim como o "anfiteatro" da cidade. Disse estar convencido de que Lisboa havia sido "feita para ser o centro do comércio europeu, dada a sua localização maravilhosa". Também admirou muitos de seus prédios, descreveu o novo aqueduto como uma "obra-prima artística" e viu algum mérito nas igrejas de São Vicente, São Roque e Santo Antão. A sé foi por ele considerada "bonita e bem construída". Seu amigo, o cavaleiro de Beaufremont, que visitou o Palácio de Mafra, lhe assegurou que este era "verdadeiramente nobre e impositivo (...) com uma igreja magnífica". Sobre a nova Ópera, Courtils ficou imensamente impressionado ao saber que sua manutenção custaria 2 milhões de libras francesas (mais de 80 mil libras esterlinas) anuais e prontamente admitiu que nada havia na França que se equiparasse a esse espetáculo "requintado", "sublime" e verdadeiramente *"pompeux"*.*

O jovem cavaleiro, seguro de sua crença na "superioridade dos franceses sobre todos os outros povos do universo" e de sua opinião de que nada podia se comparar ao Museu do Louvre, aquele "mais perfeito modelo de arquitetura no mundo", foi bem menos lisonjeiro em relação a outras coisas que lhe cruzaram o caminho. Desprezou muitos costumes locais como "bizarros", achou a corte lúgubre em comparação com a da França, a criminalidade nas ruas lhe pareceu ter proporções tão epidêmicas como na Espanha e na Itália, e considerou o Paço da Ribeira "uma profusão de prédios sem gosto, ordem ou arquitetura" que "só tem a seu favor a imensidão", sendo mais "um vasto monte de pedras do que um palácio". Do exterior, o torreão o impressionou por ser um cenário de dar pena, uma vez que muitas vidraças estavam quebradas e dentro sua aparência era "muito degradada", ainda que as numerosas tapeçarias de Gobelin, compradas a imenso custo em Paris na década de 1720, chamassem sua atenção.

A visão de Courtils a respeito do estado da nação que ele estava visitando era tão chauvinista como a de qualquer inglês. Para os franceses, Portugal era uma colônia da Inglaterra, a qual "alimentava e vestia" seu povo, conduzia todo o seu comércio e em troca levava "30 milhões por ano" (1,25 milhão de libras esterlinas). Isso Courtils considerou inex-

---

* Pomposo. Em francês no original. (*N. do T.*)

A TEMPESTADE SE APROXIMA

plicável. "Eu gosto de países capazes de grandes feitos", ele escreveu, sabendo que era a Portugal que "nós devemos a descoberta do Novo Mundo" e que um século antes esta nação "tão bravamente se livrou do jugo da Espanha, que a tratava como um senhor a seus escravos". Mas agora lhe parecia que o povo português havia se tornado "amolecido por longos anos de paz e ociosidade". De fato, o país parecia tão frágil que seis navios poderiam facilmente navegar Tejo acima, como sua esquadra havia conseguido, e torná-lo refém. O mesmo feito teria sido alcançado por menos de uma centena de "argelinos determinados" que porventura desembarcassem na aldeia de pescadores de Ericeira e sequestrassem a família real durante uma de suas estadas em Mafra, ali perto. Estava na hora, declarou Courtils, de os portugueses "acordarem (...) e mostrarem-se como seus ancestrais" para tomar o controle do próprio comércio e "não deixá-lo imbecilmente aos cuidados de estrangeiros que engordam à sua custa e enriquecem graças à sua política malfeita". Se Portugal administrasse suas finanças apropriadamente, ele sugeriu, poderia comprar cinquenta naus de linha, contratar todos os soldados e marinheiros de que precisasse, tornando-se dessa forma "uma das grandes potências da Europa", e até deter "o equilíbrio do poder entre a Inglaterra e a casa de Bourbon".[10]

Em 7 de julho, a esquadra francesa finalmente deixou Lisboa rumo a Cádiz, e a cidade retornou a seu habitual "estado de tranquilidade".[11] Benjamin Keene escreveu de Madri a Castres, dizendo não acreditar que os navios de Du Guay atacariam a pequena esquadra mediterrânea da Marinha Real inglesa. Mas, acrescentou, "só Deus sabe o que farão se tivermos sucesso nos cinco ou seis ataques que estamos promovendo simultaneamente na América para recobrar nossa própria esquadra".[12] Reforços britânicos liderados pelo general Edward Braddock haviam desembarcado na América do Norte em fevereiro, com o irmão mais novo de Hervey, William, entre eles. Esperava-se uma reação ao que era visto como "agressões" dos franceses e dos indígenas a vários postos avançados britânicos. Mas foram notícias de uma ação naval, e não de uma batalha terrestre, que chegaram à Europa primeiro e levaram as atividades da esquadra francesa a assumir uma importância ainda maior.

78　　　　　　　　　　A IRA DE DEUS

No início de junho, uma frota britânica de 11 naus de linha, sob o comando do almirante Edward Boscawen, capturou dois navios franceses que transportavam tropas para a América do Norte. Poderia ter subjugado todos os 13 navios das duas esquadras francesas, e também o novo governador do Império Francês na América do Norte,* marquês de Vaudreuil, não tivesse o mau tempo separado os barcos. Em Lisboa, Castres informou com certa satisfação que as notícias foram saudadas pelos "escalões médios e inferiores do povo" com uma demonstração aberta de "absoluto desprezo pelos franceses".[13] Se a esquadra francesa ainda estivesse no porto naquela hora, a reação poderia não ser tão entusiástica. Aparentemente, os reinos menores de toda a Europa "temiam as consequências das hostilidades, antevendo que a guerra deveria se generalizar e eles seriam obrigados a tomar partido".[14] Enquanto isso, *Sir* Thomas Robinson enviou mensagens para todos os navios de guerra ingleses advertindo que era iminente uma "ruptura declarada" com a França. Castres informou que a Corte portuguesa estava observando "o que se passa em profundo silêncio, como de hábito".[15]

A aparição da esquadra francesa não foi a única "inconveniência" marítima para Portugal naquele verão. Em maio, as naus *Nossa Senhora da Arrábida* e *Nossa Senhora da Atalaia* foram despachadas para patrulhas em alto-mar depois que houve rumores de que "os argelinos" estavam se preparando para enviar "um grande número de barcos" para atacar a costa portuguesa. D. José já tinha autorizado um pagamento de 8 mil cruzados naquele ano para assegurar a libertação de moradores do litoral que haviam sido sequestrados em suas casas e escravizados na costa bérbere. Ele respondeu à ameaça mais recente ordenando que "uma nau de sessenta canhões, três fragatas e dois xavecos robustos sejam tripulados e equipados com a máxima diligência". Os magros recursos navais de Portugal estavam sendo esticados ao limite, mas, no início de julho, anunciou-se que uma esquadra estava pronta para enfrentar os corsários, "que nos últimos tempos vêm infestando ativamente o litoral".[16]

---

* Correspondente, hoje, ao Canadá, ao estado norte-americano da Louisiana e a trechos da costa leste dos Estados Unidos. *(N. do. T.)*

A TEMPESTADE SE APROXIMA 79

A proteção das frotas que começariam a retornar do Brasil no fim do verão era uma tarefa ainda mais imperativa do que resguardar a população litorânea portuguesa. Uma das primeiras veio de Pernambuco, compreendendo 11 barcos com 220 mil cruzados para o rei e "uma carga muito valiosa" de açúcar, couro e pau-brasil. Embora a frota possuísse uma escolta própria de dois canhoneiros, sempre havia a possibilidade de que um retardatário — como o barco solitário que chegou de Macau quase ao mesmo tempo — fosse alvejado, a não ser que os corsários sentissem a presença naval portuguesa em alto-mar.

Depois da celebração de uma sucessão de datas dedicadas a santos e três dias de tremendos fogos de artifício no Convento de São Francisco em meados de julho, Edward Hay relatou que "as coisas seguem como de hábito",[17] apesar da ameaça de guerra, ou talvez estimuladas por ela. A única real perturbação do verão para os comerciantes da Fábrica inglesa veio com a detenção do capitão William Clies e de quatro dos tripulantes do paquete *Expedition* por funcionários portugueses armados com espadões que pediam para revistá-los à procura de produtos proibidos. Clies jurou num depoimento subsequente que ele e seus homens reagiram apenas de "modo defensivo". O capitão também alegou ter sido alertado de que uma busca como aquela era provável, mas tinha resolvido que, se fosse tentada, ele iria se opor e lutar até alcançar o bote do navio. Foi exatamente o que aconteceu. Um ou dois dos inspetores portugueses ficaram feridos na briga e outro foi arrastado para a água e submetido a uma "imersão total". Como usualmente acontecia em confrontos com agentes governamentais, um bando rapidamente se juntou e exortou os marinheiros a afogar o homem, gritando que ele e todos os de sua laia "mereciam ser enforcados".[18] A tripulação não acatou o conselho, entrou no bote do navio e partiu para o *Expedition* com seus 20 mil "moidores"* e um "bom pacote" de diamantes pertencente a Mr. Bristow e Mr. Ward.

Castres enviou imediatamente a Pombal um protesto contra o "modo violento e sem precedentes" com o qual havia sido desafiado

---

* Termo usado na época e resultante da contração da expressão "moeda de ouro". (*N. do T.*)

o capitão de um navio enquanto cuidava de seus assuntos — e portanto dos assuntos do rei Jorge II. Ele sabia que o ministro português provavelmente não condenaria imediatamente o comportamento dos funcionários, porque, como o próprio Castres admitiu, o trabalho deles era "deter o contrabando que está em curso diariamente neste rio", e, em qualquer outro porto da Europa, Clies seria processado. O que estava em jogo pela terceira vez em três anos era o "delicado ramo de comércio" conduzido pelos capitães de barcos ingleses, ou seja, a transferência ilegal, mas necessariamente tolerada, de ouro e demais valores para saldar os débitos de Portugal com os comerciantes ingleses e os de outros países europeus. Quando nenhuma tentativa foi feita para interferir com as "grandes cargas"[19] dos próximos cinco paquetes que partiram de Lisboa, Castres concluiu que o incidente estava superado. O que ele não compreendeu totalmente foi que Pombal estava começando, com o apoio integral do rei, a operar uma reforma radical no governo do império, e isso logo teria consequências mais significativas para o comércio anglo-português do que revistas ocasionais a capitães de navio e suas tripulações.

Pombal seria mais tarde descrito por seu primeiro biógrafo como "notavelmente alto, bem constituído e bonito, com semblante intelectual e expressivo, maneiras envolventes e fala tranquila e fluente"[20] e, por muitos ingleses que o admiravam, como, nas palavras de um deles, "sem dúvida, uma personalidade muito superior à de qualquer um de seus compatriotas".[21] Seu período no exterior lhe dera uma compreensão muito maior da mentalidade dos embaixadores estrangeiros na Corte e o fez adotar um trato enganosamente objetivo, quando, na verdade, aderia ao que Castres chamava de tradição portuguesa de "esconder os sentimentos verdadeiros, seja qual for o lado para os quais se inclinem".[22] À época do verão de 1755, quatro anos depois de disparar seu primeiro ataque contra a Inquisição, além de ter começado a reduzir a burocracia portuguesa e reformar o sistema de impostos, a atenção de Pombal estava cada vez mais concentrada em colocar os assuntos brasileiros em ordem.

Reproduzindo o modo como as grandes casas mercantis inglesas conduziam os negócios, ele formou uma nova companhia com monopólio de direitos sobre o comércio nas províncias nortistas do Grão-Pará e do Maranhão, ordenou um fim às atividades de pequenos comerciantes itinerantes que em geral eram agentes de "intrusos" estrangeiros e declarou que os nativos indígenas estavam daí por diante livres dos poderes temporais de qualquer autoridade eclesiástica. As duas primeiras medidas pretendiam recuperar o poder sobre as atividades comerciais no Norte do Brasil; a terceira equivalia a uma declaração de guerra contra o poder dos jesuítas no país. Cinco anos antes, as reivindicações de Portugal sobre a Bacia Amazônica haviam sido satisfeitas num tratado assinado com a Espanha, e a intenção de Pombal era remover os jesuítas de suas propriedades vastas e autônomas às margens dos rios. No Sul, confrontos armados já haviam começado nos territórios "uruguaios" dos jesuítas. No Norte, o meio-irmão de Pombal, Francisco Xavier de Mendonça Furtado, foi empossado como governador para iniciar uma campanha similar. O projeto de "renacionalizar" o comércio colonial português e de pôr um freio nos jesuítas havia começado para valer. No âmbito doméstico, Pombal anunciou em agosto a criação da nova Junta do Comércio, destinada a concentrar e aumentar o poder dos comerciantes portugueses locais.

No início de setembro, chegavam à Europa as notícias da morte, na América, do general inglês Edward Braddock e da fuga de seu assessor George Washington, depois da derrota de suas tropas pelas forças francesas e indígenas, ocorrida a caminho do Forte Duquesne (Pittsburgh), no dia 9 de julho. Enquanto isso, as frotas brasileiras começaram a chegar a Portugal. A primeira, reunindo navios do Rio, Pernambuco e Macau, trouxe a impressionante quantia de 20 milhões de cruzados (2,6 milhões de libras) em ouro, nove décimos dos quais eram destinados ao "comércio" — isto é, os comerciantes de Lisboa — e o resto ao rei. Outros itens valiosos dentre as cargas a bordo incluíam 1.400 "dentes de elefante", mil baús de açúcar, 10 mil rolos de tabaco e 43.500 peças de peles de animais. As retiradas feitas pelos comerciantes ingleses nesse material foram tão substanciais que Castres e Edward Hay tiveram de pedir ajuda à fragata *Unicorn*: o serviço de paquetes não havia conseguido lidar sozinho com a quantidade de ouro que estava sendo embarcada para a Inglaterra. A guerra podia ter se tornado quase ine-

82 A Ira de Deus

vitável, ainda mais depois que a Marinha Real inglesa declarou legal o confisco de navios mercantes franceses e apoderou-se do primeiro deles, num número que totalizaria trezentos barcos pela época do Natal, com cargas valendo mais de 1 milhão de libras; mas o "comércio de Lisboa" da Inglaterra prosperava mais do que nunca.

Antes do fim do verão, um grupo de visitantes ingleses chegou a Lisboa. Seus nomes estavam entre aqueles destinados a conquistar certa celebridade à luz do que aconteceria no outono. Havia Charles Douglas, o filho de 29 anos do duque de Queensbury, um homem amável e gentil que havia herdado o título de lorde Drumlanrig quando seu irmão mais velho, que era de "temperamento melancólico", morreu num acidente com uma arma, apenas três meses depois de se casar. A tragédia parecia perseguir a família havia muito tempo: nos dois anos anteriores, o tio de Drumlanrig morrera num acidente de caça em Paris, e seu avô, o conde de Clarendon, falecera sem herdeiros nove meses mais tarde.* A causa da ida de Drumlanrig a Lisboa também não era alegre. Ele não fora experimentar os prazeres de Lisboa, tão familiares a Augustus Hervey, a quem ele conhecera numa temporada passada em Paris entre 1749 e 1750. Drumlanrig sofria de tuberculose e havia renunciado à sua cadeira no Parlamento na esperança de que o ar de Lisboa pudesse ajudá-lo.

Também chegava à cidade o homem de negócios Benjamin Farmer, que viera munido de uma carta de apresentação de Castres para *Sir* Thomas Robinson e do apoio dos respeitados e poderosos fabricantes de armas Farmer & Galton, de Birmingham, que abasteciam o governo inglês, assim como os prósperos mercados da Índia e os traficantes de escravos, tanto negros quanto brancos, na África. O verão não havia sido bom para a família. Benjamin tivera uma escuna confiscada pelos portugueses no arquipélago de Cabo Verde, que ele pretendia recla-

---

* O tio de Drumlanrig era o primogênito "idiota" do "duque de ferro" de Queensbury, que havia sido um fator estratégico na criação da União dos Parlamentos da Inglaterra e da Escócia. No dia da promulgação da lei que instituía a união, ele fugiu de seus aposentos na Queensbury House, em Edimburgo, enquanto a maioria dos servos assistia aos confrontos do lado de fora. Sequestrou um jovem ajudante de cozinha e assou-o num espeto. Quando os servos voltaram, ele havia começado a comer a vítima. *(N. do A.)*

A TEMPESTADE SE APROXIMA

mar de volta, e seu primo James Farmer, o fabricante de armas, estava tentando desesperadamente manter a solvência depois que um sócio estrangeiro em Lisboa lhe havia causado perdas colossais, a ponto de ele ter tido de renovar em segredo a hipoteca de uma propriedade que já estava penhorada para seu sócio Samuel Galton.

A astúcia comercial dos homens da geração anterior dos Farmer — Thomas e Joseph — aparentemente não se repetiu na geração seguinte, em geral considerada "um pouco louca". O próprio Benjamin admitia que seus amigos costumavam dizer que ele possuía "todos os sensos, menos o bom senso". Na chegada a Lisboa, ele se hospedou na casa de um comerciante inglês, seu amigo, ao lado de uma praça vizinha ao apartamento de um "pobre tenente do regimento Verde" cuja filha mais velha gostava de observá-lo "com um sorriso insinuante".[23] Instalado, ele começou a solicitar a assistência de seu influente primo David Barclay, do banqueiro Sam Montaigut, que era o agente da Farmer & Galton em Lisboa, e de Abraham Castres para uma possível inserção na Corte portuguesa.

Um terceiro recém-chegado era amigo íntimo de *Sir* Thomas Robinson e uma das "estrelas brilhantes e especiais da sociedade de Massachusetts",[24] *Sir* Harry Frankland. A razão pela qual ele havia deixado sua lucrativa posição como coletor de impostos no porto de Boston nada tinha a ver com a guerra na América do Norte. No ano anterior ele tivera de voltar à Inglaterra para tratar de um processo relacionado ao testamento de seu tio e depois, em abril de 1755, havia começado a tomar a "bebida curativa de Lisboa" e um purgante conhecido como "licor sagrado". *Sir* Harry pode ou não ter sido sifilítico, a principal moléstia que a bebida de Lisboa deveria combater. Sua juventude havia sido indiscutivelmente movimentada. Catorze anos antes, ele partira da Inglaterra para as colônias sob uma espécie de nuvem, tendo gerado um filho de uma relação com uma criada e, logo depois de chegar a Massachusetts, havia tirado uma moça de 16 anos, Agnes Suriage, de sua rotina de esfregar o assoalho da hospedaria Fountainhead, em Marblehead, para mais tarde instalá-la em sua bela propriedade de 154 hectares em Hopkinton.

Mas, aos 39 anos, sua juventude tinha passado, e Frankland era uma alma sensível e, de certa forma, torturada: seu diário, ao lado de

84 A IRA DE DEUS

um relato meticuloso de tudo o que gastou e fez em Lisboa, é cheio de palavras de conforto, como "não aterrorizes tua alma com medos vãos, nem deixes teu coração naufragar dentro de ti pelos fantasmas da imaginação" e "cordial, mas não alegre; sério, mas não soturno, ele bebeu as alegrias e tristezas da vida com constância e serenidade".[25] Além disso, *Sir* Harry era devotado a seu filho ilegítimo, chamado Harry Cromwell* em homenagem à sua ascendência puritana. Quando chegou a Lisboa, Agnes havia sido aceita como a lady Frankland *de facto* na América do Norte, se não pela família Frankland na Inglaterra.

Atrasado durante três frustrantes semanas por ventos opostos, o reverendo Richard Goddard também chegou para ficar com seu irmão Ambrose nas últimas semanas de outubro de 1755. Os Goddard eram uma família proeminente de Wiltshire — dizia-se que a história da cidade de Swindon era a história da família Goddard —, e Ambrose estava fazendo negócios com Benjamin Branfill, sobrinho de William Braund, eminente comerciante da City de Londres, e com John Jackson, filho de Philip Jackson, que era um dos diretores da South Sea Company, empresa detentora do monopólio do comércio com a América Espanhola. Richard Goddard encontrou seu irmão "muito bem" e "sua situação do modo mais desejável possível, em todos os aspectos".[26] No primeiro dia, ele fez um passeio com Benjamin Branfill e teve a certeza de que a decisão de passar "um inverno muito agradável"[27] em Lisboa havia sido uma excelente ideia, que serviria ao seu propósito de se livrar de uma recente série de problemas de saúde.

Um dos últimos eventos do fim do verão, prestigiado por boa parte da comunidade inglesa e seus convidados, foi uma grande tourada no Rossio. Entre os presentes estava um jovem comerciante inglês chamado Thomas Chase, que, tendo vivido a vida toda em Lisboa, falava português e percebeu que o grande assunto de conversa na multidão era uma velha profecia de que um grande mal aconteceria a Lisboa num ano com dois cincos. Em 20 de outubro, contudo, Abraham Castres informou: "Não temos nenhum abalo por aqui."[28]

---

* *Sir* Harry Frankland era descendente de Oliver Cromwell (1599-1658), por sua vez descendente de uma família de políticos. Cromwell era adepto da religião puritana e líder parlamentar. Comandou tropas na Guerra Civil Inglesa, liderou a deposição do rei Carlos I e governou a Inglaterra de 1653 até sua morte. *(N. do T.)*

PARTE DOIS

Uma conspiração dos elementos

"Imaginem apenas para si mesmos (se é que a imaginação consegue pintar uma cena de tanto horror), imaginem que vocês veem uma rica e próspera cidade, transbordante das bênçãos que um extenso comércio pode trazer de todos os cantos da terra habitável; uma cidade que (por todas as imensas riquezas extraídas de suas minas de ouro e prata, tanto em sua pátria como na Índia) poderia ser chamada com justiça de Casa do Tesouro da Europa; uma cidade em paz para desfrutar sem ser molestada (com certeza é preciso temer diante de tanta indulgência) dos prazeres traiçoeiros da fartura e da comodidade; nenhum inimigo externo, nenhuma facção interna para perturbar seu repouso, ou despertar seus medos: imaginem essa cidade populosa e renomada, repleta de nativos e estrangeiros, não percebendo mais perigo do que nós aqui presentes neste momento..."

Sermão de Thomas Nowell, 1756

CAPÍTULO 5

Dia de Todos os Santos

No último dia de outubro de 1755, o Sr. Stoqueler, cônsul de Hamburgo, estava visitando o belo distrito produtor de uvas de Colares, nas encostas voltadas para o oeste da serra de Sintra. O clima estava "claro e excepcionalmente quente para a estação". Às quatro horas da tarde, ele se surpreendeu ao ver uma névoa vinda do mar, porque esse costumava ser um fenômeno de verão. Um pouco mais tarde, o vento mudou de direção e a névoa foi levada de volta para o oceano, tornando-se espessa de um modo que ele nunca havia visto. Enquanto a névoa recuava, ele ouviu, ou acreditou ouvir, o mar "levantar-se com um rugido prodigioso".[1] Praticamente ao mesmo tempo, uma fonte na vila de Colares quase secou e, por toda a costa portuguesa, as pessoas começaram a perceber que a maré da noite estava duas horas atrasada. Em Ericeira, 24 quilômetros ao norte de Colares no litoral, os pescadores puxaram seus barcos mais para cima na praia: marés tardias normalmente indicavam que alguma coisa inconveniente estava a caminho.

Em Lisboa, o médico João Mendes Saccheti Barbosa pensou que naquela tarde a atmosfera "parecia espessa como uma nuvem e estava visivelmente turva".[2] Durante vários dias, as pessoas vinham se queixando de que a água tinha um gosto diferente, e agora os cães, as mulas e os pássaros engaiolados se mostravam estranhamente agitados. Nos campos, coelhos e outros animais eram vistos saindo das tocas e as minhocas subiam em massa para a superfície. Em Évora, um poço subitamente secou por completo. Em Aveiro, havia um cheiro de enxofre no ar. Através da Espanha, fenômenos similares seriam relatados depois, e por toda a Península Ibérica houve fontes de água que se tornaram muito barrentas, ou secaram inteiramente, ou então começaram a verter água numa intensidade extraordinária.

Às cinco da manhã do sábado, 1º de novembro, o capitão de um navio mercante inglês levantou da cama e se preparou para navegar de Belém para o centro da cidade. Faltavam três dias para a lua nova, e, durante as primeiras horas do dia, "efeitos luminosos", possivelmente rastros de um meteorito ou de um cometa, estiveram visíveis no céu noturno. Mas, depois do amanhecer, por volta das sete, a manhã estava bonita e clara como havia estado nos dez dias anteriores. Uma brisa muito leve soprou do nordeste, e, quando eram nove horas, o comandante tinha ancorado seu barco diante dos armazéns da Ribeira das Naus, o estaleiro a oeste do Paço da Ribeira. Durante a ancoragem, o sol parecera escurecer um pouco, mas o tempo continuava tão quente como numa manhã de julho na Inglaterra.

Os ouvidos da tripulação foram assaltados pelos sons dos sinos das igrejas, vindos de montante do rio e dos quatro cantos da cidade. Era o Dia de Todos os Santos, um feriado em que, na opinião da maioria dos estrangeiros, se fazia uma das festas mais deprimentes do ano. As "badaladas lúgubres" pareciam "infundir melancolia em todos os corações",[3] e a maioria das pessoas preferia ficar em casa ou viajar para o campo até que os rituais terminassem. Às nove e meia, muitos lisboetas já assistiam à missa, outros visitavam parentes para depois irem à igreja e alguns negociavam nas ruas, enquanto o cabriolé barulhento de *Sir* Harry Frankland seguia seu caminho, saindo de Belém e passando pela casa do amigo Francisco de Ribeiro. Tudo a respeito de Lisboa ainda era novo e interessante para ele, que se dirigia à cidade em traje completo da Corte, com a rara intenção de testemunhar uma tradicional missa portuguesa. Frankland havia sido corretamente informado de que qualquer um que tivesse coragem de comparecer a uma coisa daquelas seria brindado com um espetáculo jamais presenciado em Boston, onde morava: os alfacinhas falavam, riam, flertavam e até comiam e bebiam na igreja.

DIA DE TODOS OS SANTOS   91

Os comerciantes ingleses que não haviam saído da cidade se prepara-
vam para trabalhar ou visitar amigos. Ambrose Goddard, negociante de
artigos de lã de Wiltshire, estava a caminho das casas de compradores
portugueses, e seu irmão, o reverendo Richard, fazia um passeio em
direção ao Castelo de São Jorge antes do serviço matinal na capela da
casa do enviado inglês, em Santa Marta, previsto para começar às dez e
meia. A caminhada estava tão agradável que, depois de consultar o relógio, ele pensou em seguir andando por mais alguns minutos antes de
pegar o caminho de volta. Na mesma rua da casa de Goddard, a rua das
Pedras Negras, na casa em que havia nascido exatamente 27 anos antes,
Thomas Chase acabava de abrir a escrivaninha de seu quarto de dormir,
no quarto andar, quando sentiu o prédio todo começar a tremer e ouviu
os vidros das janelas baterem. Como todas as construções dessa rua, a
algumas centenas de metros para o norte do Terreiro do Paço, a casa
de Chase era antiga e raquítica, e qualquer carruagem passando por ali
"fazia com que ela se sacudisse toda". Do alto da colina onde ficava o
Castelo de São Jorge, Richard Goddard também percebeu o "barulho
de muitas carruagens", e Harry Frankland achou que o coche do rei
tinha acabado de ultrapassá-lo. Mas quem, como Thomas Chase, havia
crescido em Lisboa, sabia instintivamente que algo estava acontecendo,
e não podia ser atribuído a carruagens, por mais imensas que fossem.
Poucos quarteirões a oeste da rua das Pedras Negras, Lawrence
Fowkes, um comerciante de vinhos vindo de Cork, na Irlanda, havia
terminado o desjejum e estava com dois amigos portugueses em seu
escritório de contabilidade no beco das Mudas, um pequeno enclave
de famílias inglesas e irlandesas um pouco a oeste da igreja de São Nicolau, quando também ouviu "um grande barulho, como um coche de
seis cavalos passando pela rua". Para o oeste, no Bairro Alto, Charles
Douglas, o lorde Drumlanrig, estava sentado a uma mesa na casa de
seu médico para escrever uma carta aos pais, o duque e a duquesa
de Queensbury, quando ao mesmo tempo ficou "atônito com um abalo
violento da sala" e sentiu a casa toda começar a "oscilar de um lado
para o outro".[4] Menos de um quilômetro e meio a oeste do Terreiro do Paço, na freguesia de Santa Catarina, um comerciante de nome
Braddock também escrevia uma carta em seu apartamento no primeiro

andar quando notou a mesa começar "a vibrar num movimento vagaroso". E então "a casa toda passou a tremer desde as fundações". Isso costumava acontecer naquela hora do dia, quando várias carruagens juntas passavam pela rua fazendo o caminho de Belém ao centro da cidade. Mas Braddock imediatamente percebeu que não era isso, ao reconhecer o "barulho subterrâneo, estranho e apavorante, lembrando o estrondo oco e distante do trovão". Ele havia estado no arquipélago da Madeira em 1748 e, como Thomas Chase, sabia por experiência própria o que estava acontecendo agora em Lisboa.

O capitão inglês que havia ancorado na Ribeira das Naus menos de uma hora antes se surpreendeu ao sentir "um movimento incomum" atingindo o navio, como se tivesse acabado de encalhar. Sabia que isso era impossível: o barco estava flutuando sobre várias braças* de água. Quando o movimento ficou mais pronunciado, sua preocupação e sua estranheza aumentaram. Daí ele se virou para a cidade e foi "imediatamente apresentado à horrenda causa de tudo aquilo". Por toda a margem do rio, de São Paulo, à esquerda, até o Bairro Alto, a leste, tão longe quanto ele podia enxergar, e ao norte, em direção ao Rossio, cada edifício parecia estar "desmoronando com grandes rachaduras e ruídos".[5] Tripulações de navios assistiam estupefatas às multidões começarem a correr para o rio pedindo ajuda aos marinheiros, os pais e as mães gritando os nomes dos filhos, enquanto, atrás deles, a cidade toda parecia "ondular para a frente e para trás como o mar quando o vento começa a levantá-lo". Em seguida, até as âncoras dos maiores navios "foram propelidas diretamente para a superfície":[6] marinheiros e barqueiros tiveram de virar as costas para o tumulto em terra e refazer suas ancoragens. Antes disso, as pessoas perceberam que algumas das rachaduras no solo estavam expelindo água e areia, que eram "jogadas para cima como se houvesse gente escavando a terra com pás".[7]

O panorama que Richard Goddard poderia ter observado do Castelo de São Jorge seria tão amplo quanto o visto do rio, mas ele estava ocupado demais tentando parar em pé para inspecionar o que acontecia na Baixa. Em volta da colina, as pessoas gritavam e se jogavam

---

* Unidade de medida inglesa equivalente a 1,8 metro. *(N. do T.)*

DIA DE TODOS OS SANTOS

no chão. Goddard agarrou um mastro de bandeira e, assim que o fez, viu as partes de cima do castelo começarem a cair, e os edifícios lá embaixo passaram "a compartilhar o mesmo destino".[8] Em sua casa bem ao pé do castelo, Thomas Chase saiu correndo do quarto de dormir e subiu as escadas para o eirado, o terraço na cobertura que permitia uma vista da região da cidade entre o Terreiro do Paço e o castelo. Ele esperava poder avaliar qual era a extensão de terra sendo "sacudida com tanta violência". A vista que o esperava foi "a mais horrível possibilidade que a imaginação pode gerar". Chase não conseguiu fixar os olhos na pavorosa cena por mais de um instante: sua própria casa estava agora balançando sob seus pés, com "uma espécie de movimento de tombo, como as ondas do mar". Chase se sentia tão instável que foi forçado a se debruçar em uma das janelas do eirado, numa tentativa de se escorar no muro da casa de Goddard, em frente. O som de todas as casas "se atritando umas com as outras" se tornou "um ruído terrível e indistinto". Quando Chase tentou se apoiar na parede exterior do quarto de Ambrose Goddard, ela repentinamente cedeu. Chase deu um impulso para trás um segundo antes de toda a parte superior da casa de Goddard desmoronar — assim como, ao que parecia, os muros de todas as outras casas entre ele e o Castelo de São Jorge. No eirado, os dois pilares de pedra que sustentavam o telhado repentinamente se inclinaram até quase baterem um no outro, e Chase sentiu que estava despencando.

No beco das Mudas, Lawrence Fowkes rapidamente conduziu José e Francisco Alves para fora do escritório de contabilidade, pois acreditava que a melhor possibilidade de se salvarem era buscar refúgio sob um arco de pedra perto da casa de seu irmão. Fowkes abriu o caminho, apenas de camisola e chinelos, desviando de tijolos caídos e pedaços de construções, com a rua "parecendo dançar" sob seus pés. Quando alcançou o arco, voltou-se para José, atrás dele, e sobre os ombros vislumbrou a casa de seu irmão, assim como as casas de Mr. Joyce e Mr. Major, esmigalhadas no chão e envolvidas em grossas nuvens de sufocante poeira. Não havia sinal de Francisco Alves. Horrorizados, Fowkes e José Alves deduziram que ele devia ter "perecido no caminho".[9]

94 A IRA DE DEUS

No Bairro Alto, a oeste da Baixa, lorde Drumlanrig havia corrido para outro cômodo, onde encontrou um de seus criados. Como a oscilação da casa aumentava, eles se agarraram um ao outro e "cambalearam" em direção às escadas, procurando proteção. Enquanto se encolhiam sob arcos de pedra, que eles esperavam poderem oferecer segurança, o quarto de Drumlanrig simplesmente "desabou". Isso os aterrorizou tanto que eles "decidiram se jogar" para fora da casa. A primeira visão do exterior foi desnorteante. A vizinhança estava "tão inteiramente em ruínas que não era possível a estranhos saber a diferença entre uma rua e outra".[10] Segundos depois de porem os pés para fora da casa do Dr. Richard Scrafton, ela ruiu atrás deles. Todos na cidade, em meio à barulheira das "casas que se desfaziam, à queda das igrejas, aos dolorosos gritos das pessoas", tinham certeza de que este era "o último momento de suas vidas" e que já se encontravam "nas entranhas da terra".[11]

Assim que Mr. Braddock percebeu o que estava acontecendo, se levantou, largou a caneta e, por um breve momento, ponderou se devia ou não sair para a rua. Seu estado de seminudez — ele ainda estava apenas de robe e chinelos — levou-o a decidir ficar, e sua experiência na Madeira alguns anos antes fê-lo pensar que a comoção provavelmente já tinha se encerrado. Um "pavoroso estrondo" fez com que ele reconsiderasse a avaliação: era um som tão alto que parecia que "todos os edifícios da cidade tinham desmoronado de uma vez". Braddock mal podia se manter em pé, enquanto a casa "balançava com enorme violência" e as paredes "[sacudiam] para a frente e para trás de uma maneira aterrorizante", abrindo-se em fendas. As vigas se desprendiam do teto, e, ouvindo que os assoalhos acima dele estavam ruindo, Braddock tinha certeza de que estava prestes a ser soterrado. Naquele momento preciso, uma "escuridão egípcia" caiu sobre a cidade, uma escuridão "*como nenhuma outra*".[12] Não muito longe dali, *Sir* Harry Frankland pulou de seu cabriolé e se abrigou embaixo do pórtico de uma casa. Ao olhar para trás, viu o prédio do outro lado da rua desabar sobre o cabriolé e sobre seus servos. O arco sob o qual Frankland procurara proteção também caiu em seguida, e ele perdeu a consciência.

Cinco quilômetros rio acima, Mr. Latham, um comerciante de vinhos, estava acompanhando um freguês até uma vila próxima quando o barco em que estavam de repente "fez um barulho como se estivesse se arrastando na areia ou chegando à margem do rio". Os dois homens olharam para trás em direção à cidade e assistiram com horror às casas "desmoronarem (...) dos dois lados do rio", e "um convento no alto de uma colina à beira do rio" também desabou. A alguma distância, parecia que algumas pessoas estavam sendo jogadas violentamente dentro do Tejo, enquanto outras, antes que fosse tarde demais, corriam das ruínas em bandos, como formigas tontas, e entravam na água "até a cintura ou até o pescoço".[13] De repente, Latham não viu mais nada, porque uma avalanche de poeira desceu sobre o rio, tão espessa que encobriu o sol. Agora, ele mal podia enxergar o amigo, a poucos metros.

— Deus nos abençoe, é um terremoto! — exclamou o companheiro de Latham.

CAPÍTULO 6

Uma cidade em ruínas

A população de Lisboa estava habituada a desastres. O grande terremoto de 1531 pertencia a uma era diferente, mas ainda se mantinha na memória histórica. Em 1724, a cidade havia sofrido um grave tremor e no mesmo ano uma tempestade atingira o mar da Palha com tal ferocidade que mais de uma centena de navios afundaram ou encalharam. Em 1750, houve um terremoto no mesmo dia em que D. João V morreu, um incêndio que devastou o Hospital Real de Todos os Santos, no Rossio, e outro que destruiu a lateral ribeirinha do palácio dos Corte-Real. Mas nada podia se comparar ao impacto daquele que depois seria reconhecido como o maior "evento" sísmico da história documentada da Europa Ocidental. Sua duração em Lisboa, entre 7 e 10 minutos, foi absolutamente excepcional e raramente equiparada.*

Houve três abalos diferentes, cada um separado do outro por pausas de não mais de um minuto. O segundo foi o maior. Sobre isso, quase todas as testemunhas oculares concordam, embora as opiniões divirjam ligeiramente a respeito do tempo de duração do primeiro abalo. Mais tarde, classificou-se o terremoto numa magnitude de 8,75 a 9 na escala Richter e, na escala Mercalli modificada, na intensidade

---

* A duração do terremoto submarino de Sumatra-Andaman no dia 26 de dezembro de 2004 é calculada entre 8,3 e 10 minutos. *(N. do A.)*

98   A IRA DE DEUS

de IX a XI, o que corresponde a "evento desastroso" ou "muito desastroso".* Em apenas 15 minutos, uma das maiores cidades da Europa estava, nas palavras do cônsul inglês Edward Hay, "em ruínas".[1]

Benjamin Farmer, o comerciante que havia chegado recentemente a Lisboa para reivindicar a liberação de um navio embargado no arquipélago de Cabo Verde, mantivera-se próximo à escadaria de sua casa, esperando, como muitos, que o lugar escondido pudesse lhe conceder alguma proteção. Quando ele saiu para o pátio, encontrou-o "cheio de entulho" e, enquanto avaliava a destruição, ouviu uma voz chamando seu nome. Ao olhar para cima, viu seu vizinho, o "tenente do regimento Verde", e parte de sua família "pendurados como que no ar" num cômodo do primeiro andar de uma casa que já não tinha mais as paredes externas. A filha do tenente, cuja "aparência insinuante" havia colorido os dias de Farmer desde sua chegada, apontava freneticamente para os escombros e gritava alguma coisa em português que ele não conseguia entender. Então ele ouviu um "som infantil agudo" vindo de algum lugar à sua frente e entendeu o que estava acontecendo: uma das crianças havia sido soterrada enquanto brincava no pátio ou tinha caído do primeiro andar quando as paredes ruíram.

Farmer abriu caminho em direção ao lugar de onde vinha o som e começou a desobstruí-lo da melhor maneira que podia. O pai e o irmão da criança surgiram — como haviam conseguido chegar ao chão, Farmer não sabia — e juntos eles revolveriam as ruínas até que Farmer sentiu sua mão tocar um pequeno rosto. Um leve tremor de terra, mas forte o bastante para fazer mais tijolos e pedras rolarem para o chão do pátio, fez com que todos saíssem correndo, mas, logo que terminou, eles voltaram a trabalhar e enfim a garotinha foi retirada dos escombros. Ela parecia bem pouco ferida, e, como Farmer mais tarde recordaria, "nenhuma palavra ou lápis poderia descrever a expressão do pai quando ele pegou a filha nos braços, e os sons confusos de sua voz eram inteiramente indescritíveis".[2] Mais tarde, tudo o que havia

---

* A escala Mercalli mede a intensidade dos terremotos entre I e XII, baseando-se em relatos de testemunhas oculares, no deslocamento dos objetos e na destruição dos prédios. (N. do A.)

Uma cidade em ruínas

antecedido o resgate da filha naquela manhã seria inteiramente apagado da memória do pai.

No Castelo de São Jorge, os apuros do reverendo Richard Goddard não eram nada invejáveis. Ele estava sozinho, era um completo estranho na cidade e estava acometido de um terrível sentimento de apreensão. Ele escreveria depois: "Não vou fingir ter me comportado como um espectador calmo e impassível, porque tudo à minha volta era horror e agitação." Quando a poeira baixou, ele olhou para baixo, viu as ruas da Baixa e se convenceu de que não era possível que o irmão, Ambrose, e seus amigos pudessem ter escapado da "destruição geral". Entretanto, parecia não haver mais nada a fazer senão ir lá e procurar, e ele começou a descer pelas ruas sinuosas da Alfama, o velho bairro mourisco da cidade que flanqueava o castelo. "Montes de ruínas" se espalhavam por todos os lugares ao longo do caminho, e ele ficou "impressionado com a quantidade de objetos abandonados" que se espalhavam pelas ruas. Todo mundo parecia estar com uma pressa terrível, "embora ninguém soubesse para onde correr de modo a se sentir em maior segurança". Alguns tropeçavam pelos escombros em direção ao Castelo de São Jorge, enquanto outros, como ele, seguiam rumo à Baixa ou às margens do rio. Muitos estavam "desfigurados e cobertos de sangue". Todos tinham a mesma aparência — "uma representação perfeita do horror e da perturbação".[3]

Vários minutos depois de o terremoto ter-se aquietado e a poeira ter começado lentamente a baixar, Lawrence Fowkes cuidadosamente saiu de baixo do arco em que ele e José Alves haviam buscado proteção e espreitou o cenário de desolação. A vizinhança estava irreconhecível, e Fowkes não sabia sequer se conseguiria dizer qual dos amontoados de restos de estruturas no meio da vasta pilha de entulho havia sido a casa de seu irmão. Nesse momento, notou uma senhora lutando para descer com os filhos uma escada quebrada e exposta. Ao perceber que era sua cunhada, Anne, ele correu para ajudá-la. Depois de se abraçarem, os Fowkes "escorregaram" entre as ruínas em direção à casa de Lawrence, recolhendo amigos pelo caminho.

Mover-se por qualquer lugar da cidade, para os que podiam, tinha se tornado um pesadelo vivo. Cada passo era dado sobre escombros que provavelmente esmagavam vizinhos ou pessoas que passavam pela área no momento do terremoto. Aqui e ali, sobressaíam membros e até cabeças ensanguentadas.[4] Essa experiência enlouquecia as pessoas, do mesmo modo como o terremoto as havia deixado em estado de choque. Anne Fowkes estava tão traumatizada que só quando chegou à casa de Lawrence percebeu que nem todos os seus filhos estavam com ela: Harry, de 3 anos, brincava na varanda quando o terremoto começara, e ninguém mais o vira. Dois vizinhos se prontificaram imediatamente a reconstituir o trajeto que haviam feito, chamando por Harry, até que ouviram uma vozinha de menino gritar de baixo dos escombros, dizendo que estava "caído no meio da sujeira". A criança havia sido soterrada até a cabeça. Tinha ferimentos nas pernas e escoriações por todo o rosto e por todo o corpo, mas nenhum osso quebrado.

A casa de Lawrence Fowkes ainda estava em pé, mas, quando ele escalou as ruínas do que havia sido a casa de um vizinho e chamou pela mulher deste, não houve resposta. Quatro vezes ele gritou, e só então um criado respondeu de dentro que tudo estava bem. Fowkes então olhou em volta e percebeu que, com a exceção de seu imóvel, a rua — o pequeno enclave inglês e irlandês no coração da cidade, que havia sido como o lar de uma grande família — deixara de existir. A cada minuto que passava, no entanto, tosses e vozes roucas começavam a ser ouvidas por cima dos rangidos e estalos das casas que caíam ou estavam prestes a cair. Os Joyce apareceram, depois os Major, então Mrs. Buckley, depois Andrew Morrogh e seu filho Frank, todos com "rostos pálidos e sujos". Eles se abraçaram entre lágrimas e estavam felizes com a sobrevivência dos demais. Foi quando se percebeu que Mary Morrogh e seu outro filho não estavam no grupo.

Não muito longe, na direção da colina do Castelo de São Jorge, Thomas Chase, cuja mente era um turbilhão de "ideias confusas", começou a recobrar a consciência. Seu último pensamento, quando percebeu que estava caindo, havia sido de que ele estava "afundando na terra" junto com a cidade inteira. Na verdade, ele tinha despencado do alto de sua casa na rua das Pedras Negras e sobrevivera. Agora sua boca estava "cheia de alguma coisa" que ele rapidamente tentou cuspir para poder respirar direito. Então sacudiu a cabeça até se livrar dos

UMA CIDADE EM RUÍNAS

blocos de parede em cima dele. Estava "atordoado em último grau" ao perceber sua situação. Ele se encontrava num vão de menos de um metro quadrado. Em volta dele estavam quatro muros de 15 metros de altura, aparentemente sem portas ou janelas. Em pouco tempo, conseguiu reconhecer o espaço estreito entre sua casa e a casa ao lado. Chase avaliou a situação por algum tempo e chegou à conclusão de que não havia possibilidade de ser visto lá de cima ou, aparentemente, de romper o bloqueio pela lateral. Estava encurralado e certamente morreria de fome. Um pouco a oeste do Terreiro do Paço, Harry Frankland enfrentava apuros semelhantes. Ele recobrara a consciência e logo percebeu que estava soterrado ao lado de uma mulher que, agonizando em espasmos de dor, mordia o tecido grosso de seu casaco. Os dentes já haviam chegado à carne de seu braço.

Na freguesia de Santa Catarina, também a oeste do Terreiro do Paço, Mr. Braddock estava "quase engasgado" pelas "volumosas nuvens de pó e cal" que haviam engolfado seu quarto durante dez minutos depois do terremoto. Quando se tornou possível enxergar de novo, ele se espantou ao perceber que havia uma mulher sentada no chão, balançando uma criança "toda coberta de pó, pálida e trêmula". A mulher precisava desesperadamente beber alguma coisa que matasse a sede causada por todo aquele pó, mas o jarro de água de Braddock havia se espatifado, e ele não podia lhe oferecer nenhum conforto. A mulher não sabia dizer como havia chegado aos aposentos de Braddock e lhe perguntava repetidamente, "em agonia extrema [se] o mundo estava se acabando". Enquanto Braddock considerava essa questão, ele repentinamente percebeu que estava apenas de camisola e chinelos. Não era um estado em que gostaria de receber um visitante inesperado. Mas se sentia profundamente aliviado pelo pensamento de que, se estivesse vestido e pronto para visitar um amigo na Baixa para o café da manhã, como tinha planejado, teria saído correndo para a rua ao primeiro tremor, como todos os outros moradores do prédio, e teria tido seus "miolos espremidos como cada um deles". Agora, contudo, ele tinha certeza de que era hora de sair o mais rapidamente possível. Apanhou casaco e sapatos, agarrou a mulher e puxou-a escada abaixo.

Uma vez na rua, tornou-se óbvio que não era possível caminhar diretamente para a margem do rio: naquela direção, o caminho estava bloqueado por escombros em pilhas da altura do segundo andar dos prédios em ruínas que ainda não haviam desabado totalmente. Então Braddock conduziu a mulher para a outra extremidade da rua, na esperança de chegar à via principal entre Belém e o Terreiro do Paço. Um "vasto monte de escombros" bloqueava esse caminho também, mas parecia mais fácil ultrapassá-lo, e Braddock cuidadosamente escolheu cada passo para ultrapassar aquelas ruínas. Quando estava alcançando o caminho do outro lado, ouviu o barulho de um muro vindo ao chão atrás dele e voltou-se para agarrar a mulher e a criança, que o seguiam de perto. Ambos haviam sido "esmagados (...) em pedaços" sob uma "imensa pedra". A reação de Braddock à morte das pessoas que ele vinha lutando para conduzir a um lugar seguro foi pragmática. "Um espetáculo tão lúgubre, em qualquer outra ocasião, teria me afetado no mais alto grau", ele escreveria depois; mas, como para os demais sobreviventes em toda a cidade, sua dor foi superada pelo "pavor de ter o mesmo destino", e ele precisava se apressar. A mulher e a criança estavam mortas. Não se podia perder tempo com isso, especialmente num lugar tão obviamente perigoso.

Braddock prosseguiu e escalou os últimos escombros que bloqueavam sua rua. Em seguida dobrou na rua Direita da Boa Vista, a longa e estreita viela de casas de quatro e cinco andares que corria paralela ao rio em direção ao Terreiro do Paço. A maioria dos prédios havia ruído e outros pareciam — e soavam — como se estivessem prontos para fazê-lo a qualquer momento. Os corpos se espalhavam por toda a rua, com muitos sobreviventes "tão esfolados e feridos que não conseguiam se mover para procurar ajuda". Os mortos eram os mais afortunados, Braddock concluiu. Quando sua própria "destruição inevitável" chegasse, pensou, que fosse rápida: o sofrimento dos "pobres e infelizes desgraçados" mortalmente feridos era horrível de contemplar. Ele se equilibrou e saiu andando o mais rápido que pôde em direção ao fim da rua, para além do beco que levava à Casa da Moeda, e chegou ao largo de São Paulo.

A visão da outrora imponente igreja no meio da praça, que desmoronara, soterrando até uma centena de membros da congregação, fez

UMA CIDADE EM RUÍNAS   103

Braddock parar por alguns momentos e pensar para onde se dirigiria
em seguida. O que ele procurava era algum lugar livre das "casas prestes a desabar", e supôs que, se houvesse outro terremoto, os espaços
ao ar livre ao longo da margem do rio deviam ser os lugares mais
seguros da cidade. Movendo-se entre os escombros a oeste da praça,
ao lado dos escombros da nova refinaria de açúcar, ele não estava só.
Muitas outras pessoas pretendiam alcançar o Tejo. Na beira do rio,
ele encontrou "uma enorme afluência de pessoas de ambos os sexos
e de todas as classes e condições", incluindo cônegos de túnicas roxas
da igreja da sé, padres em suas vestimentas completas, mulheres parcialmente vestidas e muitos dos irlandeses e irlandesas de Remolares.
Todos "estavam rezando de joelhos", batendo no peito e gemendo
"Misericórdia, meu Deus!".

Entre as "lágrimas, lamentos e suspiros amargos", Braddock reconheceu um velho padre da igreja de São Paulo perambulando, empenhado em confortar as pessoas, mas também incitando-as a se arre-
penderem de seus pecados. Ele lhes dizia que "Deus fora cruelmente
provocado" e que deviam "apelar para a Santa Virgem, porque ela
intercederia em seu favor". Um irlandês ofereceu a Braddock uma
pequena imagem de Santo Antônio para que ele pudesse se juntar aos
que rezavam. Quando ele delicadamente recusou a oferta, o homem,
indignado, perguntou-lhe se ele não acreditava na existência de Deus.
Braddock não tinha "intenção de zombar das superstições deles", mas
imaginou quantos naquela multidão, que estavam brandindo "pedaços inúteis de madeira" de uma espécie ou de outra, haviam "deixado
seus filhos perecerem". Por outro lado, o estado de perturbação de
todo mundo à volta dele teria, como escreveu mais tarde, "tocado o
coração mais duro". Ele se ajoelhou e começou a rezar "tão fervorosa-
mente quanto os demais, mas para um ouvinte mais apropriado".[5]

Na rua das Pedras Negras, do lado leste da Baixa, à sombra do castelo, Thomas Chase havia permanecido num "estado de estupefação"
em sua prisão de menos de um metro quadrado. Chuvas de azulejos
quebrados e pedaços de argamassa ainda caíam sobre ele de vez em
quando. Conforme o tempo passava, ele começou a pensar que seu
fim mais provável era ser enterrado vivo, não apenas morrer de fome.

Mas então se mexeu um pouco para tentar ficar mais confortável e notou pela primeira vez que havia uma pequena cavidade na parede atrás de sua cabeça. Ela poderia, pensou, oferecer a possibilidade de escapar, mas, por outro lado, se houvesse outro tremor, certamente ele seria esmagado sob o peso da parede desabando. Ainda zonzo em consequência da queda e sentindo cada vez mais dor, Chase considerou o que deveria fazer e finalmente, com grande dificuldade, começou a se arrastar embaixo do que presumiu ser a curva de um arco de sustento da parede acima dele e entrou no buraco.

Sua decisão pareceu ter sido premiada: depois de cair cerca de meio metro dentro de "um lugar pequeno e escuro", empurrou o corpo para o interior de uma passagem estreita. Para seu grande alívio, ela conduzia a uma pequena sala. Ali, melancolicamente, estava um português coberto de pó. "Jesus, Maria e José!", exclamou o homem, ao ver Chase, e começou a se afastar dele, benzendo-se freneticamente, enquanto batia em retirada. Convencido de que estava sendo encurralado por um espírito maligno, o sujeito gritou: "Quem é você? De onde vem?"

Pela primeira vez desde sua queda, Chase se deu conta de sua própria aparência. Seu ombro direito estava deslocado, fazendo com que o braço, claramente fraturado, ficasse pendurado e inerte ao longo do corpo; suas calças de malha estavam esfarrapadas, revelando pernas cobertas de feridas e um tornozelo direito que havia inchado até ficar "com um tamanho assombroso"; o lado esquerdo do peito parecia "afundado", dificultando a respiração. O sangue corria pelo rosto inchado e esfolado, e havia cortes acima e abaixo do olho. Tomas Chase estava numa "condição de deformidade".

O reverendo Richard Goddard se aproximava da rua das Pedras Negras, onde ficavam as casas de seu irmão e de Thomas Chase quando, repentinamente, um imenso "pedaço de reboco" se espatifou no chão da rua, apenas 20 metros à sua frente. Era parte da catedral, cujos claustro e capela principal haviam sofrido danos severos. Ele ficou paralisado e pensou que estava louco quando se aventurara a descer do Castelo de São Jorge, um lugar para onde multidões corriam em busca de segurança, na esperança de encontrar um irmão que

UMA CIDADE EM RUÍNAS

muito provavelmente havia morrido. Deu meia-volta e começou a se arrastar a caminho do castelo.

Lorde Drumlanrig e seu séquito de criados e acompanhantes eram, como Goddard, completos estranhos na cidade e estavam totalmente desorientados. Mas tinham de se mexer: não parecia uma atitude sensata ficarem parados desconsoladamente diante das ruínas da casa do Dr. Scrafton, esperando alguém vir resgatá-los. Quando começaram a tropeçar pelos telhados das casas desmoronadas, encontraram um relojoeiro inglês que, ao saber "do nome e da qualidade" de Drumlanrig, prometeu guiá-lo pelo labirinto de ruas do Rossio, dizendo que iam "viver ou morrer juntos".[6] O grupo então seguiu caminho entre "as mais terríveis ruínas", cercado o tempo todo por gritos e gemidos das pessoas enterradas vivas sob os escombros. Em uma hora, eles conseguiram vencer uma distância que normalmente seria percorrida num passeio de dez minutos. Finalmente chegaram à grande praça do Rossio, um espaço aberto que pelo menos os deixava a salvo da queda de pedaços dos prédios.

Era chocante a visão que Drumlanrig deparou no Rossio, mesmo em comparação com tudo o que já havia visto naquele dia. Milhares e milhares de pessoas haviam convergido para a praça e milhares de outras afluíram das ruas que levavam a ela, vindas do leste, do oeste e do sul. Havia "velhos, jovens, homens e mulheres procurando seus pais, filhos, parentes e amigos, muitos doentes, muitos mutilados e feridos no desabamento de suas casas, alguns mortos e grande parte deles, especialmente as mulheres, seminus",[7] escreveu Thomas Jacomb, um comerciante de lã que vivia numa casa com vista para esse cenário. Outro comerciante inglês descreveu os gemidos dos que se encontram em "agitação e desespero extremados" como "o barulho mais hediondo que já ouvi". Muitas pessoas "golpeavam o peito e batiam no rosto da maneira mais cruel possível", fazendo com que "inchassem até um tamanho monstruoso e com tantas manchas que pareciam mortosvivos".

Era uma cena de fervor religioso, ou febre religiosa, como nenhum forasteiro jamais havia visto. Quando o comerciante viu Drumlanrig ser forçado a beijar uma cruz, aconselhou-o a fugir do "comportamento insano"[8] assim que recobrasse as forças. Drumlanrig e qualquer outro forasteiro protestante tinham toda razão para se assustar. Os "hereges" seriam alvo fácil de culpabilização. O povo de Lisboa tinha se voltado contra os judeus convertidos em "cristãos-novos" depois do terremoto de 1531, e, durante a relativamente recente peste de 1723, os clérigos haviam atribuído a punição divina à ganância dos comerciantes (a maioria deles estrangeiros ou suspeitos de serem cristãos-novos). Não era uma cidade para se ficar em tempos de catástrofe, do mesmo modo como não era seguro ser católico em Londres depois do Grande Incêndio, quase um século antes.

Do lado oeste da cidade, a senhora que mordera e rasgara o casaco de Harry Frankland e deixara marcas de dentes em seu braço havia morrido a seu lado.

CAPÍTULO 7

Ondas de choque

Mil quilômetros a sudoeste de Lisboa, na ilha da Madeira, ocupada pelos portugueses em 1419 e outrora a fonte de todo o açúcar da Europa, a manhã também havia nascido bela e tranquila. Thomas Heberden, um dos primeiros médicos a exaltar os benefícios de uma temporada em Funchal, a capital da ilha, para os que sofriam de males respiratórios, estava em casa quando ouviu o primeiro "estrondo no ar, como o de carroças correndo sobre um chão de pedra", e imediatamente em seguida o chão de sua casa começou a oscilar "num movimento trêmulo, vibrando muito rapidamente, com os vidros chacoalhando e tudo parecendo sacudir". Mas o choque foi de duração muito mais curta do que em Lisboa. Depois de pouco mais de um minuto, tudo tinha acabado, "esvanecendo-se como um eco distante de trovão".[1] Charles Chalmers, o principal transportador de vinho da Madeira, cravou o horário do início do tremor às 9h38. Tanto Chambers como Heberden ficaram aliviados porque o terremoto não pareceu tão mau quanto o de 1748, aquele que Mr. Braddock também tinha testemunhado e que havia destruído grande parte do palácio do bispo de Funchal, da igreja do Monte e de muitos outros prédios.

O terremoto também atingiu a costa ao sul de Lisboa minutos antes de atingir a capital, e nessa região, ao contrário do que aconteceu na Madeira, os efeitos foram igualmente devastadores. No porto de pesca de Setúbal, ou "St. Ubes", como a cidade de extensas salinas no estuário do Sado era conhecida pelos ingleses, quase todas as igrejas, conventos e casas ficaram em ruínas. No fim do dia, mais de mil pessoas haviam morrido. Em Sagres, na ponta sudoeste do país, o forte e todas as casas foram destruídos, e houve consideráveis estragos por todo o "reino do Algarve", habitado por 100 mil pessoas. Em Lagos, um de cada dez habitantes morreu e nove de cada dez casas foram destruídas. Na Vila do Bispo, todas as casas desabaram. Em Boliqueime, mais de cem pessoas morreram; em Faro, mais de duzentas. Entre os edifícios importantes que ruíram estavam o grande colégio jesuíta e o Convento de São Francisco, em Portimão; a catedral, os muros do castelo, o paço municipal, o tribunal e a prisão de Silves; uma dúzia de instituições religiosas, em Lagos; e a catedral, o palácio episcopal, o colégio jesuíta, a suntuosa igreja de São Pedro e o Convento dos Capuchinhos, em Faro. Desta cidade, o capitão Thomas Bean, do *Bean Blossome*, escreveu para seu pai, dois dias depois, a respeito da "tenebrosa punição do Todo-Poderoso, na forma de um terrível terremoto do qual eu participei e fui espectador". "Queira o Senhor que eu nunca presencie outro", continuou Bean, "tão tenebroso foi o que eu vi. É quase impossível descrevê-lo a menos que você o testemunhe, queira o Senhor que nunca lhe aconteça."[2]

Porto, a segunda cidade de Portugal, ao norte de Lisboa, sentiu o choque poucos minutos depois da capital. Lá também os habitantes ouviram um som "como o do trovão ou o chacoalhar de carroças sobre pedras" quando o terremoto irrompeu pela primeira vez, e lá também o terremoto teria durado dez minutos. "Todos nós saímos correndo para a rua, loucos de medo, como se achássemos que o mundo estava acabando", escreveu um residente inglês. Outro lembraria a sensação medonha de ver "a terra se levantar (...) como se estivesse em trabalho de parto". Tilman Henkel, um comerciante de Hamburgo, depois recordou que "todos nós estávamos com medo de sermos engolidos". Dois navios destinados ao Brasil estavam se aproximando da barra do rio e por pouco escaparam de bater nela, e vários barcos, no rio Douro, viraram ou se desatracaram. Mas os danos foram insignificantes comparados àqueles ocorridos na capital e no Sul, e embora algumas

ONDAS DE CHOQUE 109

pessoas, incluindo um inglês chamado Webber, tivessem morrido de "puro medo",[3] a perda de vidas foi ínfima.

Por toda a Espanha, relógios pararam, sinos começaram a badalar e a água dos poços subiu ou baixou enquanto o terremoto atravessava o país. Foi a pior provação desse tipo que o país já tinha experimentado. A força do tremor só se reduziu marcadamente quando chegou ao Nordeste. Em Madri, onde o terremoto durou cinco ou seis minutos, relatou-se depois que "todo mundo de início pensou que estava sofrendo um ataque de tontura", que nas igrejas "pessoas foram pisoteadas no tumulto para sair dali" e que quem olhou para as torres da capital ficou "muito amedrontado, pensando que elas iriam despencar no chão". O trauma foi imediato e considerável: dizia-se que "um grande número de pessoas" ficou "doente de medo".[4] Benjamin Keene, o embaixador inglês, estava no palácio do Escorial na ocasião e precipitou-se de volta para a capital, assim como a família real, que se mudou para tendas nos jardins do palácio em Buen Retiro, nos arredores de Madri.

Fissuras, deslizar de terras e avalanches de pedras foram testemunhados em toda a Espanha, mas foi na Andaluzia, no Sudoeste, o pior estrago. Em Sevilha, um nevoeiro espesso baixou sobre a cidade antes do terremoto, e, quando ele sobreveio, o barulho foi comparado ao de um furacão. Deve ter durado até 11 minutos. Um relato publicado na *Gazeta de Lisboa* duas semanas depois deixou registrado que "todos os prédios e templos ficaram severamente danificados pela grande violência. Igrejas e casas foram abandonadas, e quem estava se confessando pediu misericórdia aos céus". Quarenta mosteiros e 28 conventos ruíram, assim como um grande número de casas, e, das 28 igrejas paroquiais, apenas uma restou relativamente incólume. A famosa torre do sino Giralda da catedral "dobrou-se como uma folha de papel",[5] enquanto em Granada a catedral e a igreja colegiada de San Salvador sofreram danos significativos.

No litoral, todas as igrejas foram arruinadas em Ayamonte, onde os tremores podem ter-se prolongado por até 15 minutos, e em Cádiz, o principal porto da Espanha, um pânico generalizado só foi evitado pela confiança do povo nos muros muito sólidos que cercavam a cidade insular. Todas as torres e casas tremeram, e, de acordo com um residente inglês que estava plantando flores no momento do impacto, as pessoas sentiram "enjoo, tontura e mal-estar".[6] Mas apenas as casas mais frágeis sofreram estragos de verdade. No "Rochedo" — Gibraltar —, os canhões do forte "foram vistos se levantando e afundando" porque a terra entrou num "movimento ondulante". Informou-se que "a maioria das pessoas foi atacada por vertigem e náusea, e algumas desfaleceram", enquanto outras "ficaram em estupor"[7]. Os que naquela hora cavalgavam ou caminhavam sentiram-se mal, mesmo sem terem percebido nenhum tremor.

No Norte da Europa, o choque foi sentido nas cidades de Toulouse e Bordeaux e nas regiões da Bretanha e da Normandia, na França; nos Alpes e em outras áreas do Norte da Itália; em Hamburgo e a mais de 150 quilômetros para o leste da cidade, na Alemanha; e até em Cork, na Irlanda.[8] Nas terras centrais da Grã-Bretanha, o terremoto não foi "perceptível", mas uma profusão de relatos extraordinários depois coletados pela Royal Society mostraram que ele certamente havia sido *visível*. O terremoto de 1722, que atingira o Algarve com uma intensidade de IX na escala Mercalli, configurando um tremor "violento", já havia claramente causado agitação nos lagos escoceses, e três décadas depois a experiência se repetiu.

Eram cerca de nove e meia da manhã quando Angus M'Diarmid, dono de hospedaria em Tarbar, percebeu um "estranho fenômeno" no maior lago da Escócia, o *loch** Lomond. Para sua estupefação, a água subitamente "se ergueu em direção à margem com grande rapidez" e em seguida se recolheu tão velozmente que, em cinco minutos, estava "baixa como na época da grande seca de verão".[9] Cinco minutos depois disso, o *loch* se levantou de novo para o nível anterior e continuou a subir e baixar em intervalos de cinco minutos até as 10h15, quando se iniciou um movimento de fluxo e refluxo menos pronunciado que durou mais 45 minutos. Quando enfim o *loch* se acalmou de novo, M'Diarmid mediu o ponto mais alto que a água havia atingido: 70 centímetros acima de seu nível antes da agitação.**

---

* "Lago" em gaélico escocês. *(N. do T.)*
** A veracidade das observações de Angus M'Diarmid foi questionada, devido ao tempo que ele atribuiu a elas. Considerando-se que são plausíveis e nem de longe

ONDAS DE CHOQUE 111

Por volta das dez horas, no *loch* Ness, o qual tem 37 quilômetros de comprimento e mais de 20 metros de profundidade em alguns
pontos, um vento ligeiro soprava do sudoeste quando um médico de
nome Robert Gardener partiu para um passeio matinal. Ele havia chegado na noite anterior ao Forte Augustus, que dez anos antes havia
sido tomado pelos *highlanders* de Bonnie Prince Charlie* durante o
levante jacobita. Tinha acabado de sair de casa quando várias pessoas
o abordaram, entre as quais Mr. Lumisden, o comandante do quartel,
dizendo terem testemunhado "uma agitação muito fora do comum"
no *loch*. Gardener não deu muita atenção à história e voltou à hospedaria depois de tomar ar. Uma hora depois, entretanto, seu próprio
secretário e o cervejeiro da cidade chegaram correndo, exclamando
que estava tendo lugar "uma agitação ainda mais extraordinária que
a anterior" e que a cervejaria, situada na altura em que o rio Oich
desaguava no lago, estava "em perigo". Quando Gardener chegou à
cervejaria, a água estava calma. Mas ele notou que as margens estavam
úmidas acima da linha normal. Além disso, testemunhas falaram de
uma onda com mais de meio metro de altura que teria corrido 200
metros pelo rio Oich antes de bater num banco de areia e voltar para o
loch. Esse movimento de fluxo e refluxo continuou por cerca de uma
hora até as onze da manhã, quando uma onda "mais alta que todas as
outras" quebrou "com tanta força que avançou pela grama 10 metros
além da margem do rio". Na mesma hora, em Queen's Ferry, a 16
quilômetros a oeste de Edimburgo, no ponto mais estreito do Firth
of Forth,** a água subiu mais de 30 centímetros, "o que fez os barcos
e canoas que estavam amarrados repuxarem para a frente e para trás,

---

são as únicas, parece provável que ele simplesmente tenha se enganado ao ver as
horas em seu relógio ou então que o aparelho não estivesse acertado. *(N. do A.)*
* Bonnie Prince Charles é o nome pelo qual ficou conhecido o príncipe escocês
Charles Edward Stuart, neto do rei Jaime II da Inglaterra, que foi simultaneamente
o rei Jaime VII da Escócia, deposto em 1688 por um golpe apoiado pela Coroa
inglesa que levou ao trono sua filha, Mary Stuart. Bonnie Prince Charles e seus se-
guidores, os jacobitas, foram derrotados definitivamente em sua luta para recobrar
o trono na batalha de Culloden, em 1746. Nessa época, o exército jacobita era
formado quase inteiramente por montanheses da Escócia (*highlanders*). *(N. do T.)*
** Estuário do rio Forth (*firth* quer dizer "estuário" em escocês). *(N. do T.)*

112 A IRA DE DEUS

presos em suas cordas, com grande rapidez". O movimento continuou durante três ou quatro minutos, quando, depois "da segunda ou terceira torrente",[10] voltou a se acalmar.

Agitações similares foram testemunhadas por toda a Inglaterra. Um pouco depois das dez e meia, uma "extraordinária movimentação das águas" ocorreu em Portsmouth, no Sul da Inglaterra, a mais de 1.400 quilômetros de Lisboa. O *Gosport* havia acabado de fundear na North Dock, "bem preso com cordas e nós", quando inexplicavelmente correu um metro para trás e depois um metro para a frente, balançando da proa para a popa em igual medida. Na enseada, fechada por dois pares de portões, o *Berwick* e o *Dover*, além de outro barco, de 600 toneladas, que descarregava alcatrão, foram similarmente "perturbados" por uma inesperada ondulação de 23 centímetros. Já no porto principal, o *Nassau* e o *Duke*, navios de guerra de 60 e 90 canhões, respectivamente, também foram "sacudidos da mesma maneira".[11] Como o tempo estava bom e totalmente calmo antes e depois da movimentação, os acontecimentos foram observados com interesse e perplexidade pelos curiosos.

No lago Windermere, no Norte da Inglaterra, o reverendo John Harrison relatou que dois pescadores tinham acabado de recolher o barco para terra quando "de repente a água subiu, fez o barco flutuar, arremessou-o a uma distância equivalente a seu comprimento para cima da margem e tornou a puxá-lo quando a onda se retraiu".[12] Aqui também não houve vento, e o vaivém da água durou cerca de dez minutos. A 8 quilômetros de Durham, no Nordeste da Inglaterra, às dez e meia da manhã, um jardineiro ouviu "um barulho repentino de algo em movimento, como uma queda d'água". Ele correu para o lago e o viu "encher-se gradualmente (...) até atingir uma rede, que ficava alguns centímetros acima do nível normal da água". O nível refluiu de novo, e então o lago continuou a subir e descer durante seis ou sete minutos. O jardineiro ficou "alarmado e correu para chamar os outros empregados para ver o que acontecia lá embaixo".[13] Também no porto de Yarmouth, no Sul da Inglaterra, pouco antes do meio-dia, um navio em reparos foi subitamente sacudido por "um impulso incomum, e a água se agitou violentamente",[14] embora não houvesse vento.

ONDAS DE CHOQUE   113

Em Peerless Pool, perto da Old Street, em Londres, dois garçons estavam "entretidos com alguma coisa perto de um muro" que cercava um lago de peixes quando "grandes ondas rolaram lentamente em direção a uma margem e depois voltaram", deixando secos muitos centímetros do lago. Ao retornar, a água subiu 3,5 metros acima de sua marca usual, e o movimento continuou por cinco ou seis minutos. Um fenômeno similar perturbou a "piscina recreativa"[15] também, embora nada tenha se movido na "piscina fria" que ficava entre o lago e a "recreativa". Não muito depois desses acontecimentos em Peerless Pool, Henry Mills estava em uma de suas barcas descarregando lenha em Rotherhithe, ao sul de Londres, quando foi "surpreendido por um súbito baque na superfície causado por uma elevação da água, não muito diferente do que acontece quando um navio é lançado de um estaleiro". A barca saltou desse modo inesperado "três ou quatro vezes".[16] Observações detalhadas a respeito de ondulações como essas foram colhidas por todo o Sul da Inglaterra — em Godalming, Midhurst, Guildford, na residência do conde de Macclesfield no Castelo de Shirburn, em Edenbridge e em muitos outros lugares. Em Cobham, "um homem idoso e sensato" lavava seu cavalo num lago quando a água refluiu, deixando o fundo visível, e depois voltou "com tanta impetuosidade que o fez pular para trás para se proteger".[17]

Em apenas um lugar da Inglaterra o terremoto foi *sentido*, em vez de observado: foi nas minas de chumbo em Eyam Edge, em Derbyshire. Lá, às onze horas da manhã, Francis Mason, o supervisor, "sentiu um tremor, que muito claramente o levantou da cadeira". Cento e dez metros abaixo dele, um mineiro ficou "apavorado e imediatamente largou o que estava fazendo, correndo até uma extremidade da galeria para se juntar a um colega, que não estava menos assustado". Os dois homens não ousaram subir à superfície, com medo de que a mina começasse a desmoronar. Contaram um total de cinco tremores, ao fim de cada qual se ouvia "um ronco alto nas entranhas da terra, prolongando-se por cerca de meio minuto".[18] Eles passaram por esse aterrorizante calvário durante 20 minutos.*

---

* Esses tremores podem ter sido causados por uma pequena explosão de uma espécie de galena encontrada comumente na mina, que poderia entrar em ignição

Nos fiordes da Noruega e no Sul da Escandinávia, nas bacias de Le Havre e de outros portos do Norte da França e em rios e lagos por todo o Norte da Europa, agitações igualmente incomuns das águas foram observadas e registradas. Às onze horas, em Haia, na Holanda, houve "uma violenta perturbação das águas, a ponto de os navios baterem uns nos outros e de ocorrerem quebras dos cabos que os prendiam".[19] Na Suíça, muitos rios ficaram barrentos e o nível do lago Neuchâtel, a 1.600 quilômetros de Lisboa, subiu quase 60 centímetros, permanecendo assim por "algumas horas".[20] Testemunhas disseram que o lago Lucerna estava "anormalmente alto e agitado, oferecendo perigo de naufrágio aos navios".[21] Até em Töplitz, uma famosa cidade de fontes termais a 13 quilômetros de Praga, na Boêmia (atual República Tcheca), a fonte que supria os banhos, e que fluía na mesma razão desde o ano 762, começou a jorrar água turva e barrenta no meio da manhã e depois parou totalmente. Passada meia hora, a fonte subitamente esguichou água de novo, com uma "violência prodigiosa"[22] que fez os banhos transbordarem. Ainda mais longe de Lisboa, a água se agitou em Åbo (Turku), porto do rio Aurajoki, na Finlândia — a 3.520 quilômetros do epicentro do terremoto.*

Em alto-mar, numerosos capitães de navios registraram ocorrências extraordinárias. O capitão Elliott, da galé *Bristow*, ficou três dias fora de Lisboa, navegando a três nós, quando se viu "alarmado por um barulho que se parecia com barris rolando pelo convés do navio". Antes de poder alcançar o convés, o ruído aumentou num volume tal que ele pensou que seu barco devia estar "batendo contra rochas sob a superfície da água". Ele imediatamente "virou o leme para barlavento e sondou, mas não encontrou o fundo", depois "verificou as bombas

---

quanto atingida pela picareta de um mineiro e explodir com um barulho muito similar ao de um terremoto. Uma grande explosão desse tipo ocorreu em Eyam Edge em 1738. *(N. do A.)*

* Quando Charles Davison compilou seu estudo pioneiro *Great Earthquakes*, em 1936, foram, em sua opinião, essas "notáveis" ondas sozinhas que levaram o terremoto de Lisboa a ganhar lugar em seu catálogo: nunca antes ou depois um fenômeno como esse foi "observado de forma tão extensa e evidente" (Davison, Charles, *Great earthquakes*, Thomas Murby & Co. Ltd., 1936, p. 1). *(N. do A.)*

ONDAS DE CHOQUE   115

e concluiu que o navio não estava fazendo água". Finalmente, como o estrondo continuava, ele "ordenou que as cordas do escaler fossem afrouxadas e que os instrumentos estivessem prontos em caso de necessidade".[23] Cinco dias e 60 léguas* distante de Lisboa, a caminho da América, o capitão Johnson percebeu um "forte abalo"[24] inexplicável atravessar seu navio. O capitão de um barco que estava a 40 léguas do litoral pensou que tinha "batido numa rocha", mas, quando lançou a âncora, ela "não bateu no fundo".[25] Mais perto da costa, o capitão do *Nancy*, saído de Sanlúcar, na Espanha, também "sentiu seu navio ser sacudido tão intensamente que ele pensou ter atingido o fundo", e, tal como os outros, "depois de arremessar a âncora para fora, percebeu que havia uma grande profundidade de água embaixo".[26] O capitão Clark, no *Mary*, saído de Dénia, ao sul de Valência, na Espanha, relatou que seu navio "balançou e repuxou como se tivesse batido numa rocha, a ponto de se abrirem as juntas do convés, e a bússola virou de cabeça para baixo na bitácula".[27] Quase todas as garrafas, porcelanas e cerâmicas de sua carga se quebraram. Um grande número de navios, em sinal de alarme, chegou a disparar seus canhões.**

Nunca foi feita uma súmula abrangente das ocorrências no Norte da África. No Marrocos, a intensidade do terremoto foi estimada entre VII e IX na escala Mercalli, e não houve discrepâncias substanciais entre os relatos "árabes" e europeus sobre o que aconteceu individualmente em cidades e aldeias. O governador de Gibraltar, o general Thomas Fowke, coligiu todas as informações que conseguiu sobre o Marrocos e relatou que em Tânger "o tremor de casas, mesquitas etc.

---

* Medida que varia de país para país e que também tem valores diferentes para terra e mar. *(N. do T.)*
** Também foram geradas muitas "histórias de marinheiros": o mestre de um barco destinado às Índias Ocidentais relatou ter visto a súbita aparição de sob as ondas do Atlântico de "três rochas pontiagudas e escarpadas, jorrando água de várias cores, parecendo fogo líquido" (Bevis, p. 331).
A *Gazeta de Lisboa* relatou, em 6 de maio de 1756, que o condestável da Fortaleza de Mazagão foi levado por uma onda de maré e momentos depois devolvido pela porta dos fundos por um refluxo das águas. O homem aparentemente "recebeu o sacramento, mas depois de vomitar areia, mariscos, pequenas conchas e um pouco de sangue coagulado, ele se recuperou". *(N. do A.)*

116 A IRA DE DEUS

foi grande"; que em Tetuan "temeu-se que a cidade toda viesse abaixo", e que em Fez e Meknes "um vasto número de casas desabou, e uma grande quantidade de pessoas foi soterrada sob as ruínas". É certo que o complexo de convento, igreja e hospital franciscanos em Fez ficou completamente destruído. Menos verossímeis, no entanto, eram os relatos de que toda a população da cidade, totalizando "de 8 mil a 10 mil pessoas, junto com todo tipo de gado, camelos, cavalos, gado de chifre etc.", foram "engolidos" e que não muito longe de Fez uma montanha se partiu ao meio "e dela brotou um rio vermelho como o sangue".[28]

A localização exata do epicentro do terremoto "de Lisboa" ainda não é conhecida. A área mais provável é a região da falha de Açores-Gibraltar, onde as placas tectônicas eurasiana e africana se encontram, a uma distância de 200 quilômetros ao sul e 280 quilômetros a oeste de Lisboa. O que se tornou evidente, depois que relatos vindos de toda a Europa foram reunidos, e os mais fantasiosos foram deixados de lado, foi que o terremoto pôde ser sentido a uma distância de 2.400 quilômetros, e seus efeitos foram mais visíveis numa área compreendendo não menos do que 3.900 quilômetros quadrados — duas vezes o tamanho da Austrália. Foi, sem dúvida, nas palavras de José Manuel Martínez Solares, diretor-geral do Instituto Geográfico Nacional da Espanha, "um dos mais extraordinários eventos geológicos de todos os tempos".[29]

CAPÍTULO 8

Fogo e água

Durante toda uma hora depois do terremoto, o chão sob Lisboa continuou a tremer e gemer. Então — enquanto Mr. Braddock rezava ajoelhado à margem do rio, Harry Frankland recobrava a consciência e percebia estar enterrado, Thomas Chase se dava conta de sua "condição destroçada" e Drumlanrig resolveu se dirigir para a casa do enviado inglês antes que fosse linchado — um segundo e poderoso tremor atingiu a cidade. Ao senti-lo, nos confins de um porão, Chase pensou que este era "mais ameaçador"[1] do que o primeiro, e a maioria das pessoas mais tarde concordaria que era apenas "um pouco menos violento do que o anterior".[2]

No beco das Mudas, os habitantes do pequeno enclave anglo-irlandês ainda estavam em estado de choque diante da constatação de que nem todos haviam sobrevivido, que Andrew Morrogh perdera a esposa e o filho, e José Alves, o irmão, quando sobreveio o cataclismo seguinte. A casa de Lawrence Fowkes balançou "para a frente e para trás como o mastro de um navio numa tempestade", e parecia inevitável que cairia e esmagaria todos os que estavam embaixo. Eles "pediram misericórdia a Deus" e suas preces foram atendidas. A casa resistiu, e, quando todos estavam de novo equilibrados sobre os próprios pés, um vizinho português, o Sr. Luís, escalou o monte de escombros que os separava do largo de São Nicolau para ver se encontrava um cami-

118 A IRA DE DEUS

nho pela praça. Quando voltou, confirmou que era possível alcançá-la
— mas não disse nada sobre o espetáculo que os esperava. Fowkes
reuniu a família e a de seu irmão e os vizinhos que queriam sair dali,
e todos seguiram o Sr. Luís enquanto ele refazia seus passos por cima
do entulho. Mr. Joyce ficou com Andrew Morrogh e seu filho Frank
nas ruínas da casa deles. Foi a última vez que Fowkes viu o amigo
Morrogh vivo.

A igreja de São Nicolau, com sua fachada imponente de alvenaria
lisa, duas torres e 11 capelas, datava do século XIII. Duas horas antes, era uma das mais ricas e suntuosas igrejas paroquiais da cidade.
Agora era uma completa ruína, assim como as várias irmandades e
enfermarias anexas. Numerosos fiéis haviam morrido, e muitos outros que procuraram refúgio no espaço aberto da pequena praça foram esmagados pelos prédios desmoronados. Os corpos dos mortos
e agonizantes estavam espalhados por todo lado, enquanto os vivos
perambulavam atrás dos padres. Estes estavam convictos de que as
pessoas prestes a morrer deveriam ter a oportunidade de confessar
seus pecados e receber a absolvição final. Todos "clamavam por misericórdia a Deus".

Na confusão causada por esse "espetáculo chocante", Fowkes repentinamente percebeu que nem todos estavam com ele. Seu filho
Sam, sua cunhada e o Sr. Luís haviam desaparecido na multidão com
vários dos vizinhos que os acompanhavam. Parecia inútil voltar, já que
todos estavam juntos quando chegaram à praça, minutos antes. Por
isso Fowkes decidiu se dirigir para o Rossio, na esperança de que os
outros houvessem seguido caminho. Depois de se equilibrar por sobre
as ruínas do largo de São Nicolau em direção ao nordeste, ele percebeu que a rua das Arcas, rumo ao Rossio, parecia atravessável. Os
acompanhantes ainda com ele insistiram em continuar. Eles passaram
pelo que havia sido o beco do Mezas, o beco do Pato e as ruínas da
praça do Teatro de Comédia, parando constantemente para oferecer
ajuda às pessoas que emergiam de casas destruídas, até chegarem à
grande praça.

Fowkes, como Drumlanrig, descobriu que, em comparação com
o que havia visto no largo de São Nicolau, "as cenas de horror eram

FOGO E ÁGUA   119

duas vezes piores" no Rossio. "Eu não posso compará-las", escreveu ele, "com outra coisa senão a ideia que eu construí em minha juventude dos pecadores desesperados pedindo misericórdia a Deus no dia do Juízo Final". "Inúmeras criaturas" se espalhavam por todo lado, "expirando entre gemidos e desgraças." O Palácio da Inquisição, no lado norte da praça, estava arruinado, assim como o adjacente Convento de São Domingos e sua igreja, na qual os condenados pela Inquisição eram representados por meio de retratos. O vasto edifício do Hospital Real de Todos os Santos, no lado leste, também se encontrava gravemente danificado, e acima da praça, os conventos do Carmo, da Trindade e todos os outros edifícios nas partes menos elevadas do Bairro Alto pareciam estar em variados estágios de destruição. Fowkes andou cambaleando pela multidão até que chegou ao meio da praça. Voltou-se para descobrir que agora apenas sua esposa, seu filho Neb e uma certa Miss Lester ainda estavam com ele. Então ele enviou Neb, "um garoto honrado, corajoso e valoroso",[3] para retornar pelo mesmo caminho à procura dos demais. Quando Neb voltou com alguns deles, Fowkes estava tão preocupado e tão determinado a sair do Rossio rumo ao campo que decidiu ir em frente, embora a família de seu irmão e até um de seus próprios filhos ainda estivessem faltando.

Em algum lugar por ali, lorde Drumlanrig também se preparava para fugir do Rossio. Ele havia "recompensado fartamente" o gentil relojoeiro por tê-lo guiado para um lugar relativamente seguro e, apesar de ainda fraco por causa dos esforços que fizera, não queria permanecer nem mais um minuto em meio "à loucura". Com John Morrison, seu secretário, Mr. Douglas, seu administrador, Alexander e o resto de seus criados, ele partiu para a rua das Portas de Santo Antão, na direção da casa de Abraham Castres em Santa Marta. Ficava a pouco mais de um quilômetro, na freguesia de São José, e tinha um quintal bem grande, onde Drumlanrig esperava que sua comitiva "encontrasse algum socorro e proteção".[4] Enquanto todos partiam, os criados ficaram gratificados ao vê-lo demonstrar "uma força surpreendente"[5] quando transpuseram as primeiras montanhas de pedras.

No castelo, o reverendo Richard Goddard se encontrava num estado de "extrema perplexidade". Seu único consolo, não tendo condições sequer de pedir informações às pessoas à sua volta, foi o surgimento de "um homem da Fábrica" com quem ele podia conversar. Parecia a eles que tudo lá embaixo — casas, igrejas, conventos e palácios — era agora "composto de um único amontoado de ruínas", e, depois de concordarem que havia a probabilidade de mais tremores, decidiram que o melhor seria não arredar pé, mesmo sabendo que essa atitude não deixava de conter riscos. Goddard estava particularmente preocupado com o ânimo da multidão, que — sendo ele um pároco protestante de Wiltshire — lhe parecia cada vez mais histérica. Por toda parte, as pessoas estavam "empenhadas em protestar contra a vingança dos céus", e havia padres praticando absolvições em massa. Goddard de modo algum duvidava da "sinceridade de suas preces", mas estava "escandalizado pela grande mistura de idolatria e superstição que os dominava".

Ele e seu companheiro empenharam-se em ficar bem longe daquilo, mas, depois de um tempo, foram descobertos, e uma grande multidão correu até eles "com muita violência". Goddard ficou apavorado, acreditando que "iam nos atirar do alto do castelo como hereges depois de julgados". O homem da Fábrica, que falava português, tentava se desembaraçar da confusão, mas Goddard acabou cercado. E então, para seu grande alívio, todos pareceram se acalmar e o convenceram "com a ternura de seu comportamento". A multidão começou a desfiar suas orações de novo, gesticulando para que ele se juntasse a ela, e todos o abraçaram quando a reza terminou. Goddard pensou que aparentemente ele acabara de ser "batizado" como católico.[6] Embora isso parecesse ter permitido que ele saísse dali sub-repticiamente, sua preocupação não era infundada.

Na Baixa, um novo perigo se tornara visível. Colunas de fumaça se elevavam do palácio do Marquês de Louriçal, no largo da Anunciada, e do Convento de São Domingos, no Rossio. Velas e candelabros que haviam sido derrubados nas casas e nas igrejas tinham ateado fogo a tapeçarias e móveis. Insufladas por um vento forte que começou a soprar do nordeste e do leste, as chamas se espalharam rapidamente e se misturaram com outras deliberadamente provocadas por saqueadores. Mesmo em circunstâncias normais, apagar um incêndio no labirinto de ruas estreitas da Baixa seria um trabalho difícil; agora, com todas as ruas bloqueadas e um povo disposto apenas a orar ou fugir da cidade, nenhuma tentativa foi tomada para deter o avanço do fogo. Logo a temperatura começou a subir no Rossio, e por toda a Baixa o ar se tornou acre e sufocante.

Na rua das Pedras Negras, o português apavorado que Thomas Chase havia encontrado no porão saíra correndo porta afora quando o chão começou de novo a tremer. Chase podia ouvir pessoas gritando nas ruas. Por isso, em vez de seguir o desconhecido, ele recuou, tão rapidamente quanto seus ferimentos permitiam, de volta para o arco através do qual o homem havia fugido. Lá ficou até que "o horror amainou", e então reconstituiu mentalmente seus passos em direção à porta por onde o português correra. Uma escada estreita saía dali e, para sua surpresa, o levou diretamente até a rua. O novo tremor havia derrubado muito mais prédios, e o ar lá fora estava carregado de poeira e fumaça, com a luz fraca, "como se fosse um dia muito escuro".[7]

Esgueirando-se pelas sombras, Chase pôde divisar numerosas figuras fantasmagóricas, cobertas de poeira da cabeça aos pés, ajoelhadas e rezando. Ele tinha a esperança de que sua perna ferida aguentasse até ele chegar ao rio, a menos de 500 metros dali. Mas, ao chegar ao beco de João das Armas, ladeira muito estreita que descia do largo das Pedras Negras em direção ao Terreiro do Paço, sua intenção de escorregar naquela direção se frustrou. A rua dos Armazéns, rumo ao alto, também estava bloqueada, assim como a rua que levava à igreja de Santa Maria Madalena e à catedral. Sem saber o que fazer, Chase viu as forças lhe faltarem e desabou no chão. Ele mal reconhecia seus vizinhos, Ambrose Goddard e Benjamin Branfill, e alguns outros funcionários da empresa de comércio de lã Jackson, Branfill & Goddard que conversavam a seu lado. Mas percebeu que não conseguia articular a fala para declarar que ainda não era um cadáver. Em seguida perdeu inteiramente a consciência.

Para aqueles que, depois do terremoto, instintivamente haviam corrido em direção a espaços ao ar livre na margem do rio, o novo tremor não foi menos aterrorizante do que para os que ainda estavam nas ruas da Baixa ou do Rossio. Tal fato simplesmente confirmava que ainda não havia terminado a catástrofe iniciada pouco depois das nove e meia. Com isso em mente, as pessoas procuravam desesperadamente uma travessia de barco e brigavam por isso. A cena de pessoas em vários estágios de nudez berrando para os barqueiros e para os tripulantes dos barcos era de dar pena. Em frente às ruínas da igreja de São Paulo, a oeste do Terreiro do Paço, Mr. Braddock havia acabado de conseguir manter-se equilibrado sobre os joelhos para rezar durante o abalo. Na elevação atrás dele, incontáveis construções que haviam sido danificadas mas não destruídas durante o terremoto agora desmoronavam, e, mesmo estando a quase 500 metros da igreja que ficava no alto da colina de Santa Catarina, ele podia ouvir os gritos de "misericórdia!" enquanto ela desmoronava, esmagando pessoas que haviam se juntado na praça em frente e ferindo outras letalmente. Minutos depois, contudo, o tremor deixou de preocupar os que estavam nas margens do rio.

Em Cascais, menos de 20 quilômetros a oeste de Lisboa, o oceano foi visto recuando subitamente por quase 5 quilômetros, e em Oeiras, 8 quilômetros a oeste, por mais de 1,5 quilômetro. E então, com uma velocidade de 650 quilômetros por hora ou mais, uma muralha de água se levantou em direção à cidade. Os soldados de guarda no Bugio, o forte no meio da entrada do Tejo em torno do qual a água havia refluído tanto que as ondas quebraram "brancas como penas"[8] sobre a barra do rio, dispararam os canhões em desespero. Em seguida, arrojaram-se para o ponto mais alto da torre, enquanto o forte era envolvido pelo maremoto de 12 metros de altura. Pessoas que fugiam para Belém a pé, a cavalo ou no lombo de mulas voltaram e correram ou galoparam rumo a um terreno mais alto. Mas os que estavam na cidade, preocupados com seus pertences mais importantes, ou tentando garantir um lugar num bote, nem chegaram a ver a onda se aproximar.

Braddock ainda estava paralisado pela tragédia na colina de Santa Catarina quando ouviu o primeiro a gritar: "O mar está vindo — estamos todos perdidos!"

Ele se virou e assistiu ao espetáculo mais extraordinário que já imaginara ver. O Tejo estava com 6 quilômetros de largura do lugar onde

FOGO E ÁGUA

ele se encontrava até Barreiro, na margem sul, e a água "saltava e se avolumava de um modo totalmente indescritível", apesar da ausência de qualquer tipo de vento. E então uma onda de 6 metros de altura, que para Braddock parecia "uma montanha", avançou "rugindo e espumando"[9] em direção à margem. Do navio que havia ancorado na Ribeira das Naus naquela manhã, o capitão via a água "cobrir e inundar a parte baixa da cidade", e "os já desesperados habitantes corriam de um lado para o outro com gritos lancinantes"[10] que ele ouvia claramente a bordo. Navios na lama em frente de Braddock eram atirados na margem, assim como grandes pedaços de madeira, barris e tonéis das docas.

Cada alma em Lisboa sabia do terrível maremoto que se seguira ao terremoto de Lima, no Peru, nove anos antes, e que havia coberto completamente o porto em Callao, poupando apenas algumas centenas de seus 25 mil habitantes. As pessoas que estavam nas margens do rio, e conseguiram reagir com rapidez suficiente, deram meia-volta e correram. Mas mesmo os que tinham pés mais ágeis se viram com água na altura da cintura e se agarraram apavorados a qualquer objeto estável que podiam encontrar, enquanto a água recuava com "igual rapidez". Braddock se pendurou numa imensa viga que o salvou de ser sugado para o rio pelo primeiro vagalhão, mas, tão logo a água havia vazado, distinguiu uma segunda muralha de água se dirigindo para a margem. Ele se lançou em direção a "uma pequena elevação a alguma distância do rio", mas, mesmo ali, com "as ruínas de muitas casas no caminho para brecar a força"[11] da onda, ele se viu com água até os joelhos. A costa foi inundada três vezes no total, e as ondas atingiram ruas, praças e jardins distantes até 200 metros da margem, deixando uma massa de barcos e pedaços de madeira quebrados espalhada por todo lado.

As pessoas que tinham conseguido garantir um lugar nos botes do rio não estavam mais seguras do que aquelas em terra. Muitas delas, nas palavras do capitão do barco inglês, simplesmente foram "arremessadas para a margem pela súbita elevação da água",[12] onde umas poucas lograram se salvar agarrando algum objeto fixo. Mas a maioria foi sugada pelo refluxo do rio, que, em poucos minutos, havia se transfigurado da calma completa para uma turbulenta "e confusa floresta de mastros torcidos e um horrível cemitério de corpos flutuando".[13] De um ponto privilegiado numa pequena elevação 5 quilômetros rio acima, o comerciante de vinhos Mr. Latham e seu companheiro viram assombrados a onda avançar sobre a estrada para Lisboa, 350 metros acima do nível normal da água. Incontáveis embarcações pequenas foram "esmagadas em pedaços", e até os maiores barcos do mar da Palha "rodopiaram",[14] arremessando marinheiros no rio. Na Outra Banda, a margem sul do Tejo, Latham observou que os penhascos forneceram alguma resistência para as ondas, mas em muitos lugares eles ruíram, enviando enormes quantidades de terra para o rio.

Durante cerca de cinco minutos, era impossível ver qualquer coisa para quem estava no rio. Mas, quando a poeira clareou, o capitão inglês percebeu que, além de a margem estar "coalhada de canoas, barcos, madeira, mastros, utensílios domésticos, barris etc.", uma visão era ainda mais chocante. O Cais da Pedra, o novo e esplêndido desembarcadouro que se estendia ao longo do rio em frente da Alfândega, do lado leste do Terreiro do Paço, no qual centenas de pessoas estavam esperando barcos, simplesmente havia desaparecido. Quem estava suficientemente próximo para ver as expressões parecia convencido de que as pobres almas ali no desembarcadouro haviam descido diretamente para o inferno e que agora "a dissolução do mundo estava próxima".[15]

CAPÍTULO 9

Teletsunami

O maremoto tinha uma força tão grande ao atingir a foz do Tejo que rochas de até 25 toneladas foram jogadas a uma distância de 30 metros além das margens. Em um determinado ponto, uma rocha de 200 toneladas se deslocou, e em Cabo Raso um "campo" inteiro de pedras imensas foi depositado a 15 ou 20 metros acima do nível do mar.[1] Em Cascais, o oceano infligiu ainda mais destruição do que o terremoto: o forte e os quartéis ficaram em ruínas, assim como as duas igrejas paroquiais da cidade portuária, os conventos de Nossa Senhora da Piedade dos Marianos e de Santo Antônio dos Capuchinhos e o palácio do marquês de Cascais. O mar também completou a destruição do porto de Setúbal. Um relato posterior simplesmente afirmou que "não restou nenhum vestígio desse lugar, e os repetidos tremores e a vasta onda concorreram para engolfá-lo, com as pessoas e todo o resto".[2] Só nessas duas cidades costeiras, mais de 1.500 pessoas pereceram, ao passo que ao norte houve danos extensos na aldeia pesqueira de Ericeira, e em Peniche mais de cinquenta pessoas sucumbiram às ondas.

No litoral sul de Portugal, o leito do mar apresentava profundidades de até 35 metros em alguns lugares antes que a primeira onda, de 3 metros de altura, atingisse Sagres. Os sólidos fortes de Arrifana, Lagos, Portimão e Armação de Pera se reduziram a ruínas, e em Armação quase todas as casas dos pescadores foram arrasadas. Em

126 A IRA DE DEUS

Albufeira e em muitas outras cidades e aldeias costeiras, pessoas morreram por terem buscado refúgio na praia depois do terremoto. O bispo de Algarve registrou que, em Lagos e Albufeira sobretudo, "o mar se levantou com tamanha fúria infernal que arrastou os restos de tudo o que já havia sido arruinado pelo terremoto".[3] O historiador Damião de Faria e Castro, que estava em Faro por essa época, afirmou que a força do maremoto havia, "em alguns pontos, coberto rochas de até 170 metros de altura".[4] Em Loulé, mais de uma centena de pessoas se afogaram; em Albufeira, quase duzentas; em Portimão, mais de cinquenta; e na pequena Armação, entre cinquenta e cem. O saldo total de mortes causadas pelos vagalhões no Algarve nunca será conhecido, mas certamente chegou a mais de mil. Dentre as maiores aglomerações da região, apenas Faro, que obteve alguma proteção de suas ilhotas costeiras, e Tavira, a sotavento de Faro, foram relativamente poupadas.

Quando o terremoto atingiu o grande porto de Cádiz, o centro do comércio da Espanha com seu império na América, Benjamin Bewick, um jovem comerciante de Hallaton Hall, perto de Market Harborough, na Inglaterra, observou a água nas cisternas subterrâneas da cidade espirrarem para diante e para trás "de modo a fazer uma grande espuma" e a população toda correr de um lado para o outro "em estado de terrível perturbação". Mas os muros e prédios da cidade eram conhecidos por serem "extraordinariamente fortes", e isso ajudou a evitar o pânico generalizado. Entretanto, pouco mais de uma hora depois, numa manhã ainda tão bela quanto "o mais belo dia de verão na Inglaterra", aconteceu de Bewick olhar para o mar e ver uma onda se aproximando "a uns 13 quilômetros de distância, e que era pelo menos 18 metros mais alta do que o normal". "Todo mundo", ele notou, "começou a tremer" e então a correr, "cada um numa direção". Dois outros moradores ingleses também viram a rápida aproximação da "onda marítima formidavelmente alta como uma montanha", e também "não consideraram apropriado ficarem parados".[5] Começaram então a correr em direção ao centro da cidade, prevendo que a qualquer momento a água estaria em seus calcanhares. No porto, o capitão Joseph Hibbert e dois colegas da Nova Inglaterra estavam se

TELETSUNAMI

aproximando do bergantim *Hannah* quando viram o "mar volumoso, a cerca de 800 metros de distância, vindo em direção à costa" e mal conseguiram subir a bordo a tempo de se salvar. Quando a onda chegou à região de água mais rasa, quebrou "pesadamente e de uma grande altura" e os três homens, assombrados, viram-na "destruir tudo o que estava fora das muralhas, derrubar várias baterias de canhões e cobrir boa parcela da parte baixa da cidade".[6]

O maremoto atingiu o lado oeste de Cádiz, entre La Caleta e o Castelo de Santa Catarina, e, embora os recifes daquele lado tenham reduzido um pouco sua força, ele ainda passou por cima dos 3 metros de altura dos muros da cidade, inundando a região residencial de Vigne e carregando "volumes de 8 ou 10 toneladas de peso, e de 12 a 15 metros de tamanho".[7] Dentro dos muros, um dos ingleses que correram para o centro da cidade notou que todos estavam tão ansiosos para se salvar que, na fuga, ignoraram até os vizinhos. Ele concluiu que, se 60 centímetros de água varressem a cidade, isso seria suficiente para afogar milhares de habitantes. Apenas um punhado de pessoas morreu no interior dos muros de Cádiz, mas a longa e bem construída trilha elevada que ligava à ilha de León e ao continente foi "arrastada como se fosse um nada", junto com "quarenta ou cinquenta pessoas", carruagens e "muitos animais".[8] Se o governador não tivesse ordenado que os portões da cidade fossem fechados antes de a onda bater, muitos mais poderiam ter morrido ao tentar fugir da cidade.

O saldo oficial de mortos em Cádiz foi estabelecido em duzentos, mas poucos acreditavam que a cifra estivesse abaixo de mil. A primeira vista do cenário na área que ficava além dos muros quase desafiava descrição. Canoas, cabanas e mercadorias que estavam no quebra-mar desapareceram completamente, a baía toda ficou coberta de tonéis, madeira e outros detritos e um grande navio sueco afundou no porto. Quando o mar voltou ao normal, um pouco depois da uma hora da tarde, um total de cinco vagalhões havia fustigado a cidade. Don Antonio de Ulloa, o grande general, cientista e matemático espanhol, logo depois informou à Royal Society sua convicção de que a "violência" do acontecido naquela manhã na costa sudoeste da Espanha não tinha sido menor do que a do desastre que tinha "engolido"[9] Lima e

128   A Ira de Deus

Callao, no Peru. Um comerciante inglês escreveu para um amigo que "ter visto esse desastre e sobreviver para contá-lo é um grande alívio, mas, mesmo assim, não posso segurar as lágrimas; todos nós parecemos ter levantado dentre os mortos".[10] Em outros pontos do litoral espanhol, pelo menos quatrocentas pessoas morreram afogadas em Ayamonte e mais de duzentas em Lepe.

Quase ao mesmo tempo que o maremoto atingia Cádiz, Thomas Heberden, o médico que havia cuidadosamente observado os efeitos do terremoto na ilha da Madeira naquela manhã, viu o mar recuar "subitamente alguns passos e, levantando-se com uma grande corcova e sem o menor barulho, avançar do mesmo modo súbito, inundando a costa e invadindo a cidade". A água se levantou 4,5 metros acima do nível habitual no primeiro avanço, depois fluiu e refluiu quatro ou cinco vezes até que afinal "cedeu, e o mar se manteve calmo como estava antes de o fenômeno ocorrer".[11] As ondas traumatizaram o comerciante de vinhos Charles Chalmers "mais do que o próprio terremoto". Ainda naquele dia, ele escreveu ao pai: "Deus, em sua misericórdia infinita, proteja-nos de todos os desastres!"[12] Comparada com o leste e o norte da ilha, Funchal ficou relativamente protegida. Em Porto da Cruz, duzentas "pipas" (barris de 417 litros) de vinho, vários alambiques de conhaque e estoques de cereais foram varridos das docas; portas de casas foram derrubadas e paredes de armazéns, reduzidas a pó. Quando a água recuou, "grandes quantidades" de peixes se debatiam nas ruas. O mesmo aconteceu em Machico, onde o fundo do mar ficou descoberto a uma distância de 200 metros durante um dos refluxos e o clima mudou de bonito e claro para "muito nublado e escuro, o céu inteiramente encoberto por pesadas nuvens negras" até o dia seguinte.[13]

Não houve relatos confiáveis sobre o que aconteceu na costa atlântica do Marrocos. De Salé, porto de origem de infames piratas, veio a notícia de que um "maremoto engolfou uma caravana com destino a Marrakesh", e houve relatos de "muita destruição" em Asilah, Santa Cruz (Agadir), Safi, Ceuta e Tetuan. O governador de Gibraltar teve conhecimento de que em Tânger o mar subiu "à altura dos próprios muros da cidade, algo nunca visto anteriormente", e que "as agitações

TELETSUNAMI

do oceano se repetiram 18 vezes, prosseguindo até as seis da tarde".[14] No rochedo de Gibraltar, o mar se elevou e baixou em ciclos de 15 minutos até as duas horas da tarde, às vezes recuando tão longe que os peixes e os barcos pequenos ficaram encalhados na baía.

Um pouco depois das duas, bem quando o Tejo começou a ficar calmo de novo, foi a vez de a Cornualha ser golpeada pela "mais incomum e violenta agitação do mar jamais lembrada:" o maremoto havia chegado às costas da Grã-Bretanha. William Borlase, o conhecido naturalista e antiquário da Cornualha, observou que em Mount's Bay o clima estava "notavelmente calmo" e o barômetro marcava a maior altura dos últimos três anos quando, cerca de meia hora depois da maré vazante, o mar começou "a avançar subitamente a partir do leste". Durante dez minutos, a água se ergueu cada vez mais alto e então recuou para o sudoeste e para o oeste, "com rapidez equivalente à da água caindo de uma roda de moinho" e deixando o nível da superfície 1,8 metro abaixo do que estava antes. Esse espetáculo, como uma maré de sizígia altamente acelerada, continuou por duas horas em sua "fúria máxima" e não cessou inteiramente antes de cinco horas e meia terem se passado.

Um pandemônio seguiu-se ao primeiro vagalhão. O sustento de quase todos os que moravam na baía dependia de um modo ou de outro do mar — havia uma nova fábrica de sardinhas ao lado do porto —, e os mais ousados correram para a água, tentando salvar seus barcos. Mas, nem bem as pessoas haviam conseguido alcançá-los, a segunda onda começou a carregar os barcos em direção ao píer novamente, e então, assim que eles começaram a ganhar velocidade, foram puxados de volta para o mar aberto "com incrível rapidez". O único fator de sorte foi que as ondas atacaram à luz do dia: segundo Borlase, se tudo tivesse acontecido à noite, "nenhum dos quase cinquenta barcos teria se salvado e consequentemente muitas vidas teriam sido perdidas".

Seis quilômetros a oeste, em Penzance, a "maior violência" foi observada às três horas, quando o nível da água se levantou 2,5 metros acima do normal. Quase 2 quilômetros a leste, em Newlyn, a água invadiu a costa como "uma onda altíssima, com um barulho inacreditável". Observadores disseram que a primeira e mais violenta elevação da água tinha "3 metros de altura ou mais" — duas vezes a altura da onda de Mount's Pier e mais de meio metro a mais do que a de Penzance. Em St. Ives, o mar se ergueu entre 2,4 e 2,7 metros, arrastando dois barcos que estavam em terra firme. Um "estrondo extraordinário" ocorreu em Plymouth, arrancando "vários navios de suas ancoragens" e "rodopiando todos os barcos de modo muito bizarro". E as balsas de Creston, 1,6 quilômetro a sudeste, foram arrastadas "com várias pessoas e alguns cavalos para a lama da margem".[15]

Kinsale, o porto quase isolado do mar no estuário do rio Bandon, na Irlanda, foi afetado mais ou menos no mesmo horário. O major Lewis Nicola, comandante huguenote do Forte Charles, ficou aturdido quando viu "um grande volume de água repentinamente cair em cima do navio". Seu relato continuava: "Os cabos de duas corvetas, cada uma atracada com duas âncoras, se romperam, assim como as amarras de vários barcos parados entre Scilly e Kinsale, que foram empurrados para cima, depois para baixo, com uma velocidade muito acima do que eu já vi num barco ou num navio." Num cais, a água subiu mais de 1,5 metro e no desembarcadouro do mercado ela simplesmente transbordou — ao tentarem sair de lá, as pessoas se viram de repente com água pelos joelhos. A fase mais "violenta" durou apenas dez minutos em Kinsale, e as partes mais profundas do porto pareciam ter sido menos afetadas do que as mais rasas, onde "o solo foi muito alterado"[16] pelo que aconteceu, mas entre as cinco e sete horas outra onda se abateu sobre a cidade, mantendo as pessoas em estado de terror.

Em Swansea, no País de Gales, dois barcos de mais de 200 toneladas, carregados de carvão, tiveram suas amarras rompidas quando a "grande massa de água" bateu por volta das 18h45, e até a costa leste da Inglaterra foi atingida. Na propriedade de *Sir* Thomas L'Estrange, em Hunston, dois cavalheiros e um criado que estavam treinando tiro na praia teriam se afogado se não tivessem conseguido escalar uma rocha para se salvar. Aceleradas idas e vindas das águas continuaram a ocorrer nas costas sulinas da Grã-Bretanha e da Irlanda até a manhã seguinte, e demorou vários dias até que as marés voltassem ao normal.

Pelo fim da tarde, a imensa energia desencadeada pelo terremoto havia propelido tremores secundários através do Atlântico. William Hillary, um médico que vivia em Barbados, no Caribe, desde 1747, para estudar doenças tropicais, testemunhou o nível da água em Carlisle Bay subir mais de meio metro acima do nível da maré equinocial e varrer os embarcadouros e ruas de Bridgetown. Em Antígua, também no Caribe, o tenente Philip Affleck, do navio *Advice*, registrou uma "maré" que "se ergueu a 3,5 metros de altura, várias vezes, e recuou quase imediatamente".[17] Na Martinica e na maioria das demais ilhas das Índias Ocidentais Francesas, o mar primeiro recuou até 1,5 quilômetro e depois "inundou as terras baixas e chegou à altura do segundo andar das casas". Na ilha de Saba, nas Antilhas Holandesas, o oceano subiu mais de 6 metros, quase o mesmo que em Lisboa, e em St. Maarten um navio que estava sobre 4,4 metros de água "ficou com o costado na areia".[18] Hillary tinha certeza de que aqueles fenômenos eram resultado de um evento cataclísmico, e todas as testemunhas nas ilhas do Caribe haviam visto "o mar num estado que não tinha registro na memória dos homens".[19] Três meses mais tarde, Hillary tomaria conhecimento do terremoto de Lisboa e concluiu que as ondas do maremoto — o primeiro dos dois únicos "teletsunamis"* registrados no Caribe em todos os tempos — eram parte do mesmo fenômeno.

---

* Um *tsunami* que percorreu mais de mil quilômetros. *(N. do A.)*

CAPÍTULO 10

O segundo grande tremor

Quando Lisboa foi atingida por um segundo tremor avassalador, ao meio-dia, Thomas Chase recuperou a consciência e se viu numa cama. Ele se lembrava remotamente de ter sido recolhido da rua por um gentil comerciante de Hamburgo chamado John Jorge,* mas sua preocupação imediata era proteger o rosto do gesso que caía do teto. Acreditava ser inevitável que, desta vez, receberia o golpe que "o livraria de mais infortúnios". Enquanto a cama se cobria de entulho e ele começava a engasgar com a poeira, Chase concentrou os últimos resquícios de força para se pôr em pé e tentar escapar pela porta que ficava ao lado da cabeceira da cama. O barulho que ele fez trouxe Jorge correndo de volta, e este o persuadiu a se refugiar num quartinho ao lado do jardim, já que tinha medo de permanecer onde estava. Ali, ele ordenou que uma cama fosse arrumada para o "caro Mr. Chase" e informou que havia mandado chamar Richard Scrafton, o médico que hospedara lorde Drumlanrig. Ninguém sabia

---

* Chase e outros ingleses normalmente pronunciavam seu nome como Jorg, mas os registros paroquiais o identificam como Jorge e indicam a morte, ocorrida no terremoto, de duas filhas de um certo Agostinho Jorge, presumivelmente seu parente, na rua das Pedras Negras (ver Macedo, Luís Pastor de, *O terremoto de 1755*, p. 12), além da existência de um António Jorge na vizinha Calçada do Correio. *(N. do A.)*

134 A IRA DE DEUS

se Scrafton estava vivo ou morto, mas, nesse intervalo de tempo, Jorge e Ambrose Goddard, que também tinha sido convidado a entrar ao passar pela rua, se revezaram nos cuidados a Chase e fizeram o possível para que ele se sentisse confortável. Goddard lhe contou sobre a morte de vários amigos, incluindo a governanta de seu sócio Benjamin Branfill, Mrs. Hussey, que por muitos anos havia cuidado do pai de Chase. Ela havia sido retirada viva de baixo de um monte de destroços, mas morrera logo depois. Chase ponderou sobre o que ouvia e sobre seu próprio estado e concluiu que o destino de Mrs. Hussey tinha sido "bem mais feliz do que o dele próprio".[1] Da janela, ele viu pela primeira vez que incêndios haviam irrompido por toda a cidade.

A menos de 800 metros dali, no castelo de São Jorge, o reverendo Richard Goddard, irmão de Ambrose Goddard, se viu cercado por um grupo de famílias da Fábrica, depois do seu "batismo" a contragosto. Para seu imenso alívio, eles se ofereceram para levá-lo a uma casa de campo em Marvila, uma aldeia à margem do rio, 3 quilômetros a noroeste de Lisboa. Com os incêndios se alastrando intensamente agora, e notícias circulando de que o oceano havia "voltado" durante a manhã, deixando "toda a parte baixa da cidade debaixo d'água", Richard Goddard pensou que, se o irmão ainda estivesse vivo, também estaria tentando fugir da cidade. Então ele aceitou a oferta e ficou feliz por isso quando, antes que fossem muito longe, reconheceu dois dos criados do irmão, que lhe asseguraram que Ambrose e Benjamin Branfill estavam vivos. O reverendo também encontrou Edward Hay e sua família num pomar de oliveiras pouco além dos muros da cidade e ouviu deles o relato de sua terrível experiência: Mrs. Hay havia dado à luz uma filha dez dias antes e tivera de ser carregada por uma enfermeira para fora de casa durante o terremoto. Agora ela estava num leito improvisado, coberta apenas por um manto. A enfermeira carregava a criança, e Hay estava fazendo o melhor que podia para manter alegres Harriott e Polly, suas duas outras filhas. O cônsul estava, como é compreensível, "profundamente perplexo",[2] mas isso não o impediu de oferecer abrigo a Goddard em outra casa em Marvila, para onde ele se dirigia. Goddard agradeceu a gentil oferta, mas prefe-

O SEGUNDO GRANDE TREMOR 135

riu ficar com seu grupo em vez de sobrecarregar Hay com ainda mais preocupações.

Entre as hordas lutando para sair da cidade, lorde Drumlanrig e seu grupo faziam razoável progresso na tentativa de alcançar a casa de Abraham Castres, ao norte do Rossio. Eles passaram pelo palácio do marquês de Louriçal no momento em que o palácio começou a pegar fogo, e era uma "tarefa muito difícil" seguir entre todos os obstáculos do caminho. Drumlanrig sabia que, sem a ajuda de Mr. Douglas, de Alexander e dos outros, ele "teria afundado". Finalmente, eles venceram os entulhos e encontraram Bosc de la Calmette, o enviado holandês, com sua família e seus sete ou oito servos, que também estavam "muito mal e muito cansados".[3] Eles levaram três horas inteiras desde o momento em que saíram do Rossio para completar uma jornada de menos de 1,5 quilômetro, mas pelo menos encontraram a casa de Castres em pé, e o idoso enviado inglês, que havia pulado de uma janela do segundo andar durante o terremoto mas não parecia pior por causa disso, estava servindo lanches para o crescente número de refugiados acampados em sua propriedade.

Lawrence Fowkes e sua família estavam no Bairro Alto, acima do Teatro dos Bonecos, quando o segundo tremor secundário irrompeu e logo depois disso chegou ao largo do Rato. Foi só então que Fowkes começou a se perguntar se tinha errado ao presumir que seu filho e a família de seu irmão estavam todos a salvo. Também se deu conta, ao pensar para onde iria em seguida, que não tinha "sequer um xelim".[4] Então pediu ao filho Neb que corresse de volta à casa deles e buscasse algum dinheiro, e ele voltou com 300 mil-réis que encontrou na escrivaninha do pai. Foi uma missão que poucos assumiriam com tanto prazer quanto Neb, e seu entusiasmo era tanto que Fowkes permitiu que ele voltasse lá, com dois amigos, para ver se outros bens poderiam ser resgatados. Desta vez não havia como chegar. No meio da tarde, a maior parte da Baixa estava em chamas, e Benjamin Farmer, tendo conseguido salvar mais pessoas que estavam presas nos escombros da pracinha ao lado de sua casa, decidiu que era hora de partir. Ele olhou em volta enquanto caminhava penosamente em direção ao norte, por entre um rio de refugiados inconsoláveis. Os olhos de

136   A Ira de Deus

todos eles pareciam estar "esgazeados e imóveis, sem fixar nada, as bocas bem abertas fazendo um barulho horrível e os cabelos desgrenhados e em pé". Nessa atmosfera, Farmer logo se percebeu "tomado pelo mesmo horror".[5]

Por volta das duas da tarde, a nuvem de poeira sobre a cidade clareou um pouco, o sol se tornou um tanto mais visível através da fumaça e podia-se perceber barcos fazendo seu trajeto pelo Tejo. Houvera "um pouco de descanso" entre os abalos violentos. Na casa do Sr. Jorge, no largo das Pedras Negras, onde Thomas Chase se encontrava no jardim fechado na cobertura, todos "começaram a desejar que o pior já tivesse passado". Abalos menores continuaram, cada um causando "tanto medo e terror" quanto o outro, mas o grupo de ingleses, holandeses, irlandeses e portugueses que havia buscado refúgio na casa começou a notar que estava na hora de levar em consideração a ideia de fugir da "cidade em ruínas". Jorge distribuiu alguns peixes, e eles começaram a partir. Era evidente para Chase que "todos os envolvidos estavam tão preocupados com a própria preservação que não tinham disposição para assistir os outros"; até Goddard, Branfill e "os seus" tinham partido sem se oferecerem para levá-lo com eles. Por outro lado, ele não acreditava que fosse sobreviver por muito tempo e previa que "em poucas horas estaria livre de maiores preocupações". Finalmente o jardim estava vazio. Haviam restado apenas Jorge, seu tio idoso e uma velha senhora manca que havia sido abandonada numa casa ali perto e fora trazida pelos criados de Jorge.

A oeste da cidade, *Sir* Harry Frankland, depois de recuperar a consciência, lutou durante horas para remover uma pedra que o estava prendendo ao lado da senhora que havia morrido algum tempo antes. Finalmente ele se desvencilhou e viu uma nesga de luz para a qual se dirigiu e então cavou em volta dela até abrir um espaço suficientemente grande para se esgueirar através dele. Sua coxa estava gravemente ferida e ele tinha dois machucados nas costas, mas conseguiu cambalear até a casa do amigo Francisco de Ribeiro e ficou radiante em encontrá-la inteira. Quando, mais tarde, já estava bem para retomar as anotações em seu diário, ele escreveu simplesmente: "Eu estava enterrado entre os destroços. (...) Espero que minha salvação providencial

O SEGUNDO GRANDE TREMOR

tenha um efeito duradouro sobre minha mente."[6] Em poucos dias, ele fez, enfim, de Agnes oficialmente *lady* Frankland.

Não muito longe de Frankland, Mr. Braddock não sabia "onde buscar abrigo" depois do maremoto e do segundo tremor secundário. Com incêndios irrompendo em diversos pontos da cidade, parecia que "os quatro elementos estavam agora conspirando para destruí-la".[7] Ele decidiu afinal que teria uma boa chance de sobrevivência na Casa da Moeda, que, como ele podia ver, tinha resistido ao terremoto, aos tremores secundários e aos avanços do rio melhor do que qualquer outro lugar, e tomou o caminho através do largo de São Paulo tão depressa quanto pôde. Quando alcançou o outro lado da praça, ficou aturdido ao perceber que apenas um jovem tenente, Bartolomeu de Sousa Meixa, ainda estava em seu posto. Todos os guardas haviam desertado. Braddock sabia, como todos os comerciantes da cidade, que o edifício continha uma fortuna em ouro trazido no outono pelas frotas do Brasil. Ele "expressou sua admiração" pela devoção de Sousa Meixa ao dever. Como o chão ainda tremia e os prédios de cada lado do portão estavam a apenas 5 ou 10 metros de distância deles, os dois concluíram que estariam melhor no pátio central. O lugar estava cheio de água trazida pelo maremoto, mas eles escolheram um "monte de pedras e entulho" que estava seco e se estabeleceram ali em cima. Só então ocorreu a Braddock que ele ainda não havia "quebrado o jejum" naquele dia.

A fome de Braddock o lembrou de que ele tinha a intenção de jantar com um amigo na Baixa, e, como este vivia no último andar de um prédio alto e não falava português, Braddock ficou extremamente preocupado. Finalmente, embora se sentisse muito seguro enquanto conversava com Sousa Meixa naquele monturo no pátio da Casa da Moeda, ele concluiu que precisava ir procurar o amigo. Mais uma vez, saiu por entre as ruínas do largo de São Paulo rumo à margem do rio e depois para o Corpo Santo, o convento e colégio dominicano irlandês que havia sido derrubado pelos tremores e onde um pequeno grupo de monges estava parado "com seus semblantes desalentados". Então seguiu caminho pela rua da Corte-Real, mas o fim dela estava bloqueado pelas ruínas da magnífica Casa da Ópera do rei, construída, como

138   A IRA DE DEUS

todos sabiam, "a um custo prodigioso" e considerada um dos edifícios mais sólidos e suntuosos de sua espécie em toda a Europa. Era uma visão trágica. Naquela mesma noite deveria ter sido encenada *A destruição de Troia* (ou *Dido e Eneias*), de Henry Purcell.

Do outro lado, a entrada de uma casa de propriedade de John Bristow, um dos mais ricos comerciantes ingleses, estava bloqueada por "vastos montes de pedras, cada um deles pesando várias toneladas". Braddock mais tarde descobriria que o sócio de Bristow, Mr. Ward, estava com um pé para fora da soleira quando o lado oeste da Casa da Ópera desabou, e por pouco ele escapou de morrer esmagado. Impossibilitado de continuar seguindo nesse caminho para chegar ao Terreiro do Paço, Braddock tentou outros até que encontrou, em frente à igreja da sé, uma passagem para a praça. O telhado da igreja havia desabado, assim como parte da fachada, e Braddock viu que a praça estava "cheia de coches, carroças, cabriolés, cavalos e mulas, abandonados por seus condutores e servos e também por seus proprietários". Ali estava o transporte de todos os nobres que acompanhavam a missa quando o terremoto sobreveio e que fugiram a pé. Era um cenário estranho, e Braddock sentiu tristeza diante da "agonia dos pobres animais". Alguns estavam mortos, muitos não, mas estes pareciam conscientes de seu destino mais provável.

Braddock continuou em direção à residência do amigo, subindo pela rua Nova da Almada, onde deparou "com um horror que desafiava qualquer descrição". Gritos, gemidos e suspiros eram os únicos sons que se ouviam, e Braddock percebeu que ele "mal podia dar um passo sem pisar em mortos ou em pessoas à beira da morte". Havia mais "coches, com seus donos, cavalos e passageiros *quase* esmigalhados", "mães com os filhos nos braços" e "damas bem vestidas, padres, frades, cavalheiros, comerciantes, todos na mesma condição agonizante ou recém-falecidos". Algumas das vítimas tinham braços, pernas ou costas quebrados, outras estavam esmagadas sob grandes pedras, outras ainda se encontravam completamente enterradas, chamando por ajuda com voz débil. Braddock apertou o passo em direção à moradia do amigo, nas franjas da Baixa. Mas, quando chegou à rua correta, viu que a casa, como todas as outras à sua volta, não existia mais.

O SEGUNDO GRANDE TREMOR

Como já era o fim da tarde, e ele logo estaria precisando de abrigo, Braddock sabia que precisava se dirigir para a taberna Morley, na colina de Buenos Ayres, enquanto ainda conseguia enxergar o caminho. Foi preciso quase uma hora para cobrir os 800 metros até a Morley. Quando Braddock chegou, ficou aliviado por encontrar um grande número de membros da comunidade inglesa, assim como muitos portugueses, apesar de todos estarem "na mesma situação infeliz".[8]

Durante a maior parte da tarde de seu aniversário, Thomas Chase foi assaltado pelas "mais melancólicas reflexões". Os tremores podiam ter se tornado menos frequentes, mas, no panorama da Baixa que via do jardim de Jorge, as chamas cobriam a cidade "com indescritível rapidez". A maioria dos refugiados na casa havia partido para a margem do rio, e pouco depois Chase pediu ao anfitrião que tentasse arranjar servos para levá-lo embora. Jorge respondeu que seria impossível, pois "a cidade estava muito deserta". Ele mesmo pretendia continuar ali, porque "se aventurar pela cidade serviria apenas para encontrar grandes perigos". Por volta das cinco da tarde, no entanto, o fogo parecia devorar os prédios. Jorge entrou no jardim interno, olhou para Chase por um instante e saiu sem dizer palavra, fechando a porta atrás de si. Depois de algum tempo, Chase ainda não tinha ouvido nenhum barulho no quarto ao lado e concluiu que Jorge, incapaz de encontrar quem o ajudasse a transportá-lo, havia sido forçado a partir sem ele.

A ideia de ter sido abandonado aterrorizou Chase. Ele decidiu ir até a janela, debruçar-se no balcão e se atirar na rua para pôr "logo um fim a minhas infelicidades excessivas". Mas o caminho até o balcão estava obstruído. Usando duas cadeiras como muletas, ele tentou chegar até a porta. A dor causada pelo movimento obrigou-o a descansar por um momento, pensando que não conseguiria "avançar nenhum passo, mesmo que o quarto estivesse em chamas". Um pouco recuperado, ele seguiu e abriu a porta. Ficou pasmo ao ver Jorge, a velha senhora manca e outras duas pessoas, todos sentados em silêncio na sala de entrada. Jorge se surpreendeu igualmente ao ver Chase e perguntou o que ele estava fazendo. Chase respondeu que sabia que todos estavam em perigo mortal e que não podia mais contar com a ajuda do amigo. E então "suplicou com lágrimas nos olhos" a Jorge que, antes de partir, o jogasse do balcão "ou me despachasse de qualquer outro modo". Seria, acrescentou, muito melhor do que ter de "permanecer durante algumas horas em estertores violentos" e depois disso "morrer a mais pavorosa das mortes".

Jorge pensou que seu jovem vizinho devia estar delirando e lhe assegurou que não tinha intenção de abandoná-lo, muito menos de atirá-lo do balcão. Se não houvesse escolha a não ser partir, ele mesmo carregaria Chase e todos "se arriscariam juntos". Mas a casa ainda não estava completamente cercada pelo fogo. Seria possível chegar até o Terreiro do Paço se decidissem fazê-lo, argumentou Jorge. Chase se sentiu confortado por suas palavras, mas, apavorado pela ideia de ficar sozinho de novo, não quis voltar para o jardim interno. No início da noite, Jorge desaparecia a cada meia hora para verificar o avanço do fogo. Havia agora um novo perigo nas ruas: entre as ruínas, a fumaça e as chamas, imperava o mais completo desrespeito às leis. Às cinco e meia da tarde, outro comerciante de Hamburgo assistira a um grupo de soldados com aparência desmantelada aparecer na rua e dizer a grupos de "alfacinhas" amontoados ali que tinham ordem do rei para dispersar as pessoas. A resposta foi imediata: eles não tinham mais rei e iam continuar ali. Os soldados desapareceram sem dizer palavra.

No meio da tarde, uma grande procissão havia sido organizada em Sevilha. A multidão cantou a litania do Dia de Todos os Santos e chorou, implorando a misericórdia divina. Em Cádiz aconteceu o mesmo: os dominicanos desfilaram solenemente com a imagem de Nuestra Señora del Rosario em volta dos muros da cidade, implorando proteção. Enquanto as pessoas em todo o Sul da Espanha eram levadas a um frenesi religioso, e dominicanos, franciscanos, carmelitas e capuchinhos entravam em competição aberta para ouvir as confissões de uma população aterrorizada, a questão na mente de todos era o que os esperava em seguida.

À medida que a penumbra descia sobre Lisboa, um cirurgião britânico, Richard Wolfall, que desde o meio-dia havia dado a melhor assistência que pôde às pessoas no Terreiro do Paço, reunia os pensamentos que mais tarde consignaria no papel:

* * *

O SEGUNDO GRANDE TREMOR

A visão chocante dos corpos mortos, somada aos gemidos e gritos dos que estavam semienterrados nos escombros, só pode ser conhecida por quem a testemunhou. Tudo isso ultrapassava a capacidade de ser descrito, uma vez que o medo e a confusão eram tão grandes que mesmo a pessoa mais resoluta não ousaria parar um momento e remover algumas pedras de cima do mais querido amigo, embora muitos pudessem ter sido salvos com isso; mas não se pensava em nada além da autopreservação. Chegar a espaços abertos ou ao meio da rua era o modo mais provável de obter segurança. As pessoas nos andares superiores das casas em geral tiveram mais sorte do que as que tentaram fugir pela porta, porque estas acabaram soterradas sob as ruínas, como a maioria dos passantes. Os que estavam sendo transportados tiveram maior possibilidade de escapar, embora seus animais e seus condutores tenham sofrido severamente. O número de vidas perdidas dentro das casas e nas ruas foi muito menor do que as mortes por soterramento nas ruínas das igrejas (...) todas as igrejas da cidade estavam lotadas de gente, e a quantidade delas aqui ultrapassa o total somado de Londres e Westminster.

Tivesse a desgraça terminado aí, haveria de algum modo a possibilidade de recuperação, porque, embora as vidas não possam ser restituídas, as grandes riquezas que ficaram entre as ruínas teriam, até certo ponto, como ser desenterradas; mas essas esperanças quase acabaram, porque, durante cerca de duas horas depois do abalo, incêndios irromperam em três pontos diferentes da cidade, causados pelo contato de objetos com os fogões acesos. (...) Na verdade, todos os elementos pareciam conspirar para a nossa destruição: logo depois do choque, que começou perto do alto-mar, a maré subiu 12 metros acima do normal num instante e desceu com a mesma rapidez. Se ele não tivesse sofrido esse recuo, toda a cidade estaria sob a água. Tanto quanto podemos lembrar, não havia nada além da morte presente na nossa imaginação.[9]

CAPÍTULO 11

A primeira noite

Na taberna Morley, na elevação de Buenos Ayres, Mr. Braddock tentou ficar tão à vontade quanto possível. Logo depois do anoitecer, o ar se tornou "úmido e cortante", apesar do incêndio devastador a menos de 1,5 quilômetro para o leste. Só os muito afortunados tinham uma capa ou um cobertor para se proteger, e certamente não havia espaço dentro das casas, a não ser para os muito doentes ou feridos. Até onde podiam saber as pessoas que estavam na Morley, a cidade estava deserta, abandonada às chamas que iluminavam o céu noturno — tanto que Braddock conseguia ler sob sua claridade — e aos malfeitores. "Todos", ele contou, "tinham os olhos voltados para o fogo e continuaram observando num sofrimento silencioso, interrompido apenas pelos gritos e gemidos das mulheres e crianças."[1]

Não havia muito a dizer. Quem falava era para trocar, em voz sussurrada, histórias sobre as fugas miraculosas e as mortes trágicas de seus amigos. A querida Mrs. Perochon saíra de casa correndo, atrás do marido, Elias, e caíra morta, atingida por pedaços de um prédio que desabava; Elias, a menos de um metro dela, sobrevivera. O velho Daniel Casamajor, decano dos comerciantes ingleses, falecera. Giles Vincent, que havia estado fora da cidade por meses em viagens de negócios e só voltara na noite anterior, fora esmagado e morrera, assim como John Churchill, outro jovem comerciante. Charles Holford,

144   A Ira de Deus

um adolescente "aprendiz de cavalheiro" de quem todos gostavam, graças à sua "humildade e ao temperamento afável", estava passando em frente a uma igreja quando uma imensa pedra caiu em cima dele, estraçalhando-lhe as duas pernas. Ele ficou deitado na rua durante um tempo enorme, suplicando ajuda aos passantes, até que finalmente um português parou e o carregou para dentro da igreja. Quando houve o primeiro tremor secundário, a maior parte da igreja desabou, confinando todos os que estavam em seu interior. Em pouco tempo, o fogo tomou conta do lugar, e Holford e seu salvador morreram queimados. A coitada da Mrs. Sherman foi consumida pelo fogo porque era "robusta demais para seguir sua criada através de uma passagem estreita".[2] E havia também as crianças que tinham morrido, como o pequeno John Morrogh e a bebê Elizabeth Legay.

Todos esses nomes eram conhecidos pelos sobreviventes da comunidade de ingleses. O modo como os mortos encontraram seu destino não seguia nenhum padrão. Alguns haviam se salvado pulando na água, ao passo que outros se afogaram no maremoto. Alguns escaparam de morrer porque estavam no alto das casas, outros porque se refugiaram no porões. Alguns ficaram presos sob as ruínas e não se feriram, mas depois morreram queimados pelo fogo. Também havia histórias mirabolantes — sobre como o Palácio da Inquisição fora o primeiro a cair, enquanto os bordéis da "Rua Suja" tinham sido poupados; como todos os soldados que guarneciam o Bugio morreram afogados; como um navio de setenta canhões nas docas da Ribeira das Naus havia se incendiado e depois flutuou para o alto-mar, sem tripulação, levado pelo maremoto.

Na comunidade inglesa, muita gente parecia destinada a não viver muito mais tempo. Thomas Chase era uma dessas pessoas, e lorde Drumlanrig, que havia encontrado refúgio na casa de Abraham Castres, em Santa Marta, era outra. Sua tosse tuberculosa havia piorado consideravelmente por causa da combinação do "aquecimento excessivo" de seu corpo com o frio da noite. Isso era uma fonte de preocupação crescente para sua família e para todo mundo, e garantir sua sobrevivência logo se tornou um ato de desafio da comunidade dos ingleses contra tudo o que lhes havia acontecido. Uma "grande

A PRIMEIRA NOITE   145

consulta"[3] foi organizada para decidir se Drumlanrig estaria melhor
passando o resto da noite no calor da casa (que poderia desabar durante um dos tremores que ainda reverberavam pela cidade) ou nos
jardins (onde ele poderia morrer de frio). Concluiu-se que era melhor
não levá-lo para fora. Dormir era impossível para qualquer um, não
só por causa do frio e do céu claro. Durante toda a noite, os tremores
continuaram, sem que a terra ficasse imóvel por mais de 15 minutos a
cada vez, e no Tejo as tripulações dos navios foram postas de pronti-
dão por todo o período noturno para remover as cinzas geradas pelo
fogo, agora visível em Santarém, mais de 60 quilômetros a nordeste, e
que caíam como uma chuva fina.

Muita gente que se aglomerava nos jardins da casa de Castres e na
taberna Morley ouvia agora pela primeira vez a descrição de como um
maremoto varrera o Tejo "de modo formidável" e "ameaçou submer-
gir as partes baixas da cidade". Alguns diziam que rochas nunca antes
vistas foram expostas no leito do rio; outros, que o capitão Clies, do
paquete *Expedition*, cogitara abandonar o navio. Acreditava-se que
um barco tinha ido a pique na barra do rio e outro atolara. Dizia-se
que a barra havia ficado "tão revirada que será difícil um navio entrar
ou sair do rio". Alguns discutiam como e onde o fogo começara. O
que mais preocupava e desafiava a compreensão, contudo, era o completo desaparecimento do Cais da Pedra e das pessoas que estavam
em cima dele quando fora "engolido". Alguns diziam que cem pessoas
morreram, outros diziam trezentas, outros, novecentas.

Contrariamente à crença dos que tinham fugido, o centro da cidade nem de longe estava deserto. Mais ou menos às onze horas, o Sr.
Wappäus, sobrinho de John Jorge, e dois de seus servos apareceram na
casa dele. Com o reforço, enquanto as chamas novamente avançavam
por todos os lados, Jorge declarou que estava na "hora de se mover".
Foi buscar o chapéu e a capa, voltou com um boné e uma manta para
Thomas Chase e pediu a seu sobrinho e aos dois servos que o levas-
sem ao Terreiro do Paço e que depois voltassem para buscar a velha
senhora manca. Chase foi carregado numa cadeira por três homens,
com mais alguém abrindo caminho com uma tocha. Enquanto tropeçavam através de uma passagem estreita que era o único caminho para

146 A IRA DE DEUS

a margem do rio ainda não bloqueado pelos escombros ou tomado pelo fogo, eles eram acossados pelos gritos dos "pobres coitados pedindo ajuda". A porta da igreja de Nossa Senhora da Conceição estava aberta, e, à luz das velas do altar-mor, Chase pôde distinguir figuras de padres se movimentando "em seus hábitos eclesiásticos". No adro jazia uma pilha de corpos.

As casas estavam quase intactas, embora houvesse enormes pedras espalhadas pela rua da Correaria, uma ladeira que descia até a igreja de Santa Maria Madalena. O mesmo se via na rua dos Ourives da Prata. Chase viu muitas pessoas "jogando trouxas pelas janelas" e preparando-se para ir embora. Quando chegaram ao largo do Pelourinho em sua extremidade sul o grupo descobriu que as duas pontas da rua Nova dos Ferros, a grande via dos comerciantes, estavam em chamas, assim como a rua da Confeitaria. Parecia que eles tinham conseguido escapar apenas alguns momentos antes de as labaredas cercarem completamente toda a Baixa, com um vento fraco empurrando-as "suavemente para diante". Até no Terreiro do Paço, o Palácio Real estava agora ardendo em fogo lento.

A cena na praça era horrível. Parecia a Chase que todo mundo estava convencido de que era o Dia do Juízo Final: alguns entoavam litanias, outros "ficavam incomodando os mortos com cerimônias religiosas" e, a cada novo tremor, todos caíam de joelhos gritando novamente: "Misericórdia!"

Tanto fervor o enervou, como a muitos outros de seus compatriotas naquele dia. Quem deteria a multidão, se ela subitamente se voltasse contra os protestantes, procurando compensação para suas mazelas? Não havia sequer um soldado à vista, nem qualquer sinal de uma autoridade clerical zelando pela ordem. O grupo desceu a lateral da Alfândega, onde encontrou Mrs. Alford, que apontou para sua irmã, Mrs. Graves, e sua família, todos sentados ali perto sobre pacotes de pertences. Wappäus achou melhor conduzir Chase a um lugar coberto e abrigado do vento, junto com outros que estavam gravemente feridos. Finalmente, 14 horas depois de ter caído do eirado no alto de sua casa, ele se viu "subitamente aliviado do medo constante causado pela queda das construções e pelos perigos do fogo". O "desespero

A PRIMEIRA NOITE 147

extremo" deu lugar à euforia, e, apesar de sua agonia, Chase começou a "conceder-se uma esperança de que ainda era possível viver (...) e esse lampejo tranquilizador continuou por algum tempo, até surgirem novos terrores". Um boato circulava no Terreiro do Paço de que o subsolo da praça havia sido minado pelo maremoto e que novos tremores a levariam a ser "engolida" pela terra.

Duas horas mais tarde, Jorge havia reunido a família inteira no Terreiro do Paço, em torno do pequeno acampamento dos Graves. Chase sentiu-se compelido a fazer um esforço para conseguir sair de seu abrigo e juntar-se a eles, já que as chamas chegavam cada vez mais perto. Três explosões ruidosas, causadas pelo fogo que havia atingido depósitos de pólvora na margem do rio, para o leste, aterrorizaram a todos. Na verdade, o único alívio no estado de pavor que havia tomado conta do grupo de ingleses foi o momento em que uma mendiga irlandesa, aparentemente "semilouca", que sumira, reapareceu com uma garrafa de vinho trazida da cafeteria de Houston, pela qual ela não aceitava pagamento. Chase considerou a bebida "um bem-vindo e autêntico refresco". Ao examinar a cena em redor, ele teve certeza de que "a Inquisição, com toda a sua crueldade extrema, não conseguiria inventar uma variedade tão grande de torturas mentais" como aquelas a que fora submetido no dia de seu aniversário.

O dia seguinte, domingo, 2 de novembro, era Dia de Finados. Um pouco antes do amanhecer, a brisa começou a soprar do nordeste novamente, empurrando "com velocidade extraordinária" o fogo que havia queimado a noite toda em volta da catedral na direção do Terreiro do Paço. O acampamento inglês ao qual Thomas Chase havia se reunido foi forçado a se mudar para mais perto da margem do rio, primeiro no lado da praça em que ficava a Alfândega e depois, quando o calor ali se tornou "escorchante", no outro lado, o do Palácio. O fogo parecia se consumir sozinho, e o telhado do palácio desabara havia algum tempo, mas as paredes ainda davam a impressão de que poderiam cair a qualquer momento, e todos cuidaram de não se aventurar muito perto delas.

Às nove horas, o sol brilhava através da fumaça quando os barcos começaram a chegar ao Terreiro do Paço para resgatar as pessoas que

148   A IRA DE DEUS

tinham passado aquela noite sinistra cercadas pelo fogo. O filho do caseiro de Chase, que havia ficado gravemente ferido, de repente apareceu a seu lado e perguntou se ele queria partir com seu grupo. Mas Chase se opunha a abandonar seu salvador, Jorge, e também acreditava que o fogo iria cessar em breve, por isso recusou a gentil oferta. A cena na margem era caótica. Centenas de pessoas se acotovelavam pelos lugares disponíveis em cada bote que chegava. Enquanto observava o filho do caseiro partir, Chase viu seu amigo George Barclay ser carregado num colchão em direção ao rio, com um pé "esmagado" balançando para fora. Jorge enxotou seus acompanhantes em condições de se mover até o rio, mas eles logo voltaram, porque era evidente que não havia condições de todos serem levados no mesmo bote. Outra razão para evacuar a beira do rio e seguir até o meio da praça era que as chamas subitamente se alastraram da Alfândega para um ponto da margem onde havia pilhas de toras de madeira. O fogo se abriu para o sul da praça, em direção aos escombros do Palácio Real, que logo começou a queimar novamente, para "grande surpresa" de Chase. Por todo lado havia agora "incêndios assombrosos". Chase puxou sua manta por cima do rosto para proteger-se do calor "violento" e de "chuvas de cinzas". Momentos depois, a manta se incendiou, devido à proximidade dos arreios chamejantes de uma mula, mas logo o animal foi afastado e Chase emergiu, um pouco enegrecido, mas não queimado.

Num estado de "ansiedade extrema", ele foi levado para a esquina noroeste da praça, que aparentemente oferecia algum abrigo das cinzas. Tinha acabado de se acomodar quando um grande grito de "Misericórdia!" eclodiu. Todos os pacotes de pertences no centro da praça tinham se incendiado, criando uma fogueira gigantesca de onde pouca coisa poderia ser salva. Chamas se aproximavam da cabeça de Chase, e mais uma vez ele "perdeu os sentidos", certo de que agora encarava "o tipo de morte que tanto temia".[4] Depois de alguns minutos, porém, o vento de repente parou, e, quando as labaredas vindas das bagagens começaram a queimar verticalmente, o terror de Chase deu lugar a uma fome voraz. Ele não havia comido nada desde a noite anterior e fora informado de que as provisões eram tão escassas que 30 gramas

A PRIMEIRA NOITE 149

de pão estavam valendo meio quilo de ouro. Por isso, quase chorou quando uma irlandesa apareceu por trás dele e, depois de se assegurar de que se tratava do filho do velho Mr. Chase, lhe deu um grande pedaço de melancia. Poucos minutos depois, sua refeição se tornou um banquete quando Jorge também apareceu com um pedaço de pão.

Às onze e meia, a família Fowkes, que havia acampado a céu aberto 2,5 quilômetros ao norte do Terreiro do Paço, se surpreendeu com a súbita aparição de César, um de seus escravos. Ele vinha de Sacavém, onde muitos dos comerciantes de vinho tinham celeiros "que estavam apenas com as ripas do chão quebradas e algumas pequenas rachaduras nas paredes".[5] Fowkes imediatamente reuniu os familiares e amigos e, por volta da uma da tarde, eles tinham andado os quase 10 quilômetros até Sacavém. No caminho, descansaram um pouco na quinta do Sr. Luís e ficaram encantados em saber não apenas que ele havia sobrevivido como ainda por cima tinha resgatado Joe, o sobrinho de Fowkes, e que o garoto estava agora recebendo cuidados numa casa ali perto. Havia mais boas notícias por vir. Logo depois de retomar o caminho, Fowkes cruzou com uma portuguesa chamada Nancy, e ela carregava o sobrinho dele, de 2 anos, nos braços. Em Sacavém ele soube que o próprio filho, Sam, a cunhada, Anne, e o filho dela, Billy, de 4 anos, tinham todos sido recolhidos por um navio no Tejo.

No Terreiro do Paço, John Jorge havia deixado Thomas Chase onde ele estava deitado e levou seu tio e a velha senhora manca para a margem, mais uma vez na esperança de encontrar um barco. Quando, mais de uma hora depois, eles não haviam ainda voltado, Chase concluiu que tinham tido êxito, a despeito das promessas do Sr. Wappäus de que eles não o abandonariam. Chase era grato a Jorge por ter cuidado dele até que "os perigos mais iminentes" tivessem, aparentemente, acabado. Mas sabia também que precisava encontrar um refúgio antes do fim do dia. Com a ajuda de John Houston, o proprietário da cafeteria, ele conseguiu afinal reservar um lugar num bote e foi levado para a margem do rio "com a maior alegria imaginável". Quando o barqueiro desamarrou o bote, a temperatura fresca que subia da água provocou uma sensação maravilhosa. Antes de anoitecer, Chase desembarcou perto dos muros da cidade, a leste. Dali, foi carregado por dois servos por uma distância de 1,5 quilômetro, ainda mais para o leste, até chegar à quinta da família Hake. Ele estava quase inconsciente e incapacitado de reconhecer a identidade de qualquer pessoa até que a figura de Joseph Hake emergiu da escuridão. Ele e o resto de sua família, todos residentes de segunda geração em Portugal, como Chase, deram as boas-vindas ao amigo "da maneira mais afetuosa possível". Em pouco tempo, Chase se viu acomodado numa tenda feita de tapetes estendidos sobre uma trilha no meio de uma plantação de uvas, servido de "vinho branco forte" e alimentado com deliciosos nacos de pão com manteiga, até que estivesse enfim em condições de mandar seus dois tenazes "condutores" de volta para a cidade, com 18 xelins cada um como recompensa por seus esforços.

De volta ao Terreiro do Paço, a família Graves e John Houston estavam entre as pessoas que, tendo decidido esperar até que pudessem sair com seus pertences, enfrentaram outro terrível martírio. Depois que escureceu, o fogo de repente começou a queimar com ferocidade renovada. John Houston abandonou seu baú "com peças da Holanda".[6] Quando ele e a família Graves cruzaram o rio, na manhã seguinte, não levavam nada além das roupas do corpo.

CAPÍTULO 12

"Horroroso deserto"

Na casa de Abraham Castres, em Santa Marta, um pouco ao norte da cidade, lorde Drumlanrig se mantinha impávido em sua tenda improvisada e reconstruída todo dia com ripas e lona, dentro da qual construía durante a noite uma casinha com traves de madeira. Na manhã de terça-feira, contudo, seus criados decidiram que ele devia ser transportado para o navio *Expedition*. Seria um dos primeiros a embarcar para a Inglaterra. Exatamente quando, ninguém parecia saber. Um embargo de toda a movimentação naval fora decretado para impedir as saídas do Tejo. Não havia informações confiáveis sobre as condições — ou posições — da barra do rio. Além disso, depois dos maremotos, as marés estavam tão irregulares que chegar até o alto-mar era, de qualquer modo, impossível. Mas pelo menos Drumlanrig se encontrava em condições que ele descreveria como "paradisíacas",[1] em comparação com aquelas em que estava a casa de Castres.

Na quinta de Hakes, Chase se preocupava profundamente com seus amigos. Seu braço direito havia sido posto no lugar pelo veterinário do rei, um respeitado ortopedista, mas nem ele nem o barbeiro-cirurgião perceberam que o ombro direito de Chase se deslocara. Isso significava que todo o lado direito estava adormecido, e o lado esquerdo doía tanto que às vezes ele mal podia respirar. Quando o doutor Richard Scrafton chegou à quinta na terça-feira, depois de ter sido quase "despedaçado pelas pessoas" durante uma viagem angustiante até Belém, aplicou sangrias em Chase, o qual, depois da quarta sangria, começou a se sentir um pouco melhor.

Drumlanrig, Chase e Harry Frankland, que se recuperava em sua casa em Belém com Agnes e que também havia sido visitado por Scrafton, eram excepcionalmente privilegiados por receberem essa atenção. Havia apenas três médicos ingleses na cidade, e todos eles haviam perdido seus instrumentos, portanto não contavam com bandagens ou ataduras. O cirurgião da comunidade francesa na cidade, monsieur Dufour, tinha amputado membros de 75 pessoas e apenas dez sobreviveram mais do que 24 horas. A atenção que os Hake demonstraram a Chase era ainda mais notável, porque eles também tinham as próprias perdas a lamentar. Elizabeth Hake, esposa do jovem Christopher e irmã do governador de Nova York, havia sido vista pela última vez quando desaparecera na queda de um edifício no centro da cidade. Seu corpo, "pouco alterado",[2] só seria descoberto algumas semanas depois.

Com a diminuição aparente dos perigos, o choque veio à tona para as pessoas que não tinham sofrido ferimentos pesados. A sobrevivência, nas palavras de Chase, "trouxe consigo os cuidados da vida", e muita gente estava num tal estado de sofrimento que às vezes invejava os mortos. A maior fonte de preocupação, depois do destino dos parentes, era a ruína financeira. Um dos principais banqueiros da cidade, Sam Montaigut, escreveu para seu tio em Londres configurando a situação nos termos mais definitivos: "Todos os que tinham propriedades ou negócios nesta cidade infeliz não podem mais nem pensar neles — está tudo perdido."[3] Joseph May, da casa Coppendale & May, perdeu todo o dinheiro e todas as mercadorias e tinha de se haver com um extraordinário empréstimo feito ao irmão, de 4 mil libras. Duncan Clerk, comerciante de vinhos e têxteis, possuía consigo 700 libras em produtos e 180 libras em dinheiro, mas lhe deviam 2 mil libras e ele tinha certeza de que nunca iria recobrá-las. Todos sabiam que as perdas de Jackson, Branfill & Goddard haviam sido "excepcionalmente severas".[4] Dentre as casas maiores, dizia-se que a Briston & Ward, detentora do direito de comerciar os diamantes do Brasil, salvara "uma fatia razoável"[5] de suas imensas reservas em dinheiro, e Gerard Devisme,

"Horroroso deserto" 153

da igualmente poderosa casa de Purry, Mellish & Devisme, alardeou a todos que, depois de duas tentativas frustradas de atravessar o incêndio da Baixa para chegar ao escritório de contabilidade na rua Nova da Almada, ele havia conseguido recuperar uma soma equivalente ao capital inicial de sua empresa em Lisboa.

As informações sobre as outras comunidades de comerciantes estrangeiros eram desastrosas. Os mercadores de Hamburgo lamentavam as mortes de Johann Burmester, filho do velho Thor-Laden, e de Johann Carstens, filho do prefeito da cidade de Lübeck, e poucos achavam que conseguiriam recuperar alguma coisa. Dentre as trinta ou quarenta casas francesas, a Grenier et Peret perdeu grandes quantidades de pimenta, a Pedegache et Blanc se viu sem dinheiro e mercadorias no valor de 5 mil libras esterlinas ou mais e ficou apenas com 15 mil libras em letras de câmbio agora sem nenhum valor. Toda a comunidade francesa, de quinhentas pessoas, se concentrava nas freguesias de São Paulo, Santa Catarina e Encarnação, e agora mal tinha uma sede. Já a comunidade italiana inteira, formada em sua maioria de naturais de Gênova e Florença, havia partido de Lisboa e estava a caminho de casa.

Havia entre os comerciantes um senso de urgência para tentar salvar rapidamente o que fosse possível, mesmo enquanto o fogo ainda se alastrava pela cidade. Começou a circular um boato de que corsários berberes se aglomeravam na região de Cascais, preparando-se para desembarcar em busca de escravos e de tesouros. Outro boato dizia que a Baixa estava prestes a levar tiros de canhão, numa tentativa de conter o fogo. A história sobre uma multidão que havia se encaminhado a Belém para argumentar com o rei que os desastres podiam ser atribuídos ao "excesso de favores aos hereges" levantou a possibilidade, entre os estrangeiros, de terem que fugir da cidade nos próximos dias. E havia ainda quem dissesse que o rei estava pronto para abandonar a cidade rumo ao Alentejo.

O fogo não era o único perigo enfrentado pelas pessoas que tentavam voltar para casa. Estava claro, como lorde Drumlanrig disse a seus pais numa carta escrita a bordo do *Expedition*, que "a ordem, a disciplina e a segurança não existem mais". Segundo ele, nos primeiros dias depois do terremoto, "o governo não exerceu seu poder para

154 A IRA DE DEUS

proteger nem para punir". O único senso de "iniciativa", até onde ele podia afirmar, tinha sido demonstrado "por bandidos perversos a ponto de tirarem vantagem da preocupação geral e porem em prática todas as vilanias que agora tinham a liberdade de praticar".[6] Ninguém poderia discordar desse veredicto, e ninguém discordou. Abraham Castres descreveu a cidade como refúgio de "enxames de desertores espanhóis".[7] Outros se referiram a "gangues de rufiões e de demônios (...) livres para perpetrar todo tipo de maldade satânica".[8] E, além de tudo isso, Richard Wolfall e os outros médicos davam como certo que a "pestilência" agora se alastraria pela cidade.

Gerard Devisme foi uma das pessoas que, apesar de todo o perigo, ainda retornou ao centro da cidade, na tentativa de recuperar valores deixados na contadoria de sua firma. Desta vez, ele fez a pé todo o caminho da casa de Castres até Belém e lá alugou um barco para levá-lo a Boa Vista, à procura de uma saída pelo rio. Uma vez em terra, Devisme conseguiu ultrapassar as ruínas do Convento de São Francisco, passando pelos escombros em chamas do Convento da Boa Hora, na rua Nova de Almada, e enfim entrou na casa de contabilidade pela entrada dos fundos. O edifício era uma ruína calcinada, mas o escritório ainda resistia, o que lhe deu esperanças de que seu baú de dinheiro pudesse ser salvo. No entanto, tudo estava quente demais para ser tocado, e ele só conseguiu recuperar alguma coisa quando voltou no dia seguinte. Embora tenha ficado contente com o fato de reaver as 16 mil libras que o baú continha, o capital total recuperado por Devisme e seus sócios não superou a quantia com a qual tinham começado em Lisboa vinte anos antes.[9]

Mr. Braddock teve ainda menos sorte quando saiu da taberna Morley para tentar recobrar alguns de seus pertences. Ao fazer o caminho entre as ruínas, passando por incontáveis cadáveres — alguns "horrivelmente mutilados", outros "semiqueimados", outros ainda "totalmente crestados" — e igrejas que tinham à frente delas pessoas mortas depositadas "em grandes pilhas, umas sobre as outras", ele teve de tapar o nariz e a boca para evitar o mau cheiro. Quando chegou à sua região, não conseguia sequer saber onde estava a rua em que morava, até que um grupo de galegos o ajudou. Ele não chegou a reaver coisa

"HORROROSO DESERTO" 155

alguma. Voltou as costas para uma cidade que agora descrevia como "uma volumosa pilha de ruínas" e arrastou-se desconsolado para a Morley, para "as mesmas circunstâncias miseráveis" e para a mesma "inclemência da atmosfera noturna"[10] que ele havia enfrentado. Mesmo 17 dias depois do desastre, Fowkes perceberia que os "destroços" de sua casa ainda estavam tão quentes que incendiavam as cestas com as quais tentava removê-los enquanto procurava "dinheiro, prataria e joias". Seus dois filhos, Sam e Neb, agiram "com grande resolução e coragem" e pareciam inabaláveis enquanto trabalhavam entre "as ruínas das velhas paredes e os corpos mortos". Apenas ocasionalmente o pai percebia "neles uma furtiva lágrima de pesar".[11]

Na terça-feira de manhã, Abraham Castres soube que o secretário da embaixada espanhola pretendia enviar um mensageiro a Badajoz com a trágica notícia da morte do conde de Peralada, embaixador da Espanha e seu melhor amigo na comunidade diplomática. Era a primeira oportunidade de enviar qualquer coisa para o mundo exterior, por isso Castres rapidamente escreveu um bilhete para *Sir* Benjamin Keene, o embaixador inglês, informando-o do "estado de muito sofrimento" da comunidade inglesa e relatando que "o palácio, as igrejas e a maioria dos casarões" estavam em ruínas e "o fogo ainda destruía os restos da cidade de uma extremidade à outra". A maioria dos comerciantes, acrescentou ele, logo estaria embarcando de volta para seus países, já que não tinha onde morar. Ele prometeu a Keene que enviaria à Inglaterra, na primeira oportunidade, um "relato completo e particular dos deploráveis acontecimentos recentes".[12] Os comerciantes ingleses tinham acabado de solicitar que a partida do *Expedition* fosse retardada para terem a oportunidade de recuperar seu dinheiro, e Castres não sabia quando isso iria ocorrer. Também era incerto se o mensageiro conseguiria alcançar a fronteira com a Espanha, uma viagem que já era bastante árdua e perigosa em tempos normais. Além disso, Castres supunha que Madri também estaria reduzida a escombros. Para todos os propósitos e funções, Lisboa se encontrava isolada do mundo exterior. As únicas notícias até então tinham vindo de aldeias litorâneas e cidades e vilas na beira do Tejo, todas devastadas.

Castres não teve condições de dar muitos detalhes da situação de Lisboa, não apenas por causa da pressa em aproveitar o mensageiro, mas também porque sofria de exaustão extrema e de "grande perturbação da mente". Além do mais, suas informações se limitavam às que haviam sido trazidas de incursões pela cidade feitas pelas pessoas a quem dava abrigo, ou por seus criados, e muitas delas eram contraditórias ou baseadas em boatos. Ele não tinha ideia de quantas pessoas nas comunidades inglesa e irlandesa estavam mortas ou feridas, embora sua impressão, ou sua esperança fervorosa, fosse de que os comerciantes haviam "escapado bastante bem, considerando-se o número de casas que temos aqui". Somando-se a esses impedimentos, Castres sabia que qualquer notícia que transmitisse a seus superiores em Whitehall estaria quase certamente ultrapassada quando chegasse lá. O primeiro despacho para *Sir* Thomas Robinson, escrito dois dias depois da mensagem que enviou para Madri, começava dizendo: "Você, muito provavelmente, já sabe que (...)." Mas o enviado fez o melhor que pôde para transmitir algo da magnitude do que havia ocorrido "nesta cidade opulenta, agora reduzida a um monte de entulhos e ruínas por um terremoto absolutamente horrível no dia 1º deste mês, seguido de incêndios que causaram dez vezes mais perdas do que o próprio terremoto".[13]

Castres sabia que havia uma tarefa a desempenhar antes de completar o despacho, ainda mais importante do que cuidar das multidões de refugiados famintos e infelizes em seus jardins: tinha de prestar deferência ao rei. Nos primeiros dois dias depois do terremoto, a possibilidade de fazer o trajeto até Belém era impensável. Mas na quarta-feira ele concluiu que a missão não poderia mais ser adiada, não importando quão árdua se provasse. Castres e Bosc de la Calmette, o enviado holandês que havia procurado refúgio em sua casa, conseguiram chegar ao palácio, onde encontraram toda a família real acampada no jardim com seus utensílios domésticos. D. José teria saudado Castres com as seguintes palavras: "Há quatro dias eu era o homem mais rico por aqui, e agora o senhor me vê mais pobre do que o mais miserável dos mendigos em meus próprios domínios — não tenho um cavalo nem uma tenda, estou sem criados, sem afazeres, sem pão."[14] O rei, temendo cue fugissem, caso as jaulas fossem danificadas por um futuro terremoto, também teria ordenado que fossem mortos "pelo bem público" todos os animais de seu zoológico — leões, ursos, tigres, leopardos e "um imenso número de outros animais raros".[15] Em seu despacho, Castres simplesmente relatou que D. José disse aos dois enviados que estava "extremamente contente de vê-los ambos salvos" e que "devia muitas graças à Providência" por ter sobrevivido. Castres aduziu que, "apesar das imensas perdas sofridas por Sua Majestade Fidelíssima nessa ocasião, e do fato de sua cidade capital estar inteiramente destruída, recebeu-nos com mais serenidade do que esperávamos". A rainha e as princesas também enviaram uma mensagem agradecendo pela atenção dos enviados e desculpando-se por não se apresentarem pessoalmente porque os padrões de vestimenta que lhes eram impostos pela vida nas tendas "não eram apropriados para serem vistos".

Castres deu as notícias que podia dar sobre a situação dos comerciantes, sabendo que essas informações seriam submetidas ao escrutínio mais minucioso em Londres. Ele esperava que a informação de que duas das mais importantes casas de comércio — Purry, Mellish & Devisme e Raymond & Burrell — haviam conseguido recuperar seus baús de dinheiro tivesse poder tranquilizador suficiente para prevenir o pânico total na Royal Exchange e nos negócios do ramo têxtil em toda a Inglaterra. Mas sabia que a morte de personagens tão importantes quanto o conde de Perelada e os "relatos lúgubres" sobre as perdas dos membros da nobreza, vários deles "totalmente falidos", seriam muito chocantes. Quanto à sua propriedade, Castres não tentou disfarçar a pressão considerável a que estava submetido. Prover a sobrevivência ao enviado holandês e seus familiares, a lorde Drumlanrig e seus acompanhantes, a um grande número de comerciantes desabrigados e a um número ainda maior de "infelizes das classes mais baixas, que vieram a mim à procura de pão" o havia, ele confessou, "afetado muito".

Um dos maiores desgostos de Castres é que não havia nenhum navio de guerra inglês ou holandês no porto em 1º de novembro, apenas três navios mercantes. Barcos grandes poderiam fornecer carpinteiros e marujos para consertar sua casa, cujos assoalhos ameaçavam ceder toda vez que se sentia um novo tremor, e para construir abrigos melhores nos gramados. Todos achavam que chuvas fortes estavam agora a caminho. Como sua casa não podia "abrigar nenhum novo morador", ele sabia que teria de encontrar algum outro "método apropriado para dar refúgio aos mais pobres".[16] O *Bedford* estava sendo esperado fazia vários dias, mas ainda não havia sinal dele, por isso as únicas opções eram alugar um navio português ou tentar fretar um dos barcos ingleses. Ambas seriam muito caras. Embora Castres possuísse bastante dinheiro, no presente momento seus recursos eram limitados — e ele teria de esperar meses pelo reembolso do governo inglês. Além do mais, muitos dos membros "mais pobres" da comunidade — alfaiates, merceeiros, construtores de navios, marinheiros ávidos por evitar a convocação da Marinha Real para a guerra ainda não declarada — não tinham nenhuma razão para voltar para a Inglaterra ou para a Irlanda. Eles ficariam o máximo que pudessem em Lisboa, à sua custa, na esperança de recobrar o que haviam perdido nos escombros, por menos que fosse, ou de encontrar outros meios de sobrevivência na cidade. Apesar da pressão e do trauma que Castres estava sofrendo, ele garantiu a *Sir* Thomas Robinson estar "determinado a permanecer à disposição dos necessitados enquanto conseguir me manter em pé e com uma aparência mínima de serenidade".[17] O senso de caridade demonstrado pelo veterano enviado, que três décadas antes havia produzido a tradução para o inglês do influente tratado "A supressão da mendicidade pelo socorro aos pobres, nos hospitais gerais e nas instituições de caridade", do jesuíta italiano Andrea Guevarre, foi pouco menos do que heroico diante das circunstâncias que ele enfrentava.

No fim da semana, algumas pessoas que padeciam nos jardins da casa de Castres, em navios ou em vários outros lugares em torno da cidade, começaram a anotar seus pensamentos pela primeira vez. Edward Hay, o cônsul cuja mulher acabara de dar à luz, rabiscou uma mensagem perturbada e quase ilegível para seu irmão, o bispo de St. Asaph, manifestando sua fé, ou esperança, de que "Deus Todo-Poderoso nos dê forças nestas ocasiões".[18] Adoentado, o reverendo Williamson, capelão da Fábrica inglesa a quem Henry Fielding honrou como "o camarada

"HORROROSO DESERTO" 159

mais inteligente que já conheci" e que agora vivia em pavor mortal de pegar um resfriado e "ter uma recaída", disse a um amigo ter "perdido cada pequena coisa que antes me pertencia".[19] Edward French, cujo irmão ainda estava desaparecido, se via tão "dominado pela preocupação"[20] que não conseguiu terminar uma carta para a família. E Richard Goddard escreveu ao irmão Thomas, que estava em Wiltshire, num estado de grande confusão. Ele havia planejado passar "um inverno agradabilíssimo" em Lisboa, e o clima já começara a causar um "efeito muito conveniente" em sua saúde. No entanto, agora a casa do irmão já não existia, e "o pobre Brosius" estava arruinado. Parecia não haver muito mais o que fazer além de, na primeira oportunidade, "fugir de um país que é um cenário contínuo de desolação".[21]

O dilema de lorde Drumlanrig era o pior de todos. Ele tentou tranquilizar os "queridos papai e mamãe" dizendo-lhes que não houvera tremores nas últimas 26 horas, que Mr. Douglas e os criados estavam todos bem e haviam sido "muito importantes em preservar" sua pessoa, e que estava agora a salvo de "malfeitores e da violência praticada por pessoas que teriam sido levadas a fazer qualquer coisa pelo desespero em encontrar provisões".[22] Mas Drumlanrig estava perto de morrer. Tanto ele quanto seus servos e funcionários sabiam que, se ele voltasse para a Inglaterra, não sobreviveria ao inverno. Sua única esperança residia na possibilidade da aparição miraculosa de um navio de guerra inglês destinado ao Mediterrâneo. Distante dali, o núncio papal escreveu a Bento XIV no dia 4 de novembro, "do chão desolado que no último sábado era Lisboa", e lhe contou sobre o "grave flagelo a que Deus considerou justo submeter a cidade e seus habitantes" e sobre o "horror que cremos nunca ter tido equivalente".[23]

Muitas dessas primeiras cartas, escritas em qualquer pedaço de papel que estivesse ao alcance das mãos, continham frases como "do lugar onde ficava Lisboa" e "do lugar que *era*, mas *não é mais*, Lisboa", ou afirmavam que "Lisboa está inteiramente destruída" e que "Lisboa não existe mais". Quando descrições tão dramáticas como essas foram lidas pela primeira vez na Inglaterra, houve pessoas que não acreditaram ou não conseguiram acreditar nelas. Mas, se tais pessoas estivessem entre os muros do Castelo de São Jorge, no fim da semana depois do terremoto, no lugar de onde Richard Goddard o observou, a incredulidade teria se desfeito imediatamente. Colunas de fumaça ainda se erguiam de partes da Baixa. Pequenos focos de fogo eram avivados continuamente por catadores ou por pessoas remexendo em brasas em busca de pertences perdidos. Embaixo do castelo, para a esquerda, na margem do rio, o Terreiro do Paço estava irreconhecível. Espalhavam-se pilhas semicarbonizadas de trouxas largadas, corpos inchados e apodrecidos de cavalos e mulas mortos, coches abandonados, madeirames e outros restos varridos da margem pelo maremoto e escombros resultantes do colapso de todas as construções ao redor. Como Thomas Chase pôde observar de um ângulo desconfortavelmente próximo, o Palácio Real e a Alfândega estavam em ruínas carbonizadas. Haviam deixado de existir a Casa da Índia e seus registros de 250 anos de comércio com o Oriente — manuscritos, mapas, planilhas e inventários —, a Casa dos Seguros e todos os outros prédios de onde se administravam os trabalhos do comércio português de ultramar. E o novíssimo Cais da Pedra desaparecera sob as águas do Tejo.

No flanco ocidental da praça estavam totalmente destruídos a suntuosa igreja da sé, a Casa da Ópera de Bibiena, inaugurada havia apenas sete meses, e o Convento de São Francisco, que passara por uma dispendiosa reforma para consertar os estragos do grande incêndio de 1741 e acabara de ficar pronto, com sua biblioteca de 9 mil volumes de valor inestimável. A Ribeira das Naus havia sido consumida pelo fogo. No flanco oriental, a cena era a mesma. Os principais mercados de carne e cereais tinham queimado. Ao longo do rio, o chão abrasado era tudo o que sobrara de centenas de armazéns e lojas da freguesia de São Julião. Ninguém jamais saberia quantos deles estavam cheios dos produtos trazidos pelas frotas de outono vindas do Brasil. Comerciantes de todas as nacionalidades descobriam que a perda de registros e livros de contabilidade era tão traumática quanto a perda de mercadorias. E São Julião, a freguesia mais populosa de Lisboa, não tinha sequer uma casa para seus cerca de 20 mil habitantes.

No Rossio, a "praça do povo", abaixo do Castelo de São Jorge que era sede da Inquisição, tinha virado uma ruína; o Convento de São Domingos, com suas duas bibliotecas de 10 mil livros e 5.600 volumes de

"Horroroso deserto" 161

manuscritos raros, já não existia; e no enorme Hospital Real de Todos os Santos — que sofria seu segundo incêndio em cinco anos —, centenas de pacientes incapacitados de fugir morreram queimados em seus leitos. Todos os outros hospitais da cidade também tremeram ou queimaram até se espatifarem no chão, assim como as prisões: no Limoeiro, a maior delas, mais de quatrocentos prisioneiros morreram e a maioria dos demais tirou vantagem da liberdade recém-encontrada para agir entre as ruínas ou então fugiu da cidade. Três quartos das principais instituições religiosas de Lisboa, que chegavam a bem mais de uma centena, também haviam sido destruídos ou severamente danificados. Todos os escritórios que abrigavam os registros da administração municipal não existiam mais e em pelo menos trinta de quarenta freguesias, que eram a própria trama da vida cotidiana, não havia mais a igreja paroquial. Por toda a cidade, grupos de miseráveis podiam ser vistos "arrastando santos sem cabeças ou sem braços".[24] Como os lisboetas eram enterrados sob as igrejas paroquiais e não em cemitérios, a perda de tantas vidas criaria um problema adicional nas semanas vindouras.

Bem abaixo do Castelo de São Jorge, nada ficou em pé em muitas das freguesias entre o Terreiro do Paço e o Rossio. Na manhã seguinte ao terremoto, Lawrence Fowkes e sua família haviam escapado para além das ruínas do largo de São Nicolau, o centro da segunda freguesia mais populosa de Lisboa. Quando o fogo havia encerrado sua passagem, o lugar era, nas palavras do prior, nada mais do que "um deserto inabitável e montanhas de ruínas".[25] Dois anos depois, não passava de 1.500 o número de fiéis adultos com quem tinham contato as autoridades paroquiais, abrigadas na capela de Nossa Senhora da Pureza, perto da casa de Abraham Castres, ao norte do Rossio. Na freguesia vizinha de Nossa Senhora da Conceição, entre as modernas rua Áurea e rua Augusta, sequer uma das quase 2.500 casas ainda resistia. Para o oeste e para o sul daquela freguesia, nos Mártires, onde ficava o Convento de São Francisco, a igreja também estava em escombros, assim como os palácios das famílias Bragança e Corte-Real e as residências do conde da Ribeira Grande, do conde de Vimiero, do visconde de Barbacena, do conde de São Miguel, do marquês de Távora e do conde de Atouguia. Nem uma só construção habitável ficou em pé na freguesia. Ela deixou

162 A IRA DE DEUS

de existir. Dois anos depois, seus registros ainda listavam apenas sete casas de famílias, com 46 habitantes. Para o leste de Nossa Senhora da Conceição, atrás dos muros do castelo, a freguesia de Madalena, onde morava Thomas Chase, antes orgulhava-se de ter um dos mais ricos patrimônios eclesiásticos dentre todas as suas "rivais". Agora estava completamente destruída pelo fogo. Para o norte de Nossa Senhora da Conceição, em direção ao Rossio, a freguesia de Santa Justa, onde moravam mais de 8 mil paroquianos adultos, era terra arrasada.

A vista que o castelo fornecia do Bairro Alto, na extremidade da Baixa, não era menos chocante. O que mais impressionava era a visão dos arcos carbonizados da grande igreja dos Carmelitas. Muitos monges haviam morrido ali, "um dos mais grandiosos locais de adoração em toda Lisboa",[26] e muitos outros — várias centenas deles membros da congregação carmelita — no vizinho Convento da Santíssima Trindade. A Trindade também perdeu sua biblioteca, avaliada em mais de 200 mil cruzados, e seus dois famosos órgãos no valor de 50 mil cruzados. Nessa mesma vizinhança da abastada freguesia de Sacramento, que englobava a área entre a igreja jesuíta de São Roque, a igreja italiana de Loreto, no Chiado, a rua do Carmo e o largo de São Roque, o palácio do duque de Lafões, assim como os do marquês de Nisa, do conde de Cocolim, do conde de Oeiras (filho do marquês de Marialva), de D. João de Ataíde (o governador da província do Alentejo), do Ilustríssimo Gonçalo José de Alcáçova, do acadêmico Rui da Silva, do conde de Valadares e do almirante D. António da Silveira seriam todos classificados nos registros da freguesia como "reduzidos a cinzas". O conteúdo de apenas um destes castelos, perto da igreja de Loreto e que havia sido comprado recentemente pela família de um ex-secretário da Guerra italiano, foi avaliado em 500 mil cruzados. No total, ficaram destruídos 94 prédios residenciais em que moravam quatro quintos dos paroquianos de Sacramento.

Fora do campo de visão, para o sudoeste, além daquilo que uma semana antes eram os telhados do Bairro Alto, Mr. Braddock havia visto o teto e a fachada da igreja de São Paulo desabar, com numerosas perdas de vidas. Ele e todos os capitães de barcos no Tejo também assistiram à igreja de Santa Catarina despencar sobre a multidão na

"HORROROSO DESERTO" 163

praça em frente. Braddock soube em primeira mão que todos os edifícios entre o mosteiro irlandês de Corpo Santo e a Casa da Moeda se tornaram ruínas, deixando mais de 7 mil ou 8 mil pessoas sem casa. Os conventos das Bernardas, Inglesinhas e das Trinas do Mocambo, em Madragoa foram todos destruídos ou severamente danificados, e o do Calvário, em Alcântara, desabara causando 32 mortes. O Palácio Real de Alcântara se reduzira a escombros e até bem a oeste, em Belém, o imenso edifício do Mosteiro dos Jerónimos havia sofrido um abalo tão violento que o grande arco do transepto da igreja desabaria no ano seguinte. Para o leste da Baixa, em Alfama e nos arredores, o estrago também era enorme. Quatrocentas pessoas morreram na queda do convento e igreja de Santa Clara, as grandes igrejas de Santa Engrácia e de São Vicente de Fora se espatifaram e até a pesada torre do sino da catedral, o mais sólido edifício de Lisboa, caiu, assim como a passagem de altos arcos que ligava a catedral à igreja de Santo Antônio.

Esse era o cenário de destruição total no centro da cidade que qualquer um entre os muros do Castelo de São Jorge teria visto abaixo de si. Só 2 mil ou 3 mil das 20 mil casas sobreviveram sem nenhum dano; 15 mil foram completamente destruídas ou ficaram muito prejudicadas. As principais representações físicas de autoridade no centro da cidade — reais, aristocráticas, eclesiais e governamentais — haviam desaparecido. Toda a infraestrutura que permitia que as pessoas comessem, bebessem, comprassem roupas, se divertissem e prestassem adoração deixara de existir. Lisboa era uma cidade cujo coração mesmo havia sido arrancado. Quando, pouco antes do amanhecer do dia 8 de novembro, ela foi sacudida pelo maior tremor desde o Dia de Todos os Santos, os sobreviventes desse "horroroso deserto"* foram lembrados de que sua provação estava longe de terminar.

---

* Referência a um famoso relato sobre o terremoto feito por Joaquim Moreira Mendonça, encarregado do Cartório do Tombo em Lisboa. Diz o texto: "Todo o centro da cidade ficou reduzido a um horroroso deserto, em que não se via mais que pedras, e cúmulos de cinzas, ficando somente algumas partes dos edifícios levantados, denegridos do fogo, para lastimosos vestígios daquelas grandes ruas, que antes víamos sempre povoadas de gente, e cheias de riquezas." (N. do T.)

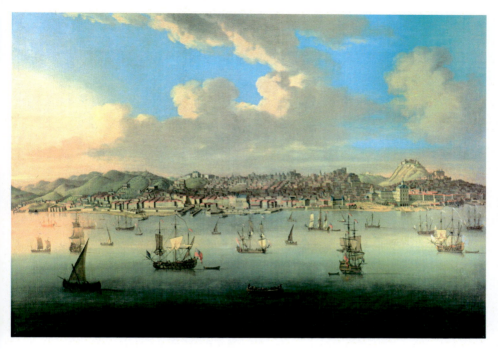
Lisboa: frota inglesa no Tejo para deter a invasão espanhola em 1735.

O grande aqueduto de Lisboa, construído no século XVIII e aclamado unanimemente como um dos mais grandiosos monumentos da Europa.

Foi no Terreiro do Paço (*acima*), com o palácio à esquerda e a Alfândega à direita, que Thomas Chase e muitos outros sobreviventes fugiram de barco tentando se salvar.

Mr. Braddock abriu caminho até Remolares (*abaixo*): a Casa da Moeda é o grande edifício à beira da água à esquerda, e um pouco à direita dela está a Igreja de São Paulo.

Cenas de rua da cidade pela qual Augustus Hervey (*no topo, à direita*) era tão apaixonado.

(*na página ao lado*) Uma gravura holandesa da época representa o terremoto, o tsunami e o incêndio que destruíram Lisboa no Dia de Todos os Santos em 1755.

(*à direita*) Benjamin Farmer conseguiu resgatar uma garotinha dos escombros da casa de seu vizinho.

(*abaixo*) Muitos sobreviventes, como esses retratados no largo de Santa Catarina, foram forçados a fugir sem estarem completamente vestidos.

(*no pé da página*) Quando a família Fowkes escapou pelo largo de São Nicolau, deparou-se com sua grande igreja em ruínas.

As ruínas do Palácio de Bragança (*acima*), cujos tesouros de valor incalculável haviam sido vistos por Augustus Hervey em 1754, e uma representação de Dom José I comandando o processo de reconstrução (*abaixo*).

Depois do terremoto, Sebastião José de Carvalho e Melo, o marquês de Pombal (*acima, à esquerda*), rapidamente conquistou uma posição de supremacia política ao eliminar todo tipo de oposição. Alguns membros da nobreza foram executados sob acusação de terem conspirado contra o rei (*acima, à direita*), e outros foram presos, enquanto ele perseguia sua missão de reconstruir Lisboa e revitalizar Portugal. Cinquenta anos depois do terremoto, a nova Praça do Comércio (*abaixo*) estava praticamente concluída.

Um ano antes do 250º aniversário do desastre ter sido lembrado com uma missa especial nas ruínas da igreja do Convento do Carmo em Lisboa (*acima*), uma vala comum com restos de mais de 3 mil vítimas foi desencavada no terreno da Academia de Ciências (*abaixo, à esquerda*).

Por mais controverso que tenha sido seu legado, é o marquês de Pombal quem observa do alto o centro da cidade que ele tanto fez para salvar.

CAPÍTULO 13

Leis e desordem

Em 6 de novembro, a "cobertura" do terremoto pela *Gazeta de Lisboa* consistia em um único período: "O primeiro dia deste mês será para sempre lembrado por ter sido o dia do terremoto e dos incêndios que destruíram grande parte da cidade, mas afortunadamente os cofres reais, assim como os de muitos cidadãos, foram recuperados das ruínas." Duas coisas surpreendiam nesta "obra-prima da contenção":[1] que não houvesse menção à saúde do rei num jornal que era efetivamente uma circular da Corte e que a *Gazeta* tenha, de qualquer forma, conseguido ser produzida naquela semana.

Ainda que a *Gazeta* tivesse publicado detalhes sobre as tentativas do governo de restabelecer a lei e a ordem na cidade, dificilmente seria fiel aos fatos. Todos os indícios factuais sugerem que, nos primeiros cinco dias, a situação em Lisboa era de completa ausência de lei ou de esperança. A primeira ausência se agravava pela ação de prisioneiros fugitivos, desertores e saqueadores, e a segunda, pelo trabalho de padres mais dispostos a induzir a população a um estado de frenesi religioso do que a incentivar respostas práticas à pavorosa situação. Mas no dia 5 de novembro Abraham Castres recebeu a garantia do rei de que "as melhores ordens tinham sido dadas para prevenir a rapina e o assassinato".[2] Um dos comerciantes ingleses escreveu que, nessa altura, soldados convocados em Peniche, Elvas e Olivença haviam finalmente sido destacados para locais em que o fogo já fora extinto. Além disso, nas estradas ao redor da cidade, soldados da cavalaria de Évora paravam todas as pessoas "que parecessem inclinadas a fugir para os países vizinhos, em especial trabalhadores braçais e artífices".[3] Lorde Drumlanrig também confirmou, numa carta a seus pais datada de 8 de novembro, que "o ministério se reuniu durante um ou dois dias e executou diversas medidas para coletar provisões e pôr um fim às horrendas cenas de vilania que foram cometidas incessantemente quando a confusão dominava".[4]

O desafio humanitário enfrentado pelo "ministério" era ainda maior do que a tarefa de restaurar a ordem. Quase todos os estoques de madeira e lona, necessárias para construir abrigos, haviam sido consumidos pelo fogo, e o que sobrou foi usado nos primeiros dias. Não havia lenha para cozinhar ou aquecer durante a noite os idosos, as crianças, os feridos e os inválidos. Tampouco havia provisões nos enormes acampamentos em Cotovia, a noroeste, em Campo Grande, ao norte, e nos demais lugares, exceto aquilo que as pessoas conseguiram levar consigo. Logo circularam boatos de casos de canibalismo na própria cidade. Como todos os hospitais tinham sido destruídos, foi necessário estabelecer hospitais de campo no Convento de São Bento e na igreja jesuíta da Misericórdia anexa à igreja de São Roque, mas havia pouco a fazer pelos feridos além de oferecer conforto e absolvição e esperar que a gangrena trouxesse um fim lento e agônico para o sofrimento.

Alguns dos mais empreendedores membros da Igreja e da nobreza se distinguiram. À frente estavam o marquês de Alegrete, monteiro-mor* da Casa Real e prefeito de Lisboa; o duque de Lafões, D. Pedro de Bragança, que era chefe de Justiça; seu irmão mais novo, D. João Carlos de Bragança; monsenhor Sampaio, da igreja da sé, de quem se disse que enterrou pessoalmente 240 mortos e estava presente quando uma menina de 15 anos foi retirada dos escombros depois de oito dias sem comida nem água; os príncipes de Palhavã, irmãos ilegítimos do rei, que forneceram refúgio a mais de mil pessoas nos jardins de seu

---

* Encarregado de administrar as áreas de caça e as áreas florestais pertencentes ao rei. (N. do T.)

LEIS E DESORDEM

palácio; e, entre cidadãos menos aristocráticos, o jovem tenente que Mr. Braddock havia encontrado guardando a Casa da Moeda, que permaneceu sozinho em seu posto por três dias, repelindo as chamas, e que por isso ganhou uma promoção a capitão, por bravura e devoção ao dever. O enforcamento de saqueadores, inclusive quatro marinheiros ingleses, em vários locais proeminentes da cidade foi outra medida que obteve efeito imediato, e, ao fim da primeira semana, os soldados "com as espadas desembainhadas" estavam forçando "pessoas comuns"[5] a ajudarem nos enterros em massa dos corpos que apodreciam. Os cadáveres que estavam mais perto da água foram levados para o rio em botes e jogados na água. Em outros lugares, covas foram abertas, e os corpos, cobertos com cal "para destruir a pútrida exalação".[6]

A Corte expedia decretos numa intensidade extraordinária, anunciando medidas para combater a fome e deter a disseminação de doenças, para evitar que a população abandonasse a cidade completamente e também para coibir os saques, para convocar tropas e para restabelecer a vida religiosa nas poucas igrejas que ainda se mantinham em pé, para proibir os padres de provocar alarme indevido na população, para autorizar o Tesouro Real a arrematar todos os tijolos, ladrilhos e outros materiais de construção disponíveis e para anunciar que planos de reconstrução já estavam sendo preparados. No total, mais de cem leis desse tipo seriam anunciadas até o fim do ano.

Muitos dos decretos mais evidenciavam a persistência de certos problemas do que sua solução. Quando foram feitas tentativas de conter o êxodo de refugiados para o interior do país, por exemplo, alguns comerciantes calculavam que apenas metade dos sobreviventes da cidade ainda não tinha fugido. Além disso, só no quinto dia a urgência de enterrar os mortos foi comunicada aos superiores dos conventos — um sinal claro de que o andamento dos enterros corria penosamente lento. Outras medidas trouxeram resultados rápidos, especialmente as relacionadas com as provisões. Na segunda semana, açougueiros e padeiros trabalhavam em todos os acampamentos dentro e em volta da cidade, e uma boa safra garantiu suprimentos fartos de milho vindos de armazéns nos campos em volta da cidade. Comerciantes de milho ingleses ofereceram ao rei tudo o que tinham em estoque, uma iniciativa que foi "muito bem recebida".[7] Quanto à preocupação com a disseminação de doenças, havia pouco a fazer além de descartar os corpos tão rapidamente quanto possível, mas pelo menos o fogo tivera um efeito positivo nesse aspecto, transformando muitos cadáveres em cinzas.

Ao fim da segunda semana, Edward Hay observou numa carta a seu irmão, lorde Dupplin, comissário de Comércio, lorde do Tesouro e que logo seria nomeado responsável pelas finanças das Forças Armadas, que "a fase de pânico geral parece estar para trás". "Se Deus quiser que não tenhamos mais nenhum grande tremor, a cabeça das pessoas estará a cada dia mais refeita", acrescentou. A mulher de Hay e a bebê Mary passavam bem na quinta em Marvila. Ele disse a seu irmão que a esposa estava "determinada a não me deixar sozinho em Portugal, e eu não ouso convencê-la do contrário. Pobre e querida mulher".[8] Castres também se declarou em "saúde tolerável e infinitamente melhor do que poderia esperar, considerando a apreensão e a fadiga a que fui submetido".[9]

Castres e Hay receberam notícias encorajadoras, ainda que inesperadas, quando foram ver o rei depois do tremor secundário violento do domingo, 8 de novembro. O propósito da visita foi levar a mensagem de condolências da Fábrica inglesa à Família Real, mas, quando chegaram ao palácio, souberam que o rei estava convicto de que a cidade deveria ser reconstruída exatamente no mesmo lugar em que sempre havia estado. Uma vez que a maioria dos estrangeiros compartilhava a opinião de que "nem um século seria suficiente para colocar as coisas no lugar" e que o futuro só poderia ser de "total falência e estagnação"[10] para Portugal, a ideia soava como pensamento mágico beirando o delírio. Apenas os incêndios haviam causado o que mais tarde seria descrito como "uma destruição sem paralelo na história anterior da Europa",[11] devastando uma área consideravelmente maior do que a consumida pelo Grande Incêndio de Londres. Edward Hay não podia prever como o projeto do rei seria realizado. Castres, embora não tivesse dúvida de que haveria "a facilitação dos meios apropriados para este fim pelo Sr. de Carvalho",[12] perguntava-se quais seriam as fontes de financiamento da nova cidade, já que "dificilmente havia mais de um comerciante estrangeiro em cada cem que tivesse conseguido salvar alguma coisa de seus bens", e o patrimônio dos portugueses estava

LEIS E DESORDEM 169

tão dilapidado que eles não pareciam em condições de pagar "um único xelim"[13] do que deviam aos comerciantes ingleses.

Contudo, os dois homens admiraram a determinação da Corte "em estimular os comerciantes a estabelecerem novas empresas e continuarem conduzindo seus negócios aqui como sempre fizeram". E não se podia esquecer que, enquanto as minas de ouro e diamantes do Brasil despejassem riquezas, *algum* tipo de comércio continuaria a existir. Se era isso que estava para acontecer, Hay pensou que qualquer comerciante inglês suficientemente corajoso para continuar em Lisboa poderia "se dar melhor do que nunca". "Nós precisamos", declarou bravamente, "nos considerar agora uma Fábrica em sua infância." Que a Grã-Bretanha perdesse um "ramo tão considerável de comércio"[14] como o português era uma possibilidade chocante demais para se levar em conta.

Embora Abraham Castres estivesse "em saúde tolerável", ele ainda se encontrava doente de preocupação com uma pletora de assuntos mais imediatos do que a futura reconstrução da cidade. Ainda não havia notícias de Cádiz ou Gibraltar dizendo se esses locais tinham ou não sido destruídos por terremotos ou maremotos. Também não havia sinal do *Bedford* ou de qualquer outro navio de guerra inglês que pudesse trazer suprimentos e mão de obra para fazer melhorias no campo de refugiados em que se transformara sua casa — e que fornecesse espaço sob o convés para os que clamavam pelo retorno à Inglaterra. A insistência de Pombal em manter a proibição de saída de navios do Tejo era uma preocupação suplementar. O ministro havia assegurado a Castres que, tão logo se completasse uma outra vistoria dos barcos, o embargo seria levantado, mas enquanto isso impedia-se que as notícias do desastre chegassem ao mundo lá fora pelos meios mais velozes. Além disso, estavam quase exauridos os recursos em dinheiro do inglês, que, naturalmente, não poderia, com a iminente chegada do inverno, adotar a abordagem sugerida por Benjamin Keene: mandar "pastar os cavalos da Fábrica que estão comendo você por inteiro".[15]

No domingo, 16 de novembro, a Família Real, toda a nobreza e o clero fizeram uma procissão solene de Alcântara até a igreja das Necessidades para pedir misericórdia e buscar perdão por seus pecados. Naquela mesma tarde, houve um tremor em Lisboa que foi sentido até em Santiago de Compostela e La Coruña, na Espanha. O Tejo subiu a um nível alarmante e temeu-se que outro maremoto estivesse prestes a correr pelo rio. Dois dias depois, houve mais um tremor, tão grande quanto o de 8 de novembro. Pior ainda, ele se misturou com chuva, criando condições execráveis ao ar livre. "Ninguém ainda se aventura a permanecer dentro das casas", escreveu o médico Richard Wolfall. "Estamos quase todos expostos às intempéries por escassez de material para fazer tendas, e a chuva caiu durante várias noites recentemente, mas vejo as pessoas mais delicadas e sensíveis enfrentarem as dificuldades do mesmo modo que as mais robustas e saudáveis. Tudo entre nós ainda está na maior confusão imaginável: não temos roupas nem material para construir abrigos, menos ainda dinheiro para comprar essas coisas no exterior."[16]

Dois dias depois, o capitão Clies recebeu permissão para que sua expedição partisse rumo à Inglaterra, levando Benjamin Farmer, 16 outros passageiros e o dinheiro dos comerciantes que não tinham nenhum lugar seguro para guardá-lo ou não viam futuro no comércio de Lisboa. Lorde Drumlanrig, que havia passado dez dias vivendo no paquete, não estava entre os liberados para partir. O Dr. Scrafton e seus amigos ainda temiam que, se a viagem não o matasse, o inverno inglês certamente o faria. Por isso, ele foi instalado "numa cabine bem ampla" no navio mercante *St. Ignatius*, ancorado em Lisboa. Ele escreveu aos pais para acalmá-los, dizendo que estava "bem e sereno" e que a bordo o ambiente era "amplo e agradável". Ainda não havia sinal de um navio de guerra que pudesse levá-lo "para a Itália da maneira mais segura e cômoda desejável". Mas ele declarou corajosamente que, se não aparecesse nenhum, não estava "de modo algum com medo de voltar para a Inglaterra nesta estação ruim". Sua maior preocupação, de fato, era com os amigos que fizera entre os comerciantes ingleses. "Não consigo exprimir", ele escreveu, "o quanto eu sinto pela pobre colônia de comerciantes totalmente arruinados por essa calamidade e que se mantêm surpreendentemente firmes em meio à desgraça."[17]

No final de novembro, o rei decidiu construir um novo palácio de madeira nos jardins de Belém. As sugestões para que se mudasse para Mafra foram rejeitadas: de acordo com a rainha, ele não pretendia morar nunca mais numa grande construção com teto alto.

Capítulo 14

As notícias se espalham

Quando os primeiros relatos do que havia acontecido em Lisboa chegaram a Madri, o despacho de Castres para *Sir* Benjamin Keene não estava entre eles. Isso deixou Keene num estado de grande preocupação, e em 10 de novembro ele escreveu para seu velho camarada dizendo que sabia da morte do amigo comum, o conde de Perelada:

> Eu quero crer que este silêncio signifique que nenhum mal tenha acontecido a você pessoalmente. Espero que sua casa esteja situada de tal forma a não ter sido exposta às chamas que, como somos informados, consomem as míseras ruínas do que sobreviveu ao terremoto (...) Temo o relato que pode me esperar sobre as mortes e as perdas entre tantos de nossos pobres compatriotas. Suas Majestades Católicas ficaram abaladas com essa notícia, conforme devem reagir almas como as delas diante de tão terríveis calamidades.

Numa brava tentativa de aparentar alguma alegria, Keene acrescentou: "Imagino que você esteja recolhendo sua gente, queimada e expulsa de casa, e realojando-a em tendas em sua quinta."[1] Em 19 de novembro, Keene finalmente recebeu duas cartas de Castres, a primeira escrita em 4 de novembro e a outra datada de 11 de novembro.

Desta vez ele respondeu: "O que posso lhe dizer? O que há de particular para ser dito a respeito de uma tal calamidade geral?"[2]

Um mensageiro que deixou a capital espanhola no dia 8 de novembro chegou a Paris duas semanas mais tarde, a tempo de saber que 50 mil pessoas haviam perecido no terremoto de Lisboa, segundo notícia publicada na *Gazette de France* daquele dia. E, depois disso, como Goethe mais tarde escreveria, "o Demônio do medo nunca difundiu tão rápida e poderosamente seu terror sobre a terra".[3] Em dois dias, a informação finalmente chegou a Londres — três semanas e três dias depois da tragédia —, e a cada novo relato a confusão aumentava. No *Whitehall Evening Post* de 25 de novembro, dizia-se que um terremoto em que 60 mil pessoas haviam morrido teria atingido Lisboa, mas um pós-escrito acrescentava que havia "cartas recebidas na cidade (...) muito mais otimistas em relação ao que foi até agora relatado".[4] Mesmo assim, a edição seguinte do jornal afirmou que 100 mil vidas haviam sido perdidas, uma vez que "a terra se abriu, engoliu um grande número de casas e os incêndios que aconteceram simultaneamente atearam fogo às que haviam sobrado". Os detalhes mais importantes e chocantes para os leitores da época eram aqueles relacionados aos bem-nascidos: a trágica morte do conde de Perelada era mencionada — ele e sua família inteira haviam sido "engolidos" —, e o rei, dizia-se, fora "obrigado a correr de camisola e ficar coberto apenas com ela, sem roupa nenhuma, durante três horas, dentro de seu coche."[5] O pós-escrito da edição daquele dia continha uma notícia ainda mais grave, vinda de Amsterdã: embora agora se acreditasse que "apenas" 50 mil haviam morrido, a Família Real toda teria sido soterrada pelo tremor secundário de 8 de novembro.

A edição seguinte dava a notícia de uma carta do núncio papal "intimando os sobreviventes da recente calamidade a temerem a espada dos vizinhos bárbaros", referindo-se aos corsários berberes, não aos espanhóis, e mencionava-se que estavam sendo coletados para os portugueses "víveres que o coração britânico (como sempre) está totalmente pronto a assegurar".[6] Finalmente, em 2 de dezembro, noticiou-se que "não mais de 10 mil" morreram na "calamidade", mas, num tom muito preocupante, observava-se também que não havia informação sobre "qualquer navio saído de Lisboa, em qualquer direção, desde a fatalidade". No pós-escrito, uma notícia fresca de Amsterdã afirmava que metade da cidade havia sido destruída e que "até 50 mil pessoas pereceram". Em meio ao tumulto de relatos contraditórios, mas todos igualmente chocantes, o único consolo que o *Whitehall Evening Post* pôde oferecer foi que *Sir* Everard Fawkner, chefe dos Correios, "profundamente abalado com a recente catástrofe e levando em conta a importância do comércio com Portugal para esta nação, decidiu manter sua presença constante na central de correspondência para verificar que todas as ordens relativas a Lisboa recebidas do governo e de comerciantes sejam executadas com a máxima exatidão e encaminhadas com toda a rapidez".[7]

Para confundir ainda mais as coisas, o despacho oficial de *Sir* Benjamin Keene expedido em Madri ainda não havia chegado quando o *Whitehall Evening Post* e outros jornais trouxeram suas primeiras notícias, e, quando ele o escreveu, no dia 10 de novembro, ainda não tinha recebido notícias de Castres. Por isso, embora se esperasse que suas informações, impressas na *London Gazette* em 29 de novembro, fossem as mais confiáveis e atualizadas, não eram nenhuma das duas coisas. Mas, mesmo na ausência de qualquer informação sobre Castres, eram suficientemente acuradas. Keene relatava que "o palácio, as igrejas e a maioria dos edifícios majestosos" de Lisboa haviam sido destruídos e que, no momento em que um mensageiro espanhol deixava a cidade, "o fogo ainda destruía as ruínas". O porto de Setúbal, ele acrescentou, estava "inteiramente destruído", embora a cidade do Porto, para o alívio de todos os envolvidos no comércio de vinho, tivesse experimentado "bem pouca destruição". A novidade acrescentada por Keene era seu testemunho sobre os efeitos de um terremoto na Espanha: a "bela passarela de duas léguas" entre Cádiz e a ilha de León havia sido arrastada para longe, junto com "um grande número de pessoas que estavam sobre ela". Todas as cidades naquele trecho do litoral espanhol tinham "compartilhado, em maior ou menor grau, essa calamidade".[8] Com essa notícia, tornou-se claro para os londrinos que o "terremoto de Lisboa" havia destruído muito mais do que apenas Lisboa e seus arredores.

Edward Hay havia previsto que, ao chegarem a Londres, as notícias "causariam grande preocupação",[9] e estava correto. Foi um pandemônio. Elas começaram a circular na hora do câmbio em 25 de novembro e teriam "instaurado um pânico geral que levou os comerciantes a se retirarem imediatamente, suspendendo o câmbio e encerrando os negócios".[10] Nem uma só pessoa compareceu à reunião daquele dia num clube de comerciantes de Lisboa na Taberna Fountain, em Bartholomew Lane, e os boatos sobre perdas colossais entre os comerciantes se espalharam rapidamente. Em 29 de novembro, a bem informada Mary Delany escreveu a sua irmã contando que "as perdas de Mr. Joseph Mellish serão consideráveis" e que seu sócio David de Purry, então em Londres, havia "perdido *amigos, fortuna, família e toda conexão na vida!*".[11] Ela também havia sido informada de que John Gore (que era parente dos Mellish) e John Bristow, ambos estreitamente envolvidos no comércio de diamantes, haviam perdido 30 mil e 100 mil libras, respectivamente, e que até o irmão de Edward Hay, o bispo de St. Asaph, ficara sem um investimento de 7 mil libras que era "parte da fortuna de sua mulher".[12]

As cafeterias zumbiam. Num minuto, dizia-se que todos os comerciantes da Fábrica inglesa tinham perdido tudo; no próximo, que os prejuízos eram menores do que se pensava. Circulou uma história de que Lisboa inteira estava embaixo d'água. Os detalhes, assim como as generalidades, eram todos discutidos com seriedade — o *Whitehall Evening Post* noticiou que alguns dos frequentadores das cafeterias estavam "se perguntado sobre os ministros espanhol e francês, dizendo que o filho do primeiro havia sido salvo pelo segundo, outros sobre o rei ter supostamente sido resgatado de camisola e a família real ter morado durante três dias dentro de um coche"[13] —, e as implicações financeiras de cada detalhe eram avaliadas. Com as notícias de cada dia, os "céticos"* se reduziam a menor número. No fim da primeira

---

* Segundo Macaulay, Samuel Johnson tinha "o hábito de pôr de lado severamente a veracidade das histórias que apenas pareciam estranhas. Mas, se elas não fossem apenas estranhas, e sim miraculosas, ele relaxava sua severidade". Assim, Johnson certa vez declarou, "em parte como provocação, supomos, que durante seis meses ele se recusou a acreditar no terremoto de Lisboa e que continuava a

As notícias se espalham 175

semana de dezembro, Horace Walpole estava totalmente convencido dos fatos, a ponto de dizer a seu amigo Horace Mann, o cônsul em Nápoles, que "a catástrofe é maior do que qualquer coisa que já aconteceu em sua vizinhança.* Nosso quinhão é muito considerável, calculado por alguns em 4 milhões".[14]

À parte as perdas comerciais que provavelmente se seguiriam, havia uma genuína preocupação humanitária. Mary Delany disse à irmã que "o destino funesto de Lisboa me deixou tão arrasada que até agora não consegui me recuperar". Todo dia parecia trazer "uma novidade infeliz", deixando-a "tão profundamente sensibilizada" que ela "mal conseguia pensar em qualquer outra coisa".[15] Os londrinos tinham na memória coletiva a lembrança do Grande Incêndio, ocorrido menos de cem anos antes. Também tinham uma lembrança mais recente de terremotos. Por volta do meio-dia de 8 de novembro de 1750, e de novo um mês mais tarde, a cidade havia sido abalada por tremores suficientemente violentos para fazer os cães uivarem e levar os peixes a pularem meio metro acima do rio Tâmisa. O primeiro não provocou grande reação, mas a população achou o segundo, que foi mais severo, impossível de ignorar. Quando um sentinela maluco com o *nom de plume*** de "Profeta Militar" começou a trombetear sua certeza de que um terceiro tremor ocorreria um mês depois do segundo, Londres foi tomada por um terrível pânico.

No começo de abril, Horace Walpole testemunhou 730 coches saindo de Londres em três dias e 100 mil pessoas acampando a céu aberto no Hyde Park. Quase um terço dos habitantes da cidade teriam fugido para o campo. De acordo com o pastor metodista Charles Wesley, Londres "parecia uma cidade saqueada".[16] Quando o terceiro cho-

---

crer que a calamidade havia sido amplamente exagerada", mas, mesmo assim, estava preparado "para caçar fantasmas em Cock Lane" ou ficar "zangado com John Wesley por não ter seguido outra inspiração do mesmo tipo com espírito e perseverança apropriados".[17] *(N. do A.)* Cock Lane era uma rua de Londres que se dizia ser assombrada por fantasmas, e John Wesley foi um célebre pastor e pregador anglicano *(N. do T.)*
* As palavras de Walpole foram escolhidas cuidadosamente: escavações recentes perto de Nápoles tinham recuperado as ruínas de Herculano e Pompeia. *(N. do A.)*
** Pseudônimo de escritor. Em francês no original. *(N. do T.)*

que não se materializou, o povo voltou bastante envergonhado. Mas a lembrança do terror permaneceu viva nas mentes dos londrinos, assim como a profecia do excêntrico William Whiston, sucessor de Isaac Newton na cátedra de professor lucasiano de matemática na Universidade de Cambridge, de que um dos 99 eventos pressagiando o fim do mundo iminente seria um terrível terremoto que destruiria um décimo de uma cidade importante, matando 7 mil pessoas ou mais.

No dia 28 de novembro, Henry Fox, o novo secretário de Estado do Departamento do Sul e líder da Câmara dos Comuns, pronunciou uma mensagem ao líder do Parlamento que foi em seguida lida para as duas Casas do Legislativo. Era um pedido de permissão ao rei Jorge II para "dar assistência ao povo necessitado de Portugal na quantidade que Sua Majestade considere adequada, e que tais expensas, a serem avaliadas por Sua Majestade na medida da necessidade para atenuar o sofrimento causado por essa calamidade deplorável, sejam descontadas dos próximos auxílios".[18] A solicitação foi aprovada unanimemente com um "grito universal de júbilo",[19] e no dia seguinte uma reunião extraordinária teve lugar sob a direção do primeiro-ministro, o duque de Newcastle, na qual se planejou a primeira iniciativa de ajuda humanitária de emergência de seu gênero e extensão da História. Merrick Burrell, John Gore e John Bristow — três dos principais comerciantes de Lisboa em Londres — foram convidados para o encontro, para que fossem levadas em conta suas opiniões sobre o que a cidade mais necessitava.

A provisão de gêneros alimentícios foi o item principal da agenda: discutiu-se a viabilidade de garantir um embarque rápido de 8 mil tonéis de "boa carne" e 4 mil barris de manteiga da Irlanda, além de grandes quantidades de trigo, farinha, biscoitos e arroz da Inglaterra. Sabia-se que uma frota pesqueira da Terra Nova estava prestes a sair rumo a portos ibéricos, o que significava que haveria um suprimento volumoso de peixe. Ferramentas — picaretas, pás, pés de cabra e parafusos — foram acrescentadas a uma lista de itens essenciais que poderiam ser exigidos, assim como "sapatos, se necessário". Finalmente, concordou-se que uma soma de 50 mil libras em espécie também deveria ser enviada, fazendo com que o valor total da assistência

As notícias se espalham

chegasse a 100 mil libras. Burrell, Bristow e Gore foram autorizados a começar a providenciar os suprimentos, a fazer os necessários arranjos navais e a assegurar que tudo, inclusive o dinheiro, fosse "distribuído para uso das vítimas".[20] A mulher de Josiah Mellish e muitas outras pessoas de bem de Londres passaram então a "empacotar rapidamente as caixas com todo tipo de vestimentas e ferramentas de trabalho para enviar aos pobres infelizes portugueses".[21]

No fim do mês, as notícias haviam chegado a quase todos os cantos da Europa, gerando o mesmo grau de interesse que haviam provocado em Londres. Na França, o *Mercure de France* publicaria mais de cem artigos sobre o terremoto durante o período de um ano; a *Gazette de Cologne* e o *Courrier d'Avignon*, mais de cinquenta cada. Nas Províncias Unidas, os comerciantes da bolsa de mercadorias de Amsterdã ficaram tão nervosos quanto os colegas ingleses diante das prováveis repercussões financeiras do golpe sofrido pelo fornecedor europeu de ouro. E na Inglaterra, de acordo com Horace Walpole, "o terremoto, a oposição e a guerra" continuaram sendo os "únicos assuntos"[22] discutidos durante muitas semanas por vir.

Não foi senão quando chegou a Malta, na segunda semana de dezembro, que Augustus Hervey recebeu "a triste notícia do terremoto fatal que aconteceu em Lisboa, com muitos particulares a respeito daquela fatalidade, e que ele foi sentido em muitos lugares da Europa, e até mesmo através do oceano, na costa berbere". A anotação em seu diário prosseguia: "Esses acontecimentos são assustadores e devem inspirar reflexões que emendem as vidas dos indivíduos, para que não voltem a merecer tais castigos da Providência." Em Cagliari, na Sardenha, pouco antes do Natal, ele ouviu mais detalhes da boca do vicerei, que o deixaram "muito incomodado" em relação ao destino de D. João da Bemposta e de todos os seus outros velhos amigos.[23] Como apenas um punhado de membros da nobreza "menor" havia morrido, ele não precisava se preocupar com D. João, mas a mãe do amigo havia perecido no Convento de Sant'Ana e muitos dos palácios nos quais Hervey havia se divertido — incluindo o de D. João no largo do Paço da Rainha, um pouco a leste da casa de Castres e do Palácio de Bragança — haviam sido destruídos ou muito danificados; e o mesmo era verdadeiro a respeito de seus velhos destinos de visitas noturnas, os conventos de Chelas, Odivelas e Santana.

Apenas seis dias depois, os norte-americanos também receberam a notícia da tragédia, quando o bergantim *Hannah*, do capitão Joseph Hibbert, chegou a Boston de Cádiz. O primeiro relato apareceu na *Boston Gazette* em 22 de dezembro. Foi recebido com sobressalto, até porque, um pouco depois das quatro da manhã do dia 18 de novembro, a própria região da Nova Inglaterra havia sido sacudida por um "choque de um terremoto muito terrível".[24] De acordo com o relato de John Winthrop, eminente professor de matemática e filosofia que ministrou palestras sobre terremotos em Harvard oito dias depois, era uma noite "perfeitamente calma e serena" com uma lua quase cheia quando o terremoto começou "com barulho de rugido vindo do noroeste, como um trovão a distância que foi ficando mais feroz à medida que o tremor se aproximava". O primeiro abalo parecia "uma grande onda se levantando no oceano" e durou cerca de um minuto. Quase imediatamente depois, o tremor seguinte veio "com barulho e violência redobrados". A cama de Winthrop foi "jogada de um lado para o outro" e toda a sua casa "agitou-se tão assombrosamente" que "as janelas bateram e as vigas estalaram, como se tudo estivesse prestes a se quebrar em pedaços". Esse segundo tremor se prolongou durante quatro ou cinco minutos até parar, com apenas mais uma "pequena retomada da vibração". Outro tremor se seguiu, uma hora e quinze minutos depois.

O estrago causado pelo terremoto na América do Norte foi extenso e logo se verificou ter sido sentido ao longo de 1.300 quilômetros da costa e a uma distância de 900 quilômetros para o interior. Em Boston, o mercado público foi "derrubado", a recém-construída cisterna de um destilador foi "quebrada em pedaços pela agitação da bebida no seu interior" e, no porto, um grande número de peixes flutuou na superfície. Cercas de pedra desabaram por toda a área afetada e houve vários relatos de rachaduras no chão que cuspiam água e areia. No Atlântico, 70 léguas a leste do cabo Ann, a tripulação de um navio pensou que ele tinha encalhado, mas, ao baixar a âncora, percebeu que se encontrava sobre mais de 90 metros de água. Nas Índias Oci-

As notícias se espalham

dentais, às duas horas da tarde, a água refluiu do porto de St. Maarten, "deixando os barcos no seco e peixes mortos nos bancos de areia, numa área onde costumava haver água numa altura de 6 a 7 metros". Tendo testemunhado uma ocorrência similar apenas algumas semanas antes, muitas pessoas fugiram para áreas afastadas da costa antes que a água retornasse, e, quando isso aconteceu, "ela se levantou 2 metros acima do normal, inundando as terras baixas".[25]

A Nova Inglaterra experimentou novos tremores em 22 de novembro e em 19 de dezembro, e, pela época do fim do ano, havia um interesse imenso a respeito do terremoto de Lisboa. Muitos pastores protestantes da Nova Inglaterra consideravam a guerra que havia começado no ano anterior como uma "guerra santa" destinada a expulsar os intrusos católicos da América do Norte. Embora os protestantes também tivessem recebido advertências para que se arrependessem de seus pecados por meio da derrota de Braddock e do terremoto, nada disso se comparava ao que havia acontecido no bastião do catolicismo, Portugal. Antes de abril de 1756, editores da Nova Inglaterra tinham publicado três tratados científicos, 13 sermões e cinco poemas sobre terremotos, além de terem reimpresso quatro relatos sobre abalos anteriores. A primeira descrição de uma testemunha ocular da catástrofe a ser vendida nas ruas era um texto bastante expressivo, e fanático em alguns trechos, assinado por Benjamin Farmer.

Capítulo 15

Ajuda e medo

Thomas Chase não havia feito uma troca de roupa durante quase um mês até que recebeu ajuda na quinta de Hake e foi colocado a bordo do *Tagus*,* em 29 de novembro. No dia seguinte, o navio zarpou para a Inglaterra com 24 passageiros. Foi o primeiro barco inglês, depois do paquete *Expedition*, a receber permissão para partir. Antes disso, Chase recebeu algumas informações animadoras. John Jorge estava vivo e não o havia abandonado no Terreiro do Paço no dia seguinte ao terremoto. Ao alcançar o outro lado do rio, com seu tio e a velha senhora manca, ele pagou a um sapateiro inglês para que voltasse e apanhasse Chase. Mas, quando o homem chegou à praça, Chase já havia saído em direção à residência dos Hake. Ele sabia que tinha tido uma sorte excepcional por ter cruzado o caminho de Jorge naquele dia. Muitos outros haviam ficado nas ruas, pedindo ajuda aos passantes até que finalmente o fogo os consumiu. O comerciante inglês também tinha tido a sorte de partir tão cedo e com tanta facilidade de Lisboa: quando Edward Hay conseguiu alugar um barco para repatriar os primeiros cinquenta entre os mais pobres membros da comunidade irlandesa, eles passaram vinte dias a bordo esperando permissão para sair do rio e acabaram tendo que voltar para terra.

---

* Tejo em inglês. *(N. do T.)*

Quando o *Tagus* desatracou, uma cena muito bem-vinda foi vista. Sob a escolta do capitão Rich Dorrill e da nau *Penzance*, a frota pesqueira inglesa chegava pelo rio, vinda da Terra Nova, carregada de grandes quantidades de bacalhau seco e salgado para engordar os estoques de provisões destinadas às dezenas de milhares de pessoas acampadas ao ar livre. A tripulação de Dorrill ajudou Castres a melhorar as condições da favela que antes havia sido seu belo jardim. Quando Dorrill partiu de novo em 12 de dezembro, escoltou dois barcos transportando as primeiras famílias irlandesas de volta para casa e levou consigo lorde Drumlanrig. Nenhum navio de guerra britânico a caminho do Mediterrâneo apareceu durante o mês de novembro inteiro. Impossibilitado de esperar mais, Drumlanrig foi forçado a voltar para casa. Sua viagem quase terminou em desastre antes mesmo de começar. Ao partir, o *Penzance*, mesmo devidamente embandeirado, não foi reconhecido como nau de combate inglesa pelo oficial no comando de um dos fortes, e, para horror e indignação de Dorrill, levou dois tiros vindos da margem.

Três dias depois da partida de Dorrill, e dois dias depois de o patriarca ordenar outra procissão de penitência na cidade, o próximo paquete chegou, depois de bordejar durante nove dias sob "tempestades intensas e terríveis". Isso causou enjoos dos mais horríveis em John Dobson — mas parecia ter "fortalecido, mais do que prejudicado" a saúde de seu amigo doente, George Lucy. O desejo desses dois homens de passar o inverno em Lisboa parecia incrível: eles sabiam o que havia acontecido lá antes de embarcarem e certamente haviam calculado que encontrar comida e abrigo numa cidade castigada pela terra, a água e o fogo seria difícil até mesmo para amigos das famílias Goddard e Branfill. Talvez eles estivessem apenas procurando "aventura", além da cura para os males de Lucy. Fossem quais fossem suas motivações, uma carta de Dobson para seu tio é o primeiro relato de uma testemunha ocular sobre a chegada a Lisboa na sequência imediata do terremoto:

> Eu diria agora alguma coisa sobre a cidade de Lisboa (que eu só
> vi a distância) se as palavras pudessem expressar a desgraça que a
> oprimiu: um terremoto de sete minutos iniciou a desolação no Dia
> de Todos os Santos às dez da manhã. Um mouro julgou encontrar

AJUDA E MEDO

a oportunidade de satisfazer sua vingança nacional ao atear fogo a um estábulo perto do palácio, e por isso entre os dois lugares tudo ficou destruído. A Casa da Ópera (que é considerada a construção mais rica da Europa e custou ao falecido rei 300 mil libras esterlinas), a Alfândega, o Palácio Real e todas as casas de comerciantes ingleses estão demolidas: não mais do que vinte ingleses pereceram, embora a Fábrica esteja de certa forma arruinada pela perda de um imenso valor em efetivos. Os portugueses correram com afobação imediata para suas igrejas, que foram as primeiras construções a cair e soterraram quase 20 mil pessoas numa confusa montanha de escombros. *Sir* Harry Frankland e sua senhora estavam numa carruagem; no momento exato em que começaram a andar, pedras caídas das casas mataram as mulas e quebraram a carruagem em pedaços. Um cadafalso é construído a cada 25 metros para punir a vilania dos desgraçados que tiram vantagem desse sofrimento inexprimível. O rei, a rainha e a Família Real se retiraram para o Palácio de Bellisle, a uma pequena distância de Lisboa.

Um pós-escrito dizia:

Depois que escrevi o trecho acima, soube que o ministro espanhol e família foram engolidos vivos em seu coche. Goddard está vivo: espero vê-lo em breve. Relatos mais recentes me informam que o fogo se espalhou por causa da cera das velas nas igrejas, alcançando as pinturas e tapeçarias. Informes aumentaram o número de mortos para 50 mil. O mar foi e voltou três vezes em menos de uma hora.[1]

John Dobson era um jovem historiador erudito, autor de versos e baladas e ganhador de um prêmio de 1.000 libras por sua tradução em versos latinos do *Paraíso perdido*, de John Milton, quando estudava em Oxford.* Aparentemente, ele também foi o primeiro "turista do terremoto".

---

* Dobson mais tarde escreveria *Chronological annals of the war; from its beggining to the present time* [Anais cronológicos da guerra; de seu início até os tempos presentes, 1763]. *(N. do A.)*

Quando Dobson e Lucy chegaram, sete semanas depois do desastre, os apuros da população pouco tinham diminuído. Embora todos agora estivessem abrigados sob tendas ou barracões de madeira, ainda havia uma carência desesperadora de roupas e cobertores. Era "a estação rigorosa do ano", e, para se somar ao sofrimento e ao medo, havia "tremulações" de terra quase diárias. Alguns haviam se cansado dos acampamentos nos subúrbios; decidiram voltar para a cidade e viver entre as ruínas, apesar dos perigos oferecidos pelos tremores e pela persistente "onda de pilhagens e roubos" relatada por Edward Hay. Tudo isso se combinava para "perturbar a mente das pessoas e mantê-las em pânico constante".[2]

A organização do comércio continuou problemática. Um decreto declarando que todos os suprimentos teriam permissão de entrada livres de impostos e outro confirmando o estabelecimento de uma alfândega temporária em Belém foram publicados no início de novembro, e os comerciantes receberam bem as duas medidas. Mas depois o caos reinou. A frota pesqueira da Terra Nova foi proibida de sair do Tejo, embora os carregamentos de vários barcos estivessem destinados a outros portos ibéricos igualmente necessitados. O tabelamento de preços no varejo desestimulou os comerciantes a importar suprimentos da Inglaterra e da Irlanda se os preços no atacado não lhes dessem margem de lucro. E uma proibição de estabelecer barracas em Belém impediu a construção de armazéns e escritórios perto do prédio da alfândega temporária, o que significava que todos os comerciantes permaneceram "dispersos pelo país de uma maneira muito inconveniente para a condução dos negócios".[3] As circunstâncias estavam longe de serem fáceis, e Benjamin Keene transmitiu a Castres a notícia perturbadora de que um proeminente banqueiro de Madri estava percebendo que "todos em Portugal para quem ele deve dinheiro perderam pouco ou nada, mas que todos os seus devedores estão mais do que falidos" e suspeitou que "a verdade não está sendo dita em todas as circunstâncias".[4] O mais preocupante para os comerciantes ingleses em sua tentativa de manterem os negócios em Portugal era não haver sinal do comboio de inverno da Inglaterra que traria imensas cargas de têxteis e outros bens para serem transportadas pelas frotas do Brasil, as quais, chegado o novo ano, começariam a partir para a travessia do Atlântico.

O processo de busca de opções para ressuscitar a cidade continuou rapidamente. Em meados de dezembro, Manuel da Maia, um distinto engenheiro militar octogenário que havia supervisionado a construção do grandioso aqueduto de Águas Livres (que não sofrera nenhum dano no terremoto), apresentou suas sugestões ao duque de Lafões e a Pombal: reconstruir a cidade como ela era, ou com ruas mais largas, ou demolir a Baixa e reerguê-la com um traçado totalmente novo, ou abandonar a cidade e construir uma outra mais perto de Belém. Maia havia reunido uma equipe, incluindo o engenheiro húngaro Carlos Mardel (o arquiteto do novo palácio de Pombal em Oeiras) e Eugénio dos Santos (recentemente encarregado de criar uma nova escola de arquitetura e desenho, a Casa do Risco), que trabalharia na produção de diferentes projetos dentro desses critérios. Ficou combinado que ele voltaria na primavera com seis planos distintos.

Na manhã de 21 de dezembro, mais vidas se perderam quando Lisboa foi sacudida por um tremor maior do que qualquer outro desde 1º de novembro. Mas o conteúdo de um despacho recebido naquele dia por Castres era tão importante que ele foi diretamente para a "Tenda Real" em Belém. Pombal o recebeu e pareceu "extremamente satisfeito" enquanto Castres lia as mensagens de condolências e apoio do rei Jorge II e das duas Casas do Parlamento inglês e revelou que 100 mil libras em dinheiro e provisões estavam sendo despachadas para Lisboa. Castres foi solicitado a voltar no dia seguinte para transmitir as notícias pessoalmente à Família Real. D. José ficou visivelmente emocionado enquanto ditava a resposta, declarando em frente a toda a Corte que, nas palavras do enviado:

> (...) não havia necessidade da presente ocasião melancólica para convencê-lo da sincera amizade e consideração que ele e sua família recebiam da parte do rei da Grã-Bretanha, seu bom irmão e fiel aliado, tendo já obtido muitas provas dos sentimentos do meu Real Mestre e de sua disposição em relação a ele e a tudo que lhe pertencia. Que a preocupação de Sua Majestade e da

nação britânica com o sofrimento causado ao povo pela recente calamidade lhe deixou uma impressão tão grande que ele nunca vai esquecer, desejando que eu renove a Sua Majestade os mais fortes protestos de amizade e estima de sua parte para com Sua Pessoa Real e de perseverança em seus esforços para preservar, por todos os meios necessários, a estrita união e o perfeito entendimento que há tanto tempo, e com tanta felicidade, subsiste entre as duas Coroas.

Castres acrescentou em seu despacho para Londres que tanto o rei como a rainha se expressaram com "uma mistura de serenidade e ternura em seus olhares e tons de voz que evidenciou plenamente a emoção de seus corações". Disse ainda que estava claro "quão sensivelmente eles estavam tocados com essa notabilíssima mostra de atenção e compaixão pelo sofrimento de seus súditos dada por Sua Majestade". Era um fim de ano gratificante para Castres, que também obteve reconforto de uma carta de boas-festas enviada por Benjamin Keene de Madri. "Eu não consigo me sentir em paz e abrigado", seu velho amigo escreveu, "pensando que você está desprovido desses confortos. Não posso ver a abundância em minha mesa ou em qualquer outra sem pensar em suas necessidades, mas me alegra assistir à sua firmeza de vontade, de tal ordem que traz inspiração aos mais fracos."[5]

Quando Castres saía do alojamento real, alguns nobres e "pessoas de toda extração" se aproximaram dele no jardim e manifestaram sua gratidão pelo fato de que o enviado não "havia sido encarregado de cumprimentos vazios". Em 26 de dezembro, quando ele foi ao palácio para transmitir as felicitações natalinas, Pombal reiterou "da maneira mais solene o quanto Suas Majestades Fidelíssimas haviam se comovido com o comportamento carinhoso e nobre de Sua Majestade para com eles". Ele também se declarou comovido com o "farto e nobre auxílio enviado com recomendações para chegar aqui com tanta expedição". Cenas similares tiveram lugar em Londres quando o rei Jorge II convocou o embaixador português, Luís da Cunha, para lhe informar sobre a oferta de ajuda. De acordo com Pombal, o discurso do rei "tirou lágrimas dos olhos" de Cunha, que escreveu a D. José para declarar "que estava além de seu poder fornecer ao soberano uma lista precisa e fidedigna das muitas passagens afetuosas que tanto o haviam comovido".[6]

A Grã-Bretanha não estava sozinha ao oferecer assistência. A Espanha tinha de início prometido "tanto dinheiro imediato, diariamente, quanto um mensageiro possa carregar" e afirmou que "as aduanas estarão abertas nas fronteiras para que todos os víveres passem sem impostos".[7] Hamburgo enviaria três grandes carregamentos de lenha, tábuas e outros materiais de construção, assim como 100 mil táleres (moedas de prata). As Províncias Unidas também se apressaram em despachar uma grande carga de madeira. D. José, muito teimosamente, recusou ajuda da Espanha de início, mesmo sendo sua irmã casada com o rei espanhol Fernando VI e a rainha de Portugal sendo irmã de Fernando; mais tarde, aceitou 150 mil dólares (33.750 libras) em dinheiro, mas rejeitou todo e qualquer suprimento, sob o argumento algo dogmático de que, se fizesse isso, estaria infringindo os acordos comerciais entre os dois países. Oferecimentos de ajuda da França foram educadamente rejeitados, para descontentamento do conde de Baschi, que logo depois ordenou a seu cônsul, Nicolas Grenier, não comparecer mais a nenhuma das reuniões de cônsules que vinham ocorrendo regularmente na casa de Castres devido à iminente eclosão de uma guerra.

A "falsa" guerra se intensificava a cada dia — havia 103 navios retidos e 4 mil franceses presos apenas em Portsmouth no fim de dezembro —, mas foram semanas de tempo pavoroso e ventos contrários, não a frota francesa, que frustraram o esforço humanitário britânico. Embora o primeiro navio vindo da Irlanda carregado de carne e manteiga tenha chegado na segunda semana de janeiro de 1756, o *Hampton Court* quase afundou logo depois de sair de Spithead, sendo obrigado, junto com o resto do comboio, a dar meia-volta. As partidas seguidas de quatro paquetes foram canceladas, e durante o mês de janeiro inteiro Lisboa ficou, para todos os fins, completamente isolada da Inglaterra.

Um navio que conseguiu chegar ao Tejo na última semana de 1755 completou a travessia de Boston até ali em 24 dias, e sua tripulação trouxe a notícia do terremoto na Nova Inglaterra. Ela foi recebida com pavor pelas pessoas que não estavam apenas concentradas na própria sobrevivência: Lisboa acabara de saber de outro terremoto terrível no Marrocos na segunda metade de novembro, que parecia ter ocorrido exatamente no mesmo dia. Eram escassos os detalhes confiáveis sobre essa segunda visita da ira de Deus ao Marrocos. O tremor teria destruído Meknes, deixando apenas oito sobreviventes no bairro judeu da cidade, e havia relatos de "inúmeras" mortes[8] em outras regiões — muito mais do que no terremoto de 1º de novembro. A notícia foi, por sua vez, transmitida de volta para a Nova Inglaterra, onde apareceu na *Boston Weekly Newsletter* em 1º de abril de 1756.

Houve outros terremotos na Europa: na noite de 26 de dezembro, Liège (na Bélgica), Maastricht, Nijmegen e Arnhem (todas na Holanda) tremeram; em 30 de dezembro, foi a vez dos habitantes de Glasgow e Greenock, na Escócia; e na tarde de 9 dezembro a Suíça experimentou um fenômeno que foi, de acordo com o relato de Rodolf Valltravers, da Royal Society, não apenas "incomum" em seu país mas duplamente assustador depois que as notícias do infortúnio em Lisboa haviam deixado os suíços "muito alarmados e apreensivos quanto à possibilidade de uma outra grande tragédia".[9] Uma observação de Horace Walpole numa carta a George Montagu mostra que as pessoas estavam totalmente conscientes de que o mundo parecia estar atolado numa crise sísmica: "Ultimamente, houve tamanhos terremotos e maremotos, avalanches e outros fenômenos estranhos", ele escreveu, "que se pode pensar que o mundo parou totalmente de funcionar."[10] O correspondente anônimo "MP" concordou com seu "amigo no país" que "esses últimos nove ou dez anos produziram mais terremotos e outros fenômenos naturais incomuns do que jamais aconteceu no mundo durante um período de tempo equivalente, desde o dilúvio geral". Talvez, ele sugeriu sinistramente, o terremoto de Lisboa não fosse "mais do que o começo de uma série de aflições" e tenha "preparado algum grande evento que está próximo".[11]

À medida que sobreviventes como Benjamin Farmer e Thomas Chase começaram a chegar à Inglaterra para contar suas histórias, o medo de que o pior ainda estivesse por vir se equiparava à preocupa-

AJUDA E MEDO 189

ção dos que ainda não sabiam se seus parentes haviam sobrevivido. O duque de Queensbury escreveu uma carta sobre seu filho para Benjamin Keene em Madri que "lhe trazia lágrimas aos olhos" toda vez que se lembrava dela. Pelo menos Keene pôde tranquilizar Queensbury com a informação de que seu filho estava a caminho de casa no *Penzance*, acompanhado de um médico. Ele recebeu muitas outras "cartas melancólicas"[12] que não pôde responder com palavras de conforto, seja porque não havia informações, seja porque a verdade era terrível demais. O banqueiro Benjamin Harboyne, por exemplo, "transformou-se num maníaco furioso"[13] durante o terremoto e teve de ser embarcado para casa acorrentado — viveria o resto de seus dias sob o olhar atento de um zelador em sua casa em Yorkshire. Até no caso de Drumlanrig a alegria do reencontro com os pais corujas durou pouco. A combinação das dificuldades que ele enfrentou após o terremoto com o fato de ter sido forçado a voltar para os rigores do inverno inglês era mais do que sua compleição tuberculosa podia suportar. Dez meses depois ele estava morto, e assim se interrompeu uma linhagem contínua de mais de quinhentos anos.

Enquanto os primeiros refugiados ingleses voltavam para casa, ondas de choque religiosas geradas pelo terremoto haviam se espalhado por todo o Hemisfério Norte. Na Inglaterra, o reverendo William Stukeley afirmara numa conferência à Royal Society depois dos abalos de Londres em 1750, que os terremotos eram "uma prova clara e notória da mão de Deus" e que, "de todas as grandes calamidades públicas que afetam a nós, mortais, eles reivindicam o primeiro lugar entre as advertências e juízos". Isso era ortodoxia religiosa e "científica" — Deus falava por meio de terremotos —, e a questão colocada em evidência pela tragédia de Lisboa era: Como entender a mensagem? E para quem exatamente ela se dirigia? O debate que se seguiu não se restringiu a algum remoto recôndito teológico. A Grã-Bretanha podia ser uma sociedade mais secular do que Portugal, mas a religião ainda era seu alicerce, e, como Tobias Smollet escreveu em sua *História completa da Inglaterra* [*Complete History of England*], "o povo estava tomado de pânico com as notícias do pavoroso terremoto".[14]

190   A Ira de Deus

Uma inscrição no Monument, na City de Londres, culpava a "traição e malignidade da facção papista" pelo Grande Incêndio de 1666, e as mais extremas reações à tragédia de Lisboa sugeriam que não era surpresa Deus ter visado uma cidade cujo nome era sinônimo de idolatria e superstição. *Uma mensagem aos habitantes da Grã-Bretanha a propósito do recente terremoto em Lisboa*, tratado anônimo vendido em lojas de panfletos no Royal Exchange, declarava que "a queda de Lisboa não é de estranhar. Deus, com justiça, fez o mesmo que em Sodoma e Gomorra". Era uma cidade governada pela Inquisição, em que "numerosas virgens foram sacrificadas às volúpias brutais de monstros desprezíveis, os inquisidores".[15] Numa veia similar, o líder metodista George Whitefield caracterizou a religião na capital portuguesa, em sua *Carta aos desconsolados habitantes remanescentes de Lisboa*, como sendo a dos "cristãos maometanos, não, pior! Muito pior do que qualquer maometano". Ele também culpou a Inquisição, com seus "tediosos anos de encarceramentos sombrios, torturas subterrâneas e flagelações dos mais infelizes desgraçados",[16] pelo que havia acontecido.

A maioria dos sermões e panfletos não se apressava tanto a condenar Lisboa e interpretava o que ocorrera como um aviso inequívoco a todos para corrigirem seus rumos e arrependerem-se dos pecados antes que fosse tarde demais. Como a guerra com a França se aproximava, havia um senso profundo entre os religiosos de que um acerto de contas estava se avizinhando. Havia ocorrido a rebelião jacobita dez anos antes, depois a epidemia de doença do gado, os terremotos de Londres, as derrotas nas mãos dos franceses e dos índios na América do Norte. Tudo isso eram sinais, afirmava "Cidadão" — o autor de *Um velho remédio revivido como novo, ou um método infalível para impedir esta cidade de compartilhar as calamidades de Lisboa* —, de que "a ira está solta contra nós, e a Mão do Senhor pesa agora sobre a Terra". Era um erro pensar "que Deus nos amava mais do que a eles", ele prosseguia, "ou que havia pecadores piores do que nós", e advertia que, se as pessoas não se arrependessem, "vamos todos igualmente perecer". "Cidadão" também dirigiu uma mensagem especial para os comerciantes, aconselhando-os a que se arrependessem, senão "se seguirá uma estagnação do comércio" ou, pior ainda, o comércio de Lisboa "será perdido para outra nação".[17]

O pastor congregacional Samuel Hayward foi outro a ressaltar que, embora "essa destruição não tenha caído sobre Lisboa imerecidamente", a mensagem se dirigia à Grã-Bretanha também. Manifestações visíveis da ira de Deus teriam se estendido "até a costa britânica" na forma de perturbações das águas internas e de maremotos. Esses sinais transmitiriam "uma mensagem alarmante do que Deus está fazendo na Terra, e que vocês tampouco estão além de Seu alcance".[18] Houve um tremor em Cumberland, no Norte da Inglaterra, em 17 de novembro, sugerindo que Deus devia estar prestes a "revisitar esta nação com mão ainda mais pesada".[19] As palavras de Hayward, assim como muitas outras, dirigiam-se principalmente a Londres e aos londrinos. Em meio à "Era do Gim", Londres, com sua luxúria e irreligiosidade, seu amor pelo prazer, seus espetáculos e bailes de máscaras, suas "casas de lascívia" e a onipresença do "pecado de Sodoma",[20] iria trazer o Juízo Final sobre a cabeça de todos se as pessoas não mudassem imediatamente.

Esse senso de urgência contido na ideia de que Lisboa mostrou que o tempo estava se esgotando era um tema central dos *Pensamentos sérios ocasionados pelo recente terremoto de Lisboa*, texto de autoria de John Wesley, colega metodista de Whitefield. Deus, escreveu Wesley, estava "agora promovendo uma Inquisição em busca de sangue". Segundo ele, afirmar que o terremoto resultava apenas de "causas naturais" estava errado, porque simplesmente "não era verdade". A natureza se constituía, afinal, de nada menos do que "a arte de Deus", "o método de Deus agir no mundo", e o próximo sinal natural certamente estava próximo. Wesley lembrou a seus leitores que em 1757 ou 1758 o cometa Halley atravessaria os céus, e se então as pessoas ainda não tivessem "aceitado a mão do Todo-Poderoso", Deus iria direcionar o cometa para "atear fogo à Terra até que ela vire carvão".[21]

No dia 18 de dezembro, a Igreja da Inglaterra, com a aprovação do rei Jorge II, anunciou que 6 de fevereiro de 1756 seria um dia público de jejum no qual "o mais terrível e extenso terremoto" seria rememorado e os "múltiplos pecados e maldades" da nação seriam

192 A IRA DE DEUS

examinados. Até lá, a tragédia que o reitor da igreja de St. Paul declarou incomparável "na história sagrada ou profana, excetuado apenas o dilúvio de Noé",[22] de fato teve um efeito no modo como as pessoas se comportavam. Em meio aos medos de uma invasão iminente da costa meridional, Horace Walpole observou a um amigo que "entre os franceses e os terremotos, não sabemos se nos tornamos bons ou não; atualmente, ninguém faz roupas de tecido, mas de estopa coberta de cinzas".[23] Um baile de máscaras foi cancelado em consequência dos protestos do arcebispo de Canterbury, e esse tipo de diversão caiu em desuso. O vice-chanceler da Universidade de Cambridge informou em janeiro de 1756 que, entre os estudantes, não havia "a menor irregularidade (...) a decência está muito em moda".[24]

O impacto religioso foi o mesmo em toda a Europa. Na Holanda, onde a destruição de Lisboa carregou significado particular porque aparentemente marcava o fim de uma outrora grande potência comercial, pastores classificaram o terremoto ao mesmo tempo como uma punição e uma advertência, em sermões com títulos como "Sobre o terror da vinda de Deus". Na Suíça, o terremoto de 9 de dezembro foi seguido por outro no início de janeiro, levando ainda mais pessoas a ouvirem ou lerem os sermões de Élie Bertrand e outros pastores célebres. Em Colônia, na Alemanha, dizia-se que durante janeiro nenhum outro assunto foi discutido. Na Nova Inglaterra, em todos os púlpitos, no dia de jejum que ali também foi instituído, foram pronunciados sermões com os títulos "Terremotos são trabalhos de Deus e sinais de seu justo desagrado", "Poder e cólera divinos representados nos terremotos" e "A esperada dissolução de todas as coisas, um motivo da santidade universal". Como indício do imenso interesse e medo gerados na Inglaterra, a *Carta do Lorde Bispo de Londres para o clero e o povo de Westminster*, de Thomas Sherlock, vendeu mais de 100 mil cópias em menos de seis meses depois dos terremotos de Londres em 1750, e, cinco anos mais tarde, a demanda do público e dos penitentes permanecia insaciável.

Em Lisboa, Kitty Witham, uma das freiras inglesas do Convento Brigidino, escreveu numa carta para sua família: "Só Deus sabe quanto tempo ainda temos para viver, porque acredito que este mundo não vai durar muito."[25]

CAPÍTULO 16

O saldo de mortes

O número exato de pessoas que morreram em consequência do terremoto, dos maremotos e dos incêndios nunca será conhecido. No período imediatamente posterior, algumas testemunhas oculares traumatizadas superestimaram as mortes; outras pessoas exageraram deliberadamente, com a intenção de tornar mais dramáticos os relatos escritos que pretendiam publicar; e houve quem propusesse cifras imensas, a fim de retirar delas a credibilidade. Embora as informações iniciais que chegaram às capitais da Europa sugerissem que 100 mil pessoas haviam morrido, em meados de dezembro já se sabia que essa cifra era alta demais. Mesmo assim, foi ampla a gama de estimativas apresentadas por testemunhas oculares confiáveis. O cônsul genovês, o núncio papal e Miguel Pedegache (correspondente suíço-português da publicação *Journal Étranger* que era amigo íntimo de Pombal) calculavam que um décimo da população da cidade havia morrido, isto é, de 20 mil a 25 mil almas. Um artigo bem informado na edição de dezembro da *New Universal Magazine* registrou que "pelos relatos de alguns passageiros recém-chegados do Tejo, parece que 9 mil cadáveres, recolhidos nas ruas de Lisboa, foram enterrados, e prevê-se que um número três vezes maior ainda se encontre sob os escombros".[1] Edward Hay considerava improvável que o total estivesse abaixo de 40 mil. Thomas Chase, depois de ouvir os informes trazidos para a quinta de Hake

194   A Ira de Deus

ao longo de novembro, acreditava que o saldo de mortes chegasse a 50 mil. A única estimativa destoante entre dignitários estrangeiros era a do conde de Baschi, que informou 12 mil mortes ao governo da França, interessado, às vésperas da guerra, em não alimentar simpatia indevida por um país que ele considerava colônia da Inglaterra.

Quando Pombal escreveu para todos os governos europeus no dia 18 de novembro, sua estimativa de 6 mil a 8 mil mortos ficava muito abaixo daquelas feitas pelos estrangeiros que estavam em Lisboa. As considerações práticas tinham prioridade em sua mente: a principal preocupação era tentar limitar os danos. Se os parceiros comerciais de Portugal fossem levados a acreditar que Lisboa realmente "deixara de existir", a retomada dos negócios e o processo de reconstrução se tornariam impossíveis. Além do mais, Portugal era conhecido por ser subpovoado e viver sob constante ameaça de anexação por seu vizinho ibérico maior. Benjamin Keene pelo menos detectou as intenções de Pombal e escreveu numa carta a Castres que podia "perceber um desejo na Corte de esconder parte dos infortúnios".[2]

Quanto a outras estimativas dos portugueses, oficiais ou semioficiais, nenhuma apareceu escrita num período de dois anos. Há algumas explicações para essa demora. O orgulho português ficou fortemente desgastado com o que aconteceu — as palavras "humilhado"[3] e "desgraça"[4] aparecem em muitos relatos portugueses —, e havia uma relutância compreensível em reviver a tragédia. Quando Joaquim Moreira de Mendonça, dos Arquivos Reais, recebeu permissão oficial, em 1758, para publicar sua *História universal dos terremotos*, talvez o mais confiável e informativo dos relatos portugueses contemporâneos dos acontecimentos, sua estimativa de 10 mil mortes em 1º de novembro e mais 5 mil durante o mês todo era apenas marginalmente mais alta do que a fornecida por Pombal, relativamente ao dia do terremoto, a governos estrangeiros, nas semanas imediatamente seguintes. Estimativas mais baixas teriam sido ridicularizadas, mas Pombal via qualquer cifra mais alta do que aquela como um perigo inadmissível para os interesses nacionais portugueses.*

---

* Entre as estimativas portuguesas "não oficiais" que apareceram na imprensa nessa época estavam as seguintes: José de Oliveira Trovão e Sousa, *Carta em que*

O SALDO DE MORTES   195

Mesmo que Pombal quisesse apresentar um saldo de mortes razoavelmente preciso, em lugar de um expediente político, não poderia. Não havia recenseamento da população da cidade e eram de valor duvidoso as informações demográficas fornecidas pelas freguesias cujos registros haviam sobrevivido ao fogo.[5] Muitas pessoas tinham conseguido fugir para o interior e para a Espanha, a despeito das medidas de Pombal para tentar impedi-las ou trazê-las de volta. E Lisboa tinha muitas dezenas de milhares de residentes que não apareciam em nenhum registro civil ou eclesiástico — escravos, "galegos", ciganos e órfãos de rua, para nomear apenas quatro categorias. Também não havia registro dos muitos visitantes recebidos pela capital pelo Dia de Todos os Santos, e tão grande era o caos através do país que suas mortes não deviam ter sido anotadas pelas freguesias natais. A única maneira de contabilizar todas as mortes com um método que se aproximasse da precisão teria sido pedir informações para todos os que tivessem enterrado ou descartado cadáveres. Mas não há evidências de que isso tenha sido feito: nenhum documento sobrevivente sequer menciona a existência da vala comum recentemente exumada sob o Convento de Jesus, que, segundo se calcula, contém restos de mais de 3 mil indivíduos, e não pode ter sido a única desse gênero. Mesmo que uma conta genérica tivesse sido realizada enquanto se enterravam os corpos, não incluiria as pessoas levadas pelo maremoto ou incineradas pelos incêndios.

As crianças formavam outro grupo, assim como escravos e os trabalhadores itinerantes, e esse grupo sofreu muito mais do que poderia se depreender dos documentos paroquiais, por uma simples razão: quem não estava na escola, não era registrado. Uma vez que as crianças correspondiam a uma proporção bem maior da população do que nas cidades do Norte da Europa e tinham mais dificuldades de locomoção

---

hum amigo dá noticia a outro do lamentavel sucesso de Lisboa: 70 mil; "D.J.F.M em A", *Theatro lamentavel, scena funesta: relaçam verdadeira do terremoto*: um terço dos habitantes da cidade; Anônimo, *Destruição de Lisboa, e famosa desgraça, que padeceo no dia primeiro de novembro de 1755*: um em cada oito; Miguel Tibério Pedegache, *Nova, e fiel relação do terremoto*: um em cada dez; Padre Fr. António do Sacramento, *Exhortação consolatoria*: 18 mil; Fr Manuel Portal, *História da ruina da cidade de Lisboa*: entre 12 mil e 15 mil. *(N. do A.)*

e grande probabilidade de se perderem dos pais durante a fuga, o número de mortes entre elas certamente foi muito considerável. Além do mais, a taxa de mortalidade infantil em Lisboa num ano normal não podia ser menor do que a de Londres, onde um terço de todas as mortes era de crianças abaixo dos 2 anos de idade e quarenta por cento de crianças com menos de 5 anos. Isso significa que a taxa de sobrevivência das crianças depois do terremoto, vivendo sem proteção e à base de uma dieta magra composta do que podia ser catado, deve ter sido bastante baixa.

Um setor da sociedade que também deve ter procurado minimizar suas vítimas deliberadamente foi a classe eclesiástica. Nenhuma fonte indica mais do que algumas centenas de mortes entre os religiosos, mas, dado que pelo menos uma em cada dez pessoas nas ruas de Lisboa era padre, freira ou frade de alguma ordem, e que a grande maioria entre eles devia estar dentro de igrejas no Dia de Todos os Santos, um total de mortes tão baixo é simplesmente implausível. Tomando-se uma freguesia apenas, a de Santa Catarina, a profissão mais popular nos tempos do terremoto era a de padre: havia 223 listados nos registros da freguesia, ante 174 lojistas e 117 marinheiros. A razão pela qual as comunidades religiosas subinformaram suas perdas é simples: admitir uma alta quantidade de mortos não era compatível com a mensagem que a Igreja queria transmitir às pessoas, ou seja, que os pavorosos pecados do povo haviam provocado a ira de Deus sobre a cidade.

A respeito das comunidades inglesa e irlandesa, Castres e Hay consideraram impossível fazer uma contagem confiável, um a um, numa população de mais de 2 mil. Uma lista de 77 mortos foi redigida ao final do ano, mas, dos britânicos que eles conheciam, cerca de sesenta permaneciam sem ser contados porque estavam entre "os tão obscuros que eram conhecidos apenas pelos frades irlandeses". Quanto às mortes entre os "extremamente numerosos"[6] ingleses e irlandeses "de classes baixas", não havia meios — assim como em relação aos "galegos", crianças de rua, ciganos e escravos — de dizer quantos tinham morrido.

Um ano depois do terremoto, Francisco Xavier, o autoproclamado Cavaleiro de Oliveira, um português convertido ao protestantismo

O SALDO DE MORTES

que morava no exílio em Londres, escreveu em seu *Pathetic Discourse on the Present Calamities of Portugal* [*Discurso patético sobre as presentes calamidades de Portugal*]: "Calculou-se, mas apenas por suposição, que cerca de 30 mil morreram."[7] Este parece ter sido o saldo de mortes aceito na Inglaterra nessa época. Um século depois, Charles Dickens escreveu que o terremoto havia "engolido 40 mil pessoas de um só golpe",[8] e o *Handbook For Travellers in Portugal* [*Manual para viajantes em Portugal*], de Murray, observando que "as estimativas sobre o número de vítimas chegou tão alto quanto 80 mil e tão baixo quanto 10 mil", concluiu que "a verdade provavelmente reside no meio do caminho entre os dois".[9] No início do século XX, Francisco Luiz Pereira de Sousa, em seu meticuloso estudo do terremoto, projetou um saldo de mortes de 15 mil a 20 mil, ao qual se teriam de acrescentar as mortes ocorridas entre os feridos, calculados entre 40 mil e 50 mil. Afinal, parece provável que de 30 mil a 40 mil pessoas pereceram em Lisboa, e mais 10 mil no resto de Portugal, no Marrocos e na Espanha. Em apenas um mês, a população de Lisboa foi subtraída de um número pelo menos uma vez e meia maior do que o total das pessoas que morreram em Londres, uma cidade quatro vezes maior, durante o ano de 1755 inteiro; na verdade, o saldo de mortes foi consideravelmente mais alto do que o registrado em Londres no mês do auge da Grande Peste. Tratou-se de nada menos que uma catástrofe demográfica.

CAPÍTULO 17

Chuva, falência e revolução

O novo ano foi anunciado por tremores substanciais em 1º e 2 de janeiro, mas Pombal continuou com a formulação de planos para o reerguimento de Lisboa. Ele encomendou um levantamento detalhado de todas as áreas destruídas, proibiu a construção de prédios fora dos muros da cidade e suspendeu todas as atividades de edificação até que fosse dado o anúncio das sugestões de Manuel da Maia para o projeto da nova Baixa.

Embora D. Pedro de Bragança, duque de Lafões e chefe do Judiciário Real, estivesse envolvido intimamente no processo, o homem que orquestrou todas as medidas de emergência executadas desde o terremoto, e que emergiu como o timoneiro incontestável do país, foi Pombal. O desastre o presenteou com a oportunidade que ele esperava havia muito tempo. A medida da confiança do rei em seu bom senso e em sua praticidade é demonstrada pela seguinte história: quando D. José, perturbado, lhe perguntou o que fazer logo depois do terremoto, Pombal respondeu simplesmente: "Enterre os mortos e cuide dos vivos." O mito heroico que mais tarde revestiria a conduta de Pombal em seguida à tragédia se destinava, com sua própria e considerável colaboração, a erradicar permanentemente a maioria dos vestígios do que realmente havia acontecido (e o heroísmo de outros). Já em seu tempo de vida dizia-se que, por dois dias e noites inteiros depois do 1º de novembro, Pombal não ingeriu nada além de uma única "tigela de caldo, que sua mulher levava pessoalmente até ele". Contava-se também que, por vários dias, sua carruagem foi "seu gabinete, sua cama, sua única moradia" enquanto ele trabalhava incessantemente, projetando e executando dezenas e dezenas de decretos e regras de emergência em nome do rei. E reconhecia-se que foi "por sua coragem, sua perseverança e sua firmeza que se impediu o abandono da cidade pela população".[1] Pode haver exagero na imagem de um indivíduo que se põe à frente dos demais e consegue controlar a situação inteiramente apenas com movimentos da pena, mas não havia dúvida de que Pombal era um homem de inteligência incomum, dedicação e determinação, cujos atos provavelmente salvaram a nação portuguesa.

Em janeiro, Pombal se inspirou na Corte espanhola, que em novembro havia distribuído um questionário a todas as freguesias do país, e determinou a circulação de um similar em Portugal. As 13 questões pediam detalhes sobre a hora em que o terremoto aconteceu, a direção de onde parecia vir, o número de mortos e de prédios destruídos, os efeitos em todos os volumes de água, fontes e poços, os danos causados pelos incêndios, se o mar levantou e baixou imediatamente antes do maremoto e em que intensidade, se ocorreram rachaduras, que medidas foram tomadas pelas autoridades civis, militares e eclesiásticas nos momentos imediatamente seguintes ao terremoto e se houve escassez de comida. Os resultados dessa pesquisa abrangente seriam depois descritos como "a certidão de nascimento da sismologia moderna".[2] Sua importância mais imediata e ampla foi a de marcar o começo de uma nova era governamental num país cujas autoridades tradicionalmente tiveram pouco interesse no perfil demográfico da nação, ou não compreendiam sua importância, ou então tinham medo de traçá-lo. Mesmo quarenta anos depois, muito tempo após a morte de Pombal, estimativas "oficiais" sobre a população do país variavam entre 2 milhões e 3,7 milhões.* As respostas aos questionários podem ter sido de uso limitado para determinar o saldo final de mortes com precisão, mas sua

---

* Estas estimativas foram publicadas pela Royal Academy of Sciences em 1789. (N. do A.)

CHUVA, FALÊNCIA E REVOLUÇÃO   201

mera existência mostrou que Pombal pretendia não só fazer com que
o poder central fosse percebido em cada canto do país, mas também
introduzir método e modernidade na administração política.

Chuvas torrenciais caíram na primavera, contribuindo para condições de vida terríveis nos alojamentos de madeira ao redor da cidade
e causando o desabamento de muitos prédios em ruínas, além do apa-
recimento de um número muito maior de corpos, de acordo com o
núncio papal. O *Hampton Court*, navio de combate comandado pelo
capitão Thomas Brodrick, encarregado de trazer dinheiro da Inglaterra e escoltar o comboio carregado de suprimentos muito necessários,
finalmente se aproximou de Lisboa em 19 de fevereiro. Cinco dias
antes, outros cinco navios irlandeses haviam chegado com grandes
quantidades de carne e manteiga. O *Hampton Court* foi, assim como
o *Penzance* ao zarpar em dezembro, alvo de tiros disparados do forte
em Belém, forçando Brodrick a ancorar em águas profundas. Depois
de todas as dificuldades para reunir e transportar as provisões, ele
não apreciou essas boas-vindas, mas não queria atrasos no descarrega-
mento dos produtos, e isso era mais importante. Infelizmente, Pombal
trabalhou tanto desde o terremoto que ficou doente. Brodrick anotou
em seu diário de bordo, em 24 de fevereiro, que "a condição enferma
do secretário de Estado português impediu que fossem dadas ordens
para a entrega do dinheiro e das provisões que eu trouxe comigo (...)
também não se fez nada com as provisões etc. que foram trazidas
pelos navios mercantes". Se Pombal estava realmente doente, ou simplesmente adiando instruções até que o rei voltasse de uma viagem de
caça em Salvaterra, é uma questão controversa.

Quando o rei finalmente retornou, no início de março, imediatamente foram recebidas as autorizações para descarregar a carne, o
pão, a manteiga, a aveia e a farinha. As moedas foram desembarca-
das do *Hampton Court* em 13 baús, no dia 8 de março, e a entrega
da ajuda britânica estava praticamente completa. Apenas dois navios
irlandeses ainda não haviam chegado, mas ancoraram em abril. Brodrick estava aflito para ir embora: ele anotou em seu diário, no dia 16
de março, que tinham ocorrido terremotos "quase todos os dias desde
que estamos aqui",[3] e dois dias depois Lisboa foi atingida por um dos

maiores tremores secundários do terremoto. Um dos filhos ilegítimos de lorde Tyrawley, que servia a bordo do *Hampton Court*, pintou um quadro fantasmagórico da cidade à noite. "O uivo dos cães", ele escreveu, "e o odor fétido dos corpos mortos, juntamente com as trevas que agora se difundem por todo lugar, a ponto de às vezes encobrirem a lua, me deram alguma ideia do estrondo final, quando não haverá mais sol nem lua, e encheram minha mente de meditações que apenas uma cena como essa poderia inspirar."[4]

O embaixador da França, o conde de Baschi, afirmou que a demora em descarregar as provisões fez com que se estragassem e tivessem de ser atiradas no Tejo. Isso não era verdade, mas sua observação sobre a inconfiabilidade dos trabalhos no porto era válida. As necessidades dos imensos campos de refugiados de Lisboa não estavam sendo bem atendidas pelas autoridades portuárias. No fim de janeiro, os quarenta barcos ingleses da Terra Nova, que haviam chegado a Lisboa em 29 de novembro, ainda estavam retidos, sem conseguir obter franquias para partir com suas cargas rumo a outros portos ibéricos. Isso só se resolveu depois que Castres foi tratar do assunto com o próprio Pombal. Vários barcos da frota foram então liberados para zarpar, mas os demais ainda tiveram de esperar muitas semanas antes de poderem seguir. Mesmo uma franquia válida não garantia a partida. Uma vez que um navio tivesse sido revistado e não fossem encontrados sinais de pilhagem ou contrabando, precisava cruzar a barra naquele mesmo dia — mas as marés, os ventos e os dias curtos de inverno frequentemente tornavam isso impossível. Os capitães ficavam então obrigados a voltar para Belém e tomar seu lugar na fila das franquias de novo.

Outro regulamento impopular foi a imposição de uma nova taxa de quatro por cento sobre todas as importações, exceto alimentos. Essa medida foi descrita por Pombal como um *don gratuit* — uma contribuição graciosa de toda a comunidade mercantil para os custos de construção de uma alfândega, uma casa de câmbio e armazéns novos. Mas os comerciantes ingleses consideraram a medida um golpe inoportuno e começaram a fazer uma vociferante campanha para serem isentados da taxa, argumentando que ela feria tratados comerciais vigentes entre a Inglaterra e Portugal. Em dezembro, o governo inglês

CHUVA, FALÊNCIA E REVOLUÇÃO 203

havia solicitado o parecer de lorde Tyrawley, na qualidade de velho colaborador em Lisboa, sobre o futuro do comércio com Portugal. Esse era exatamente o tipo de comportamento intempestivo contra o qual Tyrawley advertira dois anos antes. A seu ver, uma facção dos comerciantes ingleses havia, em anos recentes, colocado toda a comunidade "numa encrenca perpétua" e subtraído seu país da "estima dos portugueses".[5] Edward Hay concordava com ele. Num encontro da Fábrica inglesa, Hay disse aos comerciantes que seria insensato da parte deles comportar-se grosseiramente sobre o *don gratuit*, especialmente porque o Brasil estava contribuindo de forma generosa para o fundo. Os comerciantes cederam. Foi melhor assim: quando as provisões inglesas e irlandesas finalmente estavam seguras em terra firme, a Corte portuguesa insistiu em que, "por gratidão, tanto quanto por decência", as mais pobres vítimas inglesas e irlandesas da tragédia fossem as primeiras a receber auxílio. Esse foi um gesto generoso e magnânimo, e a Fábrica inglesa aceitou um trigésimo dos alimentos e 2 mil libras em dinheiro para distribuir aos mais necessitados.

A vida comercial da cidade continuou gravemente prejudicada por obstáculos mais pesados do que regulamentos onerosos e ineficiência burocrática. Num despacho detalhado que delineava os desafios impostos a todos os comerciantes, Edward Hay confirmou que os carregamentos de açúcar, peles e tabaco trazidos pelas frotas do Brasil no outono anterior haviam sido na maior parte perdidas no incêndio da Alfândega, e que todos os produtos estocados nos armazéns do rei também haviam sido destruídos, tendo ocorrido o mesmo com os armazéns particulares dos comerciantes e aqueles das lojas da cidade. Os estoques de seda de uma nova fábrica do governo no Rato, ao norte do Bairro Alto, ficaram inteiramente destruídos quando o fogo varreu uma loja no largo do Pelourinho. Também devia-se ponderar a questão dos débitos. Hay considerava os lojistas e comerciantes de tecidos os menos possibilitados de pagar, porque normalmente não tinham capital e administravam seus negócios com base em créditos dos fornecedores estrangeiros. Quanto às dívidas com os comerciantes portugueses no Brasil, ele esperava que não fossem maiores do que o valor anual das exportações inglesas para o Brasil através de Lisboa.

Como a maioria dos comerciantes ingleses envolvidos no comércio brasileiro era formada por "pessoas de posses", ele também tinha fé em que fossem capazes de recuperar suas perdas.

Hay concluía que, apesar da "perda muito grande sofrida por nosso comércio, estou longe de considerá-la total". Era sua tarefa como cônsul ser tão otimista em relação ao futuro quanto os fatos permitiam. Dentre os fatores positivos, ele mencionou que não se perdera nenhum navio no Tejo, que a Casa da Moeda havia sobrevivido intacta, que "várias pessoas" tinham salvado seus baús de dinheiro e que não era mau que houvesse tão poucos carregamentos ingleses para posterior embarque ao Brasil naquele ano, porque isso permitiria um escoamento de estoque, o que iria "posicionar o comércio sobre melhores alicerces para o próximo ano". Questionado se o governo inglês deveria oferecer algum tipo de ajuda aos comerciantes prejudicados, Hay se viu "em dificuldade para julgar de que maneira isso poderia lhes ser concedido". Ele não via meios equitativos de distribuir qualquer "doação pecuniária do Parlamento" e achava que ela "não teria o efeito pretendido",[6] ainda mais que a posição da maioria dos comerciantes se complicava pelo fato de atuarem como principais no comércio das próprias empresas e como agentes de outros. Quem, então, seria compensado primeiramente — o comerciante, por suas perdas, ou o cliente, pelas dele?

A extensão real dos prejuízos dos comerciantes ingleses estava começando a se revelar. Sabia-se haver "algumas casas"[7] que tinham perdido entre 50 mil e 80 mil libras em mercadorias e dívidas não quitadas. George Wansey, um comerciante de artigos de lã de Wiltshire, registrou em seu diário "quão enormemente esse golpe da Providência Divina afetou minha família e me trouxe preocupações nos negócios". Não só ele tinha mercadorias e dívidas não quitadas excepcionais em Lisboa no valor de 1.000 libras, mas também seu irmão, William, diretor da Sociedade das Empresas Comerciais, lhe devia dinheiro e estava "falido por causa desses negócios",[8] declarando dívidas de 23 mil libras que ele não poderia honrar a uma taxa de juros de 14 xelins por libra. Dois comerciantes de Londres procuraram desesperadamente um mandado de Henry Fox, secretário de Estado do Departamento

CHUVA, FALÊNCIA E REVOLUÇÃO

205

do Sul, para impedir Daniel Hoissard de vender 4.500 libras em têxteis que eles tinham embarcado em seu nome para Lisboa, porque ficaram sabendo que ele estava falido. Para o fabricante de armas James Farmer, irmão de Benjamin, que já estava em dificuldades financeiras no verão de 1755, o terremoto foi a gota d'água, e ele também teve de procurar um acordo com os credores.

Enquanto o efeito dominó do desastre se espalhava amplamente, eram quase sempre os comerciantes menores, aqueles que não tinham como pedir a seus credores apoio e paciência, que sofriam mais. Um caso dos mais tristes foi o do capitão Thomas Bean, do *Bean Blossome*, que tinha uma dívida de 32 libras a receber da grande casa Bristow & Ward por "uma ancoragem na Madeira". Ele não conseguiu recuperar a quantia e calculou que havia ainda "custos empatados da última viagem a Lisboa por toda a cidade, no valor de 100 libras". Além disso, ele "não salvou um centavo de seus efetivos em Lisboa e ficou sem receber 300 libras de dívidas de pessoas que morreram no terremoto na capital e mais ou menos a mesma soma em Faro". Três armazéns de "trigo luso" que lhe pertenciam "desabaram inteiramente e grande parte do produto se perdeu nos escombros", e a mobília de sua casa "se espatifou em pedaços".[9] Por mais esperançoso que Edward Hay tentasse parecer, as perdas sofridas por todos, do comerciante abastado ao mais humilde capitão de navio que alugava sua embarcação, ameaçavam suscitar um gravíssimo colapso do "supervantajoso ramo de comércio" — o comércio português — com ramificações igualmente severas para a indústria têxtil inglesa e a lucrativa importação de ouro brasileiro.

Um século depois do terremoto, seu custo financeiro foi quantificado no *Guia do estrangeiro em Lisboa* [*The Stranger's Guide in Lisbon*] em precisamente 536,36 milhões de libras. A implausibilidade desta cifra é bem demonstrada por um exame das categorias de perdas que constituem a soma total. Os diamantes pertencentes à Coroa foram avaliados em 2 milhões de libras, os diamantes e pedras preciosas pertencentes a outros, em 4 milhões; o estrago no Paço da Ribeira, na igreja da sé, nas casas de alfândega e na Casa da Ópera em 10 milhões. Nenhuma dessas cifras parece fantasiosa, mas a estimativa de 480 milhões de libras atribuída à perda de "móveis, provisões e outros produtos" compromete bastante a credibilidade do todo, ainda mais que se trata de uma soma equivalente a seis vezes a preocupante dívida externa da Grã-Bretanha em 1755. Pode ser que a cifra tenha sido um erro de impressão. Uma explicação mais provável é que o autor do *Guia do estrangeiro* tenha se esquecido de converter a cifra de "móveis, provisões e outros produtos" de cruzados para libras, e esse descuido se perpetuou sem questionamentos. Mesmo no século XX, respeitados acadêmicos continuaram a citar a cifra de 536 milhões de libras sem objeção.[10]

Poucos contemporâneos da tragédia foram mais exatos a respeito do alcance da destruição do que o autor do *Guia do estrangeiro*. Uma testemunha ocular francesa atribuiu um valor de apenas 20 milhões de *livres* (a moeda da França na época), menos de 1 milhão de libras esterlinas, às casas, igrejas, mosteiros, conventos e grandes prédios públicos, uma cifra que era talvez um reflexo de sua opinião sobre o mérito arquitetônico dessas construções; mas ele também citava uma cifra 60 vezes maior do que esta pelo "valor dos móveis"[11] — possivelmente a origem do equívoco no *Guia do estrangeiro*. Um estudo recente estimou o dano às propriedades portuguesas entre 64 mil e 72 mil contos (cerca de 18 milhões a 20 milhões de libras)[12] e outro entre 100 mil e 150 mil contos (de 27,8 milhões a 41,7 milhões de libras).[13] Ambos parecem confirmar que a estimativa de 86 mil contos (24 milhões de libras) fornecida pelo astuto e sensível Edward Hay ao governo britânico, assim como uma cifra de "20 milhões de libras"[14] citada numa bem informada carta na edição de dezembro de 1755 da *New Universal Magazine*, foram de ordem correta de magnitude (e três vezes as perdas de Londres no Grande Incêndio, ou vinte vezes o valor dos carregamentos das frotas do Brasil naquele outono). As estimativas sobre as perdas dos comerciantes ingleses, a mais atingida de todas as comunidades estrangeiras, variaram entre 6 milhões e 10 milhões de libras, um montante equivalente a algo entre seis e dez vezes o total de exportações para Portugal em 1755. Eram perdas potencialmente ruinosas a enfrentar, assim como o eram os custos da destruição na Espanha, estimados em 70 milhões de *reales* (um quinto

CHUVA, FALÊNCIA E REVOLUÇÃO   207

dos gastos totais do governo naquele ano).[15] Mas, como disse Benjamin Keene a Castres, tais cifras eram "próximas de nada, comparadas com o que tinha acontecido [em Portugal]".[16]

Portugal não produziu nenhum tipo de cifras financeiras públicas e Pombal se manteve de boca fechada. Seu silêncio pode ter sido, sem que ele assim o pretendesse, a mais precisa representação da situação: num certo sentido, as perdas eram simplesmente incalculáveis. Os custos de reconstrução de alguns edifícios, como a suntuosa Casa da Ópera e o Cais da Pedra, poderiam ser calculados com exatidão porque eram novos. Mas que valores realistas seriam aplicados ao Paço da Ribeira, produto de dois séculos de ampliações e reformas? E, se a crença dos comerciantes britânicos de que a Casa da Moeda continha 2 milhões de libras em 1º de novembro foi verificável porque o prédio e seus registros sobreviveram ao desastre triplo, não havia documentos sobre o conteúdo da Casa da Índia (que se acreditava abrigar mais de 1 milhão de libras em diamantes) ou o da Alfândega (que se sabia guardar 12 mil caixotes de açúcar) ou sequer o de um dentre as centenas e centenas de armazéns e lojas que foram destruídos. Que valor poderia ser atribuído às vastas coleções de manuscritos, às bibliotecas, aos 4 mil itens do início do século XVII do arquivo musical de D. João IV e às preciosas relíquias da cidade? Ou à Casa Dourada, ou aos 86 painéis de tapeçaria flamenga do palácio de D. Fernando de Mascarenhas, o marquês de Fronteira, na freguesia de Chagas? Ou às duzentas pinturas de mestres europeus, às refinadas tapeçarias contando a história de Troia e à vasta biblioteca do marquês de Louriçal? Ou à coleção dos mestres holandeses e flamengos no palácio no conde de Cocolim, na praça da Ribeira? Além do mais, a perda da produtividade da força de trabalho, a extensão da interrupção do comércio de fronteira e os danos de longo prazo ao reino do Algarve (que no início do século XX ainda tinha a aparência devastada do dia seguinte ao terremoto e ao maremoto) foram efeitos da tragédia cujo valor apenas se pode supor.

A despeito da falência de tantos comerciantes, Edward Hay insistia em sua crença de que a situação era recuperável. Frotas de Pernambuco, da Bahia e do Rio partiram entre janeiro e abril de 1756, e no

208   A Ira de Deus

início de maio um navio de guerra português chegou do Rio com 2 milhões de cruzados a bordo. Portanto, não houve interrupção no comércio entre o Brasil e Portugal, mesmo que os comerciantes britânicos não tivessem conseguido enviar tanta carga quanto normalmente faziam. Quanto ao fluxo na mão oposta, a galinha brasileira continuava botando seus ovos de ouro. Conforme os meses foram passando, a maioria dos comerciantes britânicos conseguiu, com o apoio de seus credores e de financistas na Inglaterra, retomar os negócios depois de acordos de pagamento escalonado das dívidas ou renegociações das sociedades, na esperança de que o comércio futuro conseguiria repor as perdas históricas. Jackson, Branfill & Goddard, por exemplo, renegociaram uma dívida de 12.500 libras com um tio de Benjamin Branfill, o comerciante da City William Braund, que depois a reduziu à metade e tornou-a possível de saldar em prestações que se estendiam pelos oito anos seguintes. Além disso, a demanda era mais intensa do que nunca: havia uma escassez desesperadora de artigos de vestuário em Lisboa, da qual se beneficiaram comerciantes de produtos de lã como os citados Jackson, Branfill & Goddard, e se requeriam em Portugal, com urgência, grandes quantidades de produtos alimentícios e material de construção e os serviços de artesãos ingleses.

Um fluxo estável de fragmentos de boas notícias também ajudou a levantar a confiança e o moral. Em maio, a *Gazeta de Lisboa* noticiou repentinamente que a maioria dos diamantes armazenados no Paço da Ribeira havia sido recuperada, assim como 1.500 arrobas de placas de ouro derretido valendo mais de 2,5 milhões de libras. Esses episódios convenceram homens de negócios como Edward Burn, Lawrence Fowkes, Joseph May, Gerard Devismes, David de Purry, os Hake, os Goddard e muitos outros, cujos nomes aparecem nos documentos da Fábrica inglesa de 1756, que valia a pena continuar em Lisboa. Mesmo o pobre Benjamim Farmer retornou para perseverar na reivindicação de compensações por sua escuna durante muitos anos ainda, sem sucesso, embora não haja sinal de que Thomas Chase tenha feito o mesmo. Os piores medos sobre o comportamento dos consumidores e dos devedores portugueses também se provaram infundados. O comerciante de tecidos Edward French, por exemplo, ficou muito

CHUVA, FALÊNCIA E REVOLUÇÃO 209

comovido com a grande "amizade e o respeito dos nativos deste país desde o recente infortúnio".[17] Alguns de seus fregueses portugueses tinham até oferecido emprestar dinheiro e adiantar suas encomendas, e o juiz conservador, encarregado de supervisionar e regular os negócios comerciais ingleses em Portugal, prometeu que todos os credores em condições para tanto seriam levados a honrar seus débitos. Quando chegou maio, Edward Hay se sentia estimulado sob vários aspectos e relatou despreocupadamente a seus superiores que "de modo geral nossos negócios não estão em más condições neste país; temos a prioridade em relação a todas as outras nações em termos de comércio".[18]

Semanas depois do pronunciamento otimista de Hay, D. José anunciou que Pombal assumiria o lugar do falecido Pedro da Mota como ministro dos Negócios Interiores. O cargo anterior de Pombal, de ministro dos Negócios Estrangeiros e da Guerra, seria assumido por Luís da Cunha, o embaixador português em Londres. Ao fim do verão, o pró-francês Diogo de Mendonça Corte-Real, terceiro secretário de Estado, havia sido preso e exilado em Cabo Verde, por ordem de Pombal, por causa de sua participação num complô que um grupo de nobres, incluindo o duque de Aveiro e o duque de Lafões, preparava para depor aquele que consideravam um intrometido em seu meio. Embora Pombal fosse reconhecido, interna e externamente, como primeiro-ministro de facto, e já fazia algum tempo, esses episódios eram significativos por confirmar que uma revolução sorrateira e silenciosa na Corte — um golpe de Estado — fora desencadeada pelo terremoto. Dizia-se "à boca pequena" que o rei agora só se interessava por caça, música e amantes, e que "Mr. C", como Carvalho (Pombal) costumava ser chamado entre os comerciantes ingleses, agora governava "com poderes ilimitados".[19]

Quase como se o terremoto de Lisboa tivesse abalado as alianças europeias a tal ponto que só se esperava o tiro inicial, a guerra entre a Inglaterra e a França foi finalmente declarada em maio. As tropas francesas tomaram a ilha espanhola de Minorca e uma frota liderada pelo almirante John Byng, com o navio de Augustus Hervey na linha, fracassou em libertar a guarnição britânica. Byng foi levado de forma humilhante à corte marcial e executado por não "ter feito o melhor que podia". Enquanto o conflito ganhava intensidade, transformando-se na primeira verdadeira guerra global, Pombal teve de considerar a posição de Portugal de modo ainda mais cuidadoso. Com um exército e uma marinha que mal mereciam esses nomes, o país era evidentemente um alvo tentador para a Espanha. Mas as relações entre os dois vizinhos estavam numa fase amigável: Fernando VI havia demitido seu primeiro-ministro pró-francês, o marquês de Ensenada, em 1754, e se oferecera para mediar o conflito entre a Inglaterra e a França no início de 1756. Além disso, os governos espanhol e português haviam garantido um ao outro que não pretendiam se deixar levar para a briga.

Infelizmente, nem a Espanha nem Portugal mandavam nas próprias neutralidades. Como bem sabia Benjamin Keene, o Pacto de Bourbon estava apenas adormecido e não morto. Se a Espanha fosse empurrada ou puxada para a guerra pela França, Portugal se sentiria imediatamente ameaçado e pediria ajuda à Inglaterra. Em 1753, a França tinha até tentado uma abordagem mais direta com Portugal, enviando o agente, aventureiro e homem de letras Ange Goudar para tentar persuadir o independente Pombal de que era tempo de Portugal forjar o próprio destino político e econômico, livre do jugo da Inglaterra. Uma aliança com a França poderia significar um fim definitivo para o medo de anexação pela Espanha, argumentava o enviado francês. Pombal não mordeu a isca. Mesmo assim, quando Goudar publicou seu *Relato histórico do terremoto ocorrido em Lisboa em 1º de novembro* [*Relation historique du tremblement de terre survenu à Lisbonne le premier Novembre 1755*], em 1756, em Haia, a obra continha um "discurso político" sugerindo que o terremoto deveria ser saudado por Portugal como um chamado à ação.

Goudar declarou que, durante sua missão em Lisboa, não encontrara nada além de "inépcia política", "uma monarquia que perdeu o fôlego, enfraquecida por revoluções, perturbada por facções secretas e empobrecida pela própria riqueza" e um "povo oprimido pela superstição, uma nação cujos costumes guardavam uma semelhança chocante com os dos bárbaros, e um Estado governado por mestiços asiáticos cuja única característica europeia se apresentava na forma de uma monarquia fantoche". Como se não fosse um estado de coisas suficientemente ruim, prosseguia ele, a Inglaterra havia deixado o velho aliado de joelhos ao manter Por-

CHUVA, FALÊNCIA E REVOLUÇÃO   211

tugal atrasado para poder drenar o ouro brasileiro. "Pode-se dizer que as minas do Brasil pertencem inteiramente à Inglaterra", afirmou Goudar, "e Portugal é um mero administrador da própria riqueza."[20]

Se Goudar esperava que essa diatribe levasse a um novo diálogo franco-português, ou atraísse Pombal para o campo francês, estava muito enganado. Mesmo havendo umas poucas almas iluminadas que vissem elementos de verdade no discurso de Goudar, sua retórica ofendia demais o brio nacional português, e ninguém daria o braço a torcer, muito menos Pombal. A reação do ministro português foi condigna, e parecia confirmar seu princípio de, "como bom português, mostrar-se sempre um inglês de coração", como expressou num aparte a Castres, feito quando a Grã-Bretanha anunciou um tratado com a Prússia no início daquele ano.[21] O livro de Goudar foi imediatamente proibido, e um edito da Inquisição, que também tinha sido alvo de críticas pesadas dos franceses, condenou o texto como um emaranhado de mentiras, insultos e falsidades. O conde de Baschi foi embora logo em seguida: ele também não tinha conseguido fazer avançar a causa da França, e não foi ajudado pelo que Castres descreveu como "temperamento violento", "disputas perpétuas em torno de ninharias" e "reflexões livres e desinibidas sobre os usos e costumes do país"[22] e de sua Família Real. Pombal era notoriamente inescrutável, mas nesse período parecia a Castres que não haveria alteração no *status quo* diplomático de Portugal. Era impossível prever se ele iria ou não usar o estado de emergência depois do terremoto como uma nova oportunidade de atacar os usos e abusos feitos por alguns comerciantes ingleses de seus privilégios comerciais e suas crescentes incursões em mercados que eram tradicionalmente reservados aos comerciantes portugueses.

Quando Caleb Whitefoord, um jovem comerciante de vinhos de Edimburgo, chegou a Lisboa, em agosto de 1756, escreveu a seu sócio, Thomas Brown: "Desembarquei, e teria prazer em dizer que foi em terra firme." Tremores ainda eram sentidos regularmente na cidade,*

---

* "Sua terra nunca vai ficar quieta?", perguntou Benjamin Keene a Castres, numa carta de 21 de julho de 1756 (ver Lodge org., *The private correspondence of Sir Benjamin Keene, KB*, p. 486). *(N. do A.)*

mantendo a população num estado de "terror contínuo", especialmente nos dias anteriores a cada lua cheia. Quinhentos abalos foram registrados no primeiro ano depois do terremoto. Portanto, mesmo que Pombal tivesse tido os materiais, o dinheiro e a força de trabalho para começar os consertos e a reconstrução da cidade, isso seria impossível. "Muitos anos se passarão", opinou Whitefoord em sua carta, "antes que o lugar consiga se recuperar do recente desastre", já que até as poucas casas ainda restantes tinham a aparência de "um mendigo coxo, escorado em muletas." Havia sinais de alguma arrumação sendo feita nas ruas principais da Baixa, mas Whitefoord achou ter detectado um nervosismo marcante, talvez compreensível, em relação à condução dos trabalhos. Era como se as ruínas estivessem declarando *noli me tangere,** levando as pessoas "a lidar com elas muito cautelosamente".

Quando Whitefoord andava pela cidade, ele se viu entre os escombros do grande convento e igreja da Trindade, no Bairro Alto, e sentiu seu nariz ser "saudado por um cheiro muito ofensivo". Nove meses haviam se passado desde o terremoto, e essa experiência pavorosa o levou a conjecturar "quais seriam as consequências se todos os corpos fossem desenterrados". Ele também chegou à conclusão de que as casas ainda em pé na cidade não eram "suficientes para acomodar um quinto dos habitantes". Poucos dias depois, tendo visto outras regiões de Lisboa, sua conclusão foi ainda mais desoladora. "Eu me arrisco a afirmar", escreveu ele numa carta, "que, a despeito do que foi publicado em contrário, não restam três casas na cidade, e que, mesmo nos subúrbios onde há algumas em pé, elas estão de tal forma trituradas e caídas que não podem ser habitadas". As únicas pessoas que se podia ver nas ruas eram das "classes baixas", um terço das quais africanas, vivendo nas ruínas e "bastante consumidas pelos animais peçonhentos". Até os comerciantes ingleses ainda estavam restritos a viver em grupos de trinta pessoas numa casa construída para uma família de sete ou oito, nas extremidades não destruídas da cidade, em condições que eram mais as "de um hospital" do que de uma residência particular. Todos os negócios eram feitos improvisadamente, ao ar livre, ou

---

* "Não me toque". Em latim no original. *(N. do T.)*

numa "cafeteria pequena e suja em Beleir", como Whitefoord descreveu a taberna do resignado Mr. Morley.

Embora despedaçada, Lisboa ainda exercia um certo encanto em qualquer pessoa que a visse pela primeira vez. A epidemia que todos pensavam estar pronta para irromper no verão nunca se materializou, o céu estava "sempre sereno", e, depois do calor extremo dos dias, Whitefoord achou as noites "deliciosas". Entre os "alfacinhas", alguns aspectos da vida continuaram inabalados: ele observou, com algum mau gosto, que "houve um número tão grande de casamentos nestes poucos dias que seria suficiente para causar um terremoto". Mesmo os escombros eram atraentes a seu modo macabro, embora ele não achasse que "permitissem vistas tão belas como as de Palmira* e de outras cidades que tiveram o mesmo destino". Mas a conclusão de Whitefoord foi enfática: "Nunca se viu ou, creio, se ouviu algum relato de uma destruição tão universal."[23]

Em 8 de novembro de 1756, 16 navios chegaram do Rio com uma carga de 3 mil baús de açúcar, 46 mil peles de animais, 1,5 milhão de cruzados em ouro para o rei e 8 milhões de cruzados em ouro e prata para os comerciantes. As exportações da Inglaterra para Lisboa cresceram de 1,1 milhão de libras em 1755 para 1,5 milhão em 1756. Os comerciantes presentearam Castres com um retrato em sinal de gratidão por tudo o que ele havia feito por eles no tempo seguinte ao terremoto. A confiança de Edward Hay de que o "considerável ramo de comércio" não desapareceria se justificou. À medida que a equipe de projetistas de Manuel da Maia criava seis planos potenciais para uma nova cidade, havia, apesar do ceticismo de Whitefoord e de todas as outras testemunhas oculares dos escombros, uma possibilidade de, com o tempo, a grande cidade de Lisboa ser reconstruída afinal.

---

* Na Síria, hoje Tadmor. Sofreu um terremoto em 1089. *(N. do T.)*

CAPÍTULO 18

Jejum e filosofia

No dia público de jejum em fevereiro de 1756, 12 mil igrejas paroquiais da Grã-Bretanha estavam lotadas até o teto. John Wesley observou que não se conhecera dia tão glorioso desde a Restauração.* Os textos de sermões com títulos como "A perversidade nacional é a causa da infelicidade nacional", "Um arrependimento imediato é o meio mais eficiente de evitar o juízo de Deus" e "Um alarme para um mundo desatento" foram levados rapidamente para as impressoras, alguns deles muitas e muitas vezes, e congregações em todos os lugares se familiarizaram com a oração do dia especial de jejum que suplicava ao Todo-Poderoso que "desperte nossas consciências ainda mais, que possamos a tempo ver e reconhecer sua mão, que, de um modo muito surpreendente, se levantou sobre nós".

Havia constantes lembranças do evento universalmente reconhecido como "o mais severo julgamento da ira de Deus que já foi infligido aos pecadores".[1] Os sete anos posteriores à tragédia de Lisboa se revelariam não apenas um período de guerra universal como também de uma "crise sísmica" sem precedentes na Europa. A França sofreu mais

---

* Período da História Britânica iniciado em 1660, quando as monarquias inglesa, escocesa e irlandesa foram restauradas sob o rei Carlos II, depois da guerra civil que se seguiu ao governo de Oliver Cromwell. *(N. do T.)*

216 A IRA DE DEUS

de quarenta terremotos apenas em 1756. Na Alemanha, 88 tremores foram registrados entre novembro de 1755 e março de 1757. E em Brig, na Suíça, 135 abalos foram sentidos entre dezembro de 1755 e fevereiro de 1756. Essa intranquilidade ampla dificultou aos pregadores a continuação dos clamores de que Lisboa fora destruída por ser "um lugar notoriamente pervertido, funcionando como feira e sede de comércio para todas as nações que levaram para lá seus vícios junto com suas mercadorias".[2] A maior parte dos sacerdotes mais importantes preferiu, como o cônego de Lichfield, declarar que "o recente e apavorante terremoto" não era "prova de ira divina contra Portugal em particular"[3] e, como o cônego de St. Paul, conclamar "um espírito verdadeiramente cristão" na consideração "pelas calamidades de um povo, ligado a nós pelos laços de aliança, amizade e interesse mútuo".[4]

Uma reação religiosa ainda menos bem-vinda em Lisboa do que a dos protestantes reacionários europeus foi a do Cavaleiro de Oliveira, o ex-diplomata português agora vivendo em Londres. Em seu *Discurso patético*, publicado em Londres e na Holanda em 1756, o Cavaleiro localizou a culpa pelo terremoto diretamente na espécie idiossincrática de catolicismo e Inquisição vigente em Portugal. "Pela força de devoções absurdas, sacrifícios terríveis e preces vãs, indignas de serem ouvidas", os portugueses estavam, segundo ele, "mergulhados na mais vergonhosa superstição e na mais grosseira idolatria" e tinham "mutilado, deturpado e desfigurado a Lei de Deus".[5] Por mais que, em particular, possa ter concordado com algumas dessas opiniões, Pombal não recebeu com tolerância as críticas abertas de um conterrâneo português: configuravam traição e não seriam esquecidas.

Internamente, suas tentativas amplamente bem-sucedidas de calar o clero e enfatizar que o terremoto havia sido uma catástrofe natural, em vez de divina, sofreram um revés mais sério em outubro de 1756, com a publicação do tratado de um influente jesuíta nascido na Itália e residente em Portugal, Gabriel Malagrida, intitulado *Juízo da verdadeira causa do terramoto*. Malagrida vinha pregando persistentemente contra a "heresia" das explicações naturais para o desastre, declarando que "nem mesmo o Diabo poderia inventar uma ideia tão mentirosa, que nos sujeita ao irreparável infortúnio". Para ele, haviam sido exclusivamente os pecados dos "alfacinhas" que atraíram sobre eles tão terrível destruição. O amor pelas comédias e por todo tipo de teatro, a desavergonhada dança nas ruas, o gosto por jogar cartas, a licenciosidade — tinham sido essas as causas do aniquilamento da cidade. Malagrida afirmava que o único procedimento a ser adotado por tais pecadores era orar, arrepender-se e implorar perdão. Pombal, por sua vez, em sua determinação de restabelecer a vida normal e começar a reconstruir a cidade, queria a população ativa e trabalhando duro, não se rendendo à autorrecriminação incessante e improdutiva.

O tratado de Malagrida, surgido num momento em que os jesuítas ofereciam resistência armada às reformas de Pombal e à tomada de territórios controlados por eles no Brasil e se aproximava o primeiro aniversário do terremoto, selou o destino do padre italiano. Em 29 de outubro, o secretário de Estado reagiu às profecias de muitos clérigos, segundo as quais Lisboa estava prestes a ser atingida por um desastre tão terrível quanto o do ano anterior, com a publicação de uma ordem que proibia qualquer pessoa de deixar a cidade e com o posicionamento de tropas em torno de seu perímetro. Depois que nenhum grande terremoto emergiu para aniquilar os habitantes remanescentes de Lisboa, Pombal baniu Malagrida para Setúbal e expulsou todos os jesuítas da Corte, onde haviam sido tão poderosos durante os anos finais do reinado de D. João V. Começava a nova fase da revolução causada pelo terremoto.

O efeito das ondas de choque de Lisboa no pensamento europeu foi exatamente tão grande quanto seu impacto na vida religiosa: o 1º de novembro de 1755 viria a ser lembrado como "um dos dias de nascimento da era moderna".[6] Durante muitos anos antes do terremoto, a Europa estava dominada pela filosofia do "otimismo", o termo usado para encapsular as ideias contidas em *Ensaios de teodiceia*, tratado publicado em 1710 pelo filósofo alemão Gottfried Leibniz e em seguida exposto em versos pelo poeta inglês Alexander Pope em *Essay on Man* [*Ensaio sobre o homem*].

A teodiceia era uma tentativa de conciliar a crença num Deus onipotente com o sofrimento humano, para afirmar a bondade e a justiça essenciais de Deus, apesar da existência do mal. O homem habita "o melhor dos mundos possíveis" (nas palavras de Leibniz) e "tudo está certo como é" (nas palavras de Pope). A proposição pode ser interpretada de vários modos. É possível simplesmente entender que as coisas não poderiam ser diferentes, que são como são. Mas também que tudo o que acontece ao mundo é para melhor, já que "todo o mal parcial" faz parte de "um bem universal".[7] Essa filosofia, essencialmente de aceitação passiva de um mundo governado pela Divina Providência, que seria inquestionavelmente benévola, sustentava-se fortemente nas doutrinas cristãs de submissão e resignação. Provou-se tão persuasiva que exerceu atração cruzando as mais rígidas linhas de demarcação entre política e religião. O catolicismo e o protestantismo, o absolutismo e o parlamentarismo, os nobres e os camponeses — nenhum credo ou situação social impediu a adesão ao otimismo. Era, simplesmente, "uma noção que sustentava o mundo ocidental".[8]

Para um número crescente de céticos, começava a ficar insustentável em 1755 a ideia aparentemente paradoxal de que um Deus perfeito criou intencionalmente o mal e o sofrimento. Para os mais famosos e influentes dentre eles, o terremoto foi a gota que fez transbordar o copo. O francês François-Marie Arouet, mais conhecido como Voltaire, tinha pouca coisa contra o princípio de que as coisas eram o que eram e não poderiam ser diferentes, por ser um truísmo, isto é, nada mais do que a afirmação do óbvio. O que ele considerava insustentável era a ideia de que tudo, inclusive um mal da magnitude que se havia visto em Lisboa, vinha "para o bem". Poucos dias depois de ouvir os primeiros relatos do desastre, em 24 de novembro de 1755, Voltaire escreveu, de sua casa perto de Genebra, uma carta para o amigo Élie Bertrand, em Berna, e propôs a seguinte questão: "Pope ousaria dizer que 'tudo está certo como é' se estivesse em Lisboa durante o terremoto?" Nesse mesmo dia, numa carta para Jean-Robert Tronchin, um banqueiro de Lyon, ele foi além:

> (...) essa é sem dúvida uma espécie cruel de física. As pessoas vão encontrar grande dificuldade em entender como as leis do movimento produzem desastres tão assustadores no "melhor dos mundos possíveis". Cem mil formigas, nossas vizinhas,

JEJUM E FILOSOFIA   219

subitamente esmagadas em nosso formigueiro, e metade delas
provavelmente morreram em aflição inexprimível entre os escombros em que ficaram presas sem poder ser retiradas. (...)
Que jogo triste do acaso é a vida humana! O que dirão os pregadores, especialmente se o Palácio da Inquisição continuar em
pé? Eu pelo menos me alegrarei se os reverendos padres e os inquisidores tiverem sido esmagados, como todos os outros. Isso
deveria ensinar os homens a não perseguirem outros homens,
porque, enquanto alguns santos canalhas queimam uns poucos
fanáticos, a terra engole a todos sem exceção.[9]

Em outra carta escrita em 30 de novembro, Voltaire qualificou o
desastre como "argumento terrível contra o otimismo"[10] e começou a
trabalhar na obra que se tornaria a resposta intelectual mais famosa e
influente ao que havia ocorrido — seu *Poème sur le désastre de Lisbonne* [*Poema sobre o desastre de Lisboa*], de 180 versos.

O subtítulo do poema, *Exame do axioma "tudo está bem"*, iden-
tificava o alvo de Voltaire, e no prefácio ele expunha suas intenções.
"Se a questão do mal físico em alguma oportunidade merece a atenção do homem", começava ele, "é quando esses eventos melancólicos
ocorrem, lembrando-nos da fragilidade de nossa natureza — como as
pestes, que levaram um quarto dos habitantes do mundo conhecido,
ou o terremoto que engoliu até 400 mil pessoas na China em 1699,
ou os de Lima e Callao, ou, mais recentemente, os de Portugal e do
reino de Fez." Tais catástrofes, prosseguia ele, faziam "a máxima 'tudo
está certo como é' (...) parecer estranha àqueles que testemunharam
tais calamidades".

De início, Voltaire aparentemente quis deixar claro que não estava
questionando a existência da Divina Providência; seu argumento era
que "nem tudo está ordenado de modo a promover nossa felicidade
presente". Tampouco, afirmou ele também, estava atacando Alexander Pope, a quem sempre havia admirado. Eram o fatalismo e a pas-
sividade implícitos na doutrina do "tudo está bem" que ele reprovava
como "simplesmente um insulto ao sofrimento em nossas vidas".[11]
Voltaire criticava a aceitação da ideia de que "tudo está certo como é"

220 A IRA DE DEUS

por ser contraditória. Se Deus era ao mesmo tempo bom e todo-poderoso, como podia uma deidade como essa deixar coisas assim acontecerem? Não era monstruoso sustentar, como ele sugeria ser o caso dos otimistas, que a reconstrução criaria a prosperidade e que até os animais se beneficiariam por se banquetearem com os cadáveres? Alegar tudo isso, na opinião de Voltaire, era "tão cruel quanto o terremoto era fatal".[12] E por que, perguntava ele, mesmo que o terremoto tivesse a intenção de ser algum tipo de punição, tantas crianças pequenas foram vitimadas? E por que Lisboa fora escolhida — era realmente mais pecaminosa do que Londres ou Paris?

O esboço inicial do poema de Voltaire foi concluído em 4 de dezembro. As primeiras impressões apareceram em Paris, anonimamente, em janeiro de 1756. As questões que o poema levantava eram, para a época, profundamente chocantes, subversivas e até blasfemas. O que Voltaire estava pedindo era "um deus que fale à humanidade", não o deus do otimismo, que não era nada além de uma "cruel filosofia sob um nome confortador".[13] Ele pretendia nada menos do que levar a uma reconsideração da natureza do mal e de seu lugar no mundo. Nunca se saberá até que ponto questões similares a estas povoaram as mentes de Mr. Braddock, nas semanas depois de ele ter visto a igreja de São Paulo desabar sobre os paroquianos e o maremoto se avolumar pelo Tejo, ou de Lawrence Fowkes, quando ficou claro que Mrs. Morrogh e seu filho estavam mortos, ou de Benjamin Branfill, quando a velha e querida Mrs. Hussey expirou. A fé dos alfacinhas imediatamente depois da tragédia era ainda mais "cega", submissa e cordata do que nunca. Mas, para as pessoas instruídas por toda a Europa, chocadas e desesperadamente amedrontadas com os relatos do que havia acontecido em Lisboa, o ataque devastador de Voltaire contra o otimismo não poderia ser ignorado.

Voltaire oferecia poucas migalhas de consolo para aqueles cuja visão de mundo ele estava decidido a destruir, e não tinha nenhuma explicação pronta para a coexistência de Deus e do mal no mundo. Mesmo depois de ter mudado o fim do poema em atenção a conselhos de amigos, para quem a versão original — "O homem necessita sofrer, / Submeter-se, adorar e morrer" — era tão lúgubre que minaria

JEJUM E FILOSOFIA 221

o impacto de todo o resto que ele estava tentando dizer, a conclusão não era nada animadora. A palavra "esperança" — "a única alegria do homem oprimido"[14] — apareceu na nova versão, mas sem nenhuma grande convicção. "A bondade da Providência" era "o único santuário" que Voltaire conseguia sugerir, um santuário "no qual o homem pode buscar refúgio durante esse eclipse geral da razão, e entre as calamidades às quais sua natureza fraca e frágil está exposta".[15] Mas não era seu objetivo oferecer palavras de consolo. Voltaire queria introduzir a dúvida, perturbar, destruir, para que algo de novo viesse a substituir o otimismo.

O ataque de Voltaire ao otimismo logo desencadeou uma reação vigorosa de outro contemporâneo influente, o suíço Jean-Jacques Rousseau. Numa carta escrita a Voltaire em agosto de 1756, Rousseau rejeitou a sinistra descrição da existência feita pelo outro e se disse decepcionado, uma vez que um grande *filósofo* não conseguira encontrar dentro de si humanidade suficiente para expor em seus argumentos. "Você reprova Alexander Pope e Leibniz", ele escreveu, "por diminuírem nossos infortúnios ao afirmarem que tudo está bem, mas desse modo você aumenta a lista de nossas infelicidades a ponto de apequenar ainda mais nossa condição. No lugar do consolo que eu esperava, você apenas me deixou vexado. (...) [Seu poema] torna piores minhas aflições, estimula meus lamentos e, me levando além de uma esperança despedaçada, me reduz ao desespero." Apenas pela boa medida, o acabrunhado e amargo Rousseau acrescentou que os argumentos de Voltaire eram "o produto da vida artificial e insalubre de um intelectual mimado e cheio de privilégios".

O "Ser eterno e benfazejo" de Rousseau criou um universo com "o mínimo mal" e "o máximo bem" e "não fez melhor para a humanidade porque não pôde fazer melhor". Para Rousseau, a "origem do mal moral" estava no homem, não em Deus, e um novo argumento que ele mobilizou em defesa de uma Providência bondosa se referia ao papel do homem em desastres como o de Lisboa. "A maioria dos nossos males físicos", ele escreveu, "está em nosso próprio trabalho." Em Lisboa, havia sido o homem, não a natureza, que construíra "20 mil casas de seis ou sete andares", argumentou Rousseau. Se a população tivesse se espalhado mais e residisse em prédios mais baixos, "a destruição teria sido muito menor, talvez até irrelevante".[16] Além disso, quantas mortes não foram devidas a decisões deliberadas e ponderadas dos homens — voltar para casa para recuperar o dinheiro, ou pegar roupas, ou salvar documentos?

Terremotos não eram ocorrências raras e estavam aos poucos se tornando menos misteriosos. Por isso, não foi a imensidão do sismo de Lisboa que faria a tragédia que se abateu sobre a cidade repercutir através dos tempos. Isso, na opinião de Theodore Besterman, no 200º aniversário do terremoto, era "de uma importância apenas relativamente modesta" no longo prazo. Foram as "repercussões morais", com seus impactos no pensamento ocidental, que "ultrapassaram em muito as de natureza física e mesmo humana". Nas habilidosas mãos de Voltaire, o terremoto de Lisboa tornou-se o veículo para um ataque ao otimismo e à visão ortodoxa da Divina Providência. Isso mudaria para sempre o modo de pensar das pessoas. Por outro lado, talvez tenha tornado o desastre de Lisboa o último em que Deus ocupou o palco principal. Nesse ínterim, a resposta inicial de Voltaire ao jovem e emergente Rousseau compreendia apenas duas frases indiferentes, concluindo: "Perdoe-me por propor todas estas discussões filosóficas que são apenas divertimentos."[17] Para uma resposta completa e furiosa, Rousseau teria de esperar mais dois anos.

Ó infelizes mortais! Ó deplorável terra!
Ó agregado horrendo que a todos os mortais encerra!
Exercício eterno que inúteis dores mantém!
Filósofos iludidos que bradais "Tudo está bem";
Acorrei, contemplai estas ruínas malfadadas,
Estes escombros, estes despojos, estas cinzas desgraçadas,
Estas mulheres, estes infantes uns nos outros amontoados,
Estes membros dispersos sob estes mármores quebrados,
Cem mil desafortunados que a terra devora,
Os quais, sangrando, despedaçados, e palpitantes embora,
Enterrados com seus tetos terminam sem assistência
No horror dos tormentos sua lamentosa existência!
Aos gritos balbuciados por suas vozes expirantes,
Ao espetáculo medonho de suas cinzas fumegantes,
Direis vós: "Eis das eternas leis o cumprimento,
Que de um Deus livre e bom requer o discernimento?"
Direis vós, perante tal amontoado de vítimas:
"Deus vingou-se, a morte deles é o preço de seus crimes?"
Que crime, que falta cometeram estes infantes
Sobre o seio materno esmagados e sangrantes?
Lisboa, que não é mais, teve ela mais vícios
Que Londres, que Paris, mergulhadas nas delícias?
Lisboa está arruinada, e dança-se em Paris.

Voltaire, *Poema sobre o desastre de Lisboa**
(Versos 1-23)

---

* Tradução de Vasco Graça Moura. *(N. do T.)*

PARTE TRÊS

Depois do terremoto

"Tendo em vista nossa experiência contemporânea com tais desastres, não surpreende a este que escreve, de modo algum, que o terremoto que era para ser um dos maiores de todos (...) não deixou em sua esteira nenhuma tradição em especial."

Bahngrell W. Brown, "The quake that shook Christendon — Lisbon 1755",
The Southern Quarterly, vol. VII, julho de 1969, nº 4, p. 425

CAPÍTULO 19

Execuções

Eu praticamente terminei minha viagem de Falmouth até Lisboa e, tendo quase superado todo o enjoo, redigirei agora o documento que lhe devo. No último domingo, dia seguinte ao Natal, cerca das três horas da tarde, embarquei para Lisboa. Pensei, na verdade, que tivesse ficado para trás, porque mal tinha terminado o jantar quando soube que o navio já havia levantado âncora e estava começando a zarpar.

No entanto, fizemos o barqueiro remar decididamente e conseguimos alcançar nosso paquete antes que abandonasse o porto. Soube depois que não havia perigo de ser deixado para trás, porque o capitão do navio ainda estava a bordo e não se podia partir para alto-mar antes que ele estivesse em terra. Para explicar esse aparente paradoxo, é preciso dizer que os capitães desses paquetes às vezes têm o desejo indolente de permanecer ao pé de uma lareira enquanto seus barcos, sob o comando de mestres, enfrentam as ondas implacáveis. Se não estou mal informado, esses hábitos coincidem com suas inclinações, uma vez que consideram, acredito, melhor atuar em casa como comerciantes do que no exterior como marinheiros. Nossas velas enfim desenroladas, deslizamos do porto de Falmouth, com dois barcos em nossa companhia. (...)[1]

No relato de Christopher Hervey (sem parentesco com Augustus) sobre sua "Grand Tour", que começou em Lisboa no último dia de 1758, não há menção ao *Diário de uma viagem a Lisboa*, de Henry Fielding, publicado três anos antes. Mas existem grandes similaridades entre os estilos e observações iniciais do grande romancista e do jovem turista. Hervey teve mais sorte, já que sua travessia demorou apenas sete dias. Quatro anos depois da morte de Fielding, o interesse dos viajantes residia principalmente nas ruínas de Lisboa e na possibilidade de adquirir suvenires do terremoto — moedas derretidas, tigelas de porcelana e coisas assim. "É geralmente aceito", escreveu outro visitante da época, "que uma cidade bastante indiferente, Lisboa, se tornou uma das mais extraordinárias ruínas do mundo."[2] Para o viajante intrépido, a capital portuguesa era, em outras palavras, a nova Pompeia ou a nova Herculano.

Em Belém, Hervey estava menos interessado no Mosteiro dos Jerónimos, que atraíram os olhos de Fielding, do que numa estrutura descrita como "algo parecido com um enorme e longo estábulo". Era o alojamento de madeira, localizado num aclive, no qual a Família Real ainda vivia quatro anos depois do terremoto. Embora "o Tejo dourado" o tenha impressionado como "uma das vistas mais prazerosas que já presenciei", quando Hervey subiu num cabriolé em terra firme, tudo era de uma espécie diferente de "sordidez", que o levou a elaborar as mesmas críticas feitas por Fielding. "Pilhas de ruínas estavam por todos os lados", ele escreveu. "Onde ainda remanesciam algumas casas, elas se escoravam em grandes pedaços de madeira, tornando o horror do cenário ainda pior." Isso era profundamente perturbador. Prosseguia a carta de Hervey: "Reflexões melancólicas tomaram conta de mim. Ocorreu-me que sob meus pés poderiam estar centenas de cadáveres. Depois que casas inteiras despencaram sobre elas, algumas dessas pessoas devem ter sido destruídas pela mão da fome, que as consumiu lentamente, já que o fogo subsequente ao terremoto não deve ter alcançado essas regiões agora subterrâneas."

Enquanto o cabriolé de Hervey o conduzia para o leste, em direção à casa de seu anfitrião em Santa Apolónia, o guarda-livros que o havia buscado no paquete apontou uma das ruas para o norte da margem do rio e lhe disse que outrora havia sido "a mais populosa de Lisboa". Agora era pouco mais do que "uma massa de paredes demolidas, com

EXECUÇÕES   231

janelas arrombadas e, para além delas, descobriam-se mais escombros: um esconderijo para ladrões, corujas e bodes; em suma, a morada da desolação!" Algum progresso havia sido feito na limpeza da cidade. Foram abertas passagens na maioria das ruas, cobertas por "emaranhados de material dos prédios desabados". Mas a Baixa continuava inabitável, como atestava o grande número de "casas temporárias"[3] construídas entre o Terreiro do Paço e Santa Apolónia, e muito além. Na verdade, parecia que nada de novo na cidade havia "sido posto em execução". Informaram a Hervey que uma escassez de fundos impedira que os trabalhos avançassem e que a taxa especial que Pombal havia instituído sobre as importações e exportações não era "de modo algum suficiente para corresponder aos gastos".[4]

Não é que o andamento das obras estivesse mais lento; na verdade, elas sequer tinham começado. Em maio de 1758, as condições legais para a reconstrução dos quarteirões residenciais da Baixa ainda não haviam sido publicadas, e os proprietários de terrenos ganharam um prazo de cinco anos para providenciar os trabalhos, senão teriam suas terras confiscadas. Os proprietários que não pudessem arcar com os custos receberiam empréstimos. Além disso, a nova Baixa devia ser construída nas exatas especificações que pretendiam substituir o bairro medieval caindo aos pedaços pelo mais moderno centro urbano da Europa. O projeto básico que Manuel da Maia e sua equipe produziram era retilíneo. Quatro ruas principais correriam para o norte, desde o Terreiro do Paço até o Rossio; outras três começariam a um terço do caminho, também terminando no Rossio, e essa rede seria intersecionada em ângulos retos por sete ruas transversais. A maior parte dos nomes já decididos para as ruas na direção norte — como rua Áurea, rua dos Sapateiros, rua dos Correeiros, rua da Prata, rua dos Douradores, rua dos Fanqueiros — eram deliberadamente funcionais, proclamando tanto aos moradores como aos visitantes que Lisboa agora tinha um centro comercial merecedor de sua reputação de séculos como entreposto de negócios. Pela mesma lógica, a nova praça na margem do rio seria chamada praça do Comércio (ou, como Pombal, cioso de seu patrocínio régio, sempre se referiu cuidadosamente, Real Praça do Comércio). Para mostrar que a vida religiosa não havia sido totalmente suplantada pela secular, as ruas transversais que passavam pelas freguesias destruídas guardavam seus nomes — rua de São Julião, rua da Conceição, rua de São Nicolau e rua de Santa Justa. Similarmente, a via norte-sul que atravessava o antigo bairro de Thomas Chase em seu extremo leste foi chamada de nova rua da Madalena.

Todos os prédios da nova Baixa seriam construídos com quatro andares e um sótão e eram concebidos tanto para uso residencial quanto comercial. Cada um tinha de conter uma moldura de madeira pintada de ocre que era chamada de gaiola, para que os danos provocados por qualquer futuro terremoto pudessem ser limitados pela altura e pela elasticidade da estrutura. Os incêndios seriam mais controláveis, graças às ruas mais largas e retas e aos muros corta-fogo entre os prédios. Para garantir que materiais de construção adequados estivessem disponíveis, um decreto de 1757 incentivou "a multiplicação de fábricas de cal, tijolos e materiais de madeira e pedra", e tantos componentes quanto possível deviam ser produzidos em massa ou pré-fabricados e empilhados na praça do Comércio, em volta da qual os principais prédios públicos seriam construídos. Toda a área compreendia quase 25 hectares, e o desenho uniforme, nítido e utilitário refletia a formação dos engenheiros militares envolvidos em sua criação. Para uma nação normalmente descrita como atrasada em tudo, das artes às ciências, do comércio à religião, o plano era surpreendentemente ousado e inovador. Se terminado, Lisboa teria se tornado a primeira cidade do mundo projetada para ser tão resistente a terremotos quanto a tecnologia podia permitir, e assim estaria dando a resposta mais desafiadora imaginável ao desastre que a abatera. Mas a questão nos lábios de todos os visitantes era: terá esse plano condições de ser concluído?

As conversas por toda a cidade, quando Christopher Hervey chegou, não eram sobre a reconstrução, o comércio ou alguma nova lei promulgada por Pombal. A primeira vez que ele ouviu algo a respeito do assunto do momento foi pela boca dos passageiros a bordo do *Hanover*, quando os dois paquetes passaram um ao lado do outro ao cruzarem a barra do rio. Os negócios do reino estariam em "situação crítica", e, com a exceção habitual dos paquetes de Falmouth e dos navios de guerra ingleses, um embargo havia sido imposto a toda a navegação, pela mais chocante das razões. Alguns membros das mais ilustres famílias do reino, cujos nomes, disseram a Hervey, eram "conhecidos nos dias triunfantes

EXECUÇÕES

de Portugal", haviam sido "agarrados e jogados na prisão".[5] Lá, foram acusados de planejar o assassinato do rei. Na noite de 3 de setembro de 1758, D. José estava a caminho do alojamento real em Belém, por volta das onze horas, acompanhado por um valete mas sem nenhum guarda, quando seu coche foi emboscado por três homens armados. O cocheiro levou um tiro, e um bacamarte "cheio de balas"[6] foi descarregado atrás da carruagem. O rei e o valete ficaram feridos, mas tiveram a presença de espírito de se atirar no chão do veículo, com isso evitando uma nova saraivada de tiros. O cocheiro conseguiu seguir em frente e conduzi-los diretamente para a casa do cirurgião real, ali perto.

O episódio permanece tão completamente envolto em mistério que, mesmo para essa versão aproximada dos acontecimentos, as provas são escassas.[7] Depois da morte, em 1757, do pobre Abraham Castres, que vinha sofrendo cada vez mais de um terrível "distúrbio asmático" e de um horrível inchaço nas pernas desde o terremoto, Edward Hay foi promovido a enviado extraordinário em Lisboa (e *Sir* Harry Frankland a cônsul), por isso coube a ele tentar reproduzir os acontecimentos para o governo britânico. Em seu despacho de 13 de setembro de 1758, escreveu que o rei estava a caminho de "visitar uma amante", assistido por seu "servo favorito", Pedro Teixeira, e que eles normalmente estariam em duas carruagens, o rei na primeira e Teixeira na segunda, quando cruzaram com três homens mascarados e a cavalo. Os autores da emboscada teriam deixado a primeira carruagem passar — aquela que normalmente estaria transportando o rei — e atirado na segunda. Hay concluiu por isso que "esse ataque estava previsto para atingir o homem, não o mestre". Acreditava-se que o rei havia se ferido no braço direito, "mas não gravemente", e que Teixeira estava "muito machucado".[8]

Como também acontecia em Londres, havia uma longa tradição de vandalismo violento entre as classes nobres de Lisboa: em sua juventude, o próprio Pombal tinha liderado uma das gangues que rotineiramente atacavam pessoas, tabernas, bordéis e casas particulares por "esporte". Assassinatos, muitas vezes provocados por relações de ordem carnal, também eram lugar-comum, e Teixeira certamente tinha inimigos, já que se costumava dizer que ele tinha "se tornado insolente devido à proteção do rei".[9] Alguns diziam que ele havia insultado pessoalmente D. José Mascarenhas, duque de Aveiro, um dos principais

234 A Ira de Deus

(e menos populares) fidalgos da terra. Outros diziam que o rei havia sido o alvo, porque o duque de Aveiro nunca o perdoara por exilar seu tio, um favorito de D. João V, no início de seu reinado. Dizia-se também que o duque tivera ambições de se casar com a filha de D. José, a princesa do Brasil, antes que ela se casasse com o próprio tio, ou ainda que ele queria se vingar da recusa do rei em permitir um casamento interfamiliar que teria selado uma poderosa aliança com o duque de Cadaval. Outra explicação possível era que o ataque a um confidente do rei — Teixeira — tinha o propósito de servir de advertência a outro — Pombal — de que a nobreza já estava farta de seu empenho reformista. Dois anos antes, o duque de Aveiro estivera implicado na conspiração para depor Pombal que havia levado ao exílio o secretário de Estado Diogo de Mendonça Corte-Real.

Por três meses depois do ataque, nada aconteceu, exceto um anúncio de que o rei se ferira numa queda e que a rainha, Mariana Vitória, assumiria a regência até que as condições do monarca melhorassem. Era como se, nas palavras de um comerciante inglês, "o governo parecesse não se importar de modo algum em chegar ao âmago do caso".[10] Nem o duque de Aveiro nem qualquer outro nobre fugiu do país, como seria de se esperar depois de uma tentativa de assassinato fracassada. Talvez, como alguns viriam a sugerir mais tarde, a conspiração fosse tão difusa e obscura que ninguém sentiu necessidade de fugir. Mas, em meados de dezembro, quatro dias depois da publicação de um decreto oferecendo uma recompensa por informações sobre um atentado contra a vida do rei, tropas cercaram as casas de todos os membros da família Távora, assim como a do duque de Aveiro e seu filho, o conde de Atouguia, chefe da guarda do palácio, e as de outros dois homens suspeitos de armar a emboscada. As senhoras foram levadas diretamente para conventos, e os homens, sujeitados a semanas de torturas nas mãos da Inquisição.

Em 12 de janeiro de 1759, seis nobres e cinco plebeus foram sentenciados à execução, e na manhã seguinte conduziram-se dez pessoas de prisões ao redor da cidade até a praça em frente do Palácio Real, em Belém. Apesar do frio, uma enorme multidão se reuniu às oito e meia da manhã — segundo alguns, a cidade toda estava lá, outros calcularam 70 mil pessoas — para testemunhar o acontecimento mais sensacional

EXECUÇÕES   235

desde o terremoto. Um grande andaime, com a altura de dois homens, havia sido erigido na margem do rio, com oito rodas fincadas em estacas. Num canto havia um retrato de José Policarpo, que ainda estava livre, e no outro estava sentado António Álvares Ferreira. Ambos eram lacaios do duque de Aveiro e seriam os supostos assassinos. O primeiro membro da nobreza a ser levado ao cadafalso foi a marquesa de Távora, matriarca da família homônima, que estava encarcerada desde que fora presa no Convento das Grilas. Com quase 60 anos, ela havia sido uma grande beldade a seu tempo e ainda era uma figura imponente. Conduzida por dois padres jesuítas, a marquesa subiu ao cadafalso. Foram ditas orações e então sentaram-na num banco, e, com um único golpe de um instrumento descrito pelos estrangeiros como "uma faca muito grande", ela foi decapitada. Em seguida, levaram seu corpo até um canto e cobriram-no com seda preta.

O próximo a ser encaminhado foi o filho mais novo da marquesa, José Maria de Távora, de 22 anos. Ele parecia tão jovem e inocente que muita gente do público pensou que não tivesse mais do que 16 anos, e era difícil imaginá-lo envolvido em qualquer tipo de crime. A execução de sua mãe havia sido, em deferência à sua feminilidade e distinção social, relativamente digna. José foi amarrado a uma cruz de Santo André (no formato da letra X) e torceu-se uma corda enrolada em seu pescoço até sua vida ser tirada por estrangulamento. Os braços e antebraços, fêmures e tíbias foram em seguida esmigalhados com uma barra de ferro e seu corpo foi jogado numa roda. Depois de José Maria, foi a vez de Luís Bernardo de Távora, o irmão mais velho de José Maria, marido traído de uma das amantes do rei. Seguiram-se o conde de Atouguia, marido de Maria Bernarda da Távora; o marquês de Alorna, Brás José Romeiro, que integrava a milícia de Luís de Távora; e outro serviçal do duque de Aveiro.

E então veio o próprio marquês de Távora, ex-governador da Índia Portuguesa que havia retornado em 1754 e havia sido general na cavalaria do rei. Ele foi obrigado a desfilar de cabeça descoberta para aumentar seu opróbrio e, depois de subir ao cadafalso, andou em volta de todas as rodas, levantando as lonas para inspecionar os corpos. Quando ele chegou ao corpo do filho mais novo, José Maria, ajoelhou-se e chorou. Em seguida foi executado: o marquês foi atado a uma cruz e, depois de seu braço e perna direitos serem quebrados nas partes superior e inferior, ritual acompanhado de gritos "inexprimivelmente horríveis", ele recebeu o golpe de misericórdia — uma investida no peito. Não se demonstrou semelhante clemência para com o duque de Aveiro, mestre da Casa Real, que permaneceu vivo, "seus gritos verdadeiramente terríveis", enquanto todos os seus membros eram quebrados.

A última vítima, António Álvares Ferreira, foi o "conspirador" a quem se reservou o clímax desse teatro macabro. Ele foi levado a sentar-se num degrau alto e acorrentado a uma estaca, enquanto os corpos de todos os outros eram descobertos para que ele visse. Gravetos e resina foram espalhados sobre o cadafalso. Ateou-se fogo a essa mistura e Ferreira foi queimado vivo, "berrando entre as chamas durante cinco minutos". Quando o andaime inteiro estava arrasado no chão, as cinzas foram varridas para o Tejo, e naquele mesmo dia demoliu-se o Palácio do Duque de Aveiro e o solo foi salgado.

Benjamin Farmer, que havia voltado a Lisboa para levar em frente seu pedido de indenização pela apreensão de sua escuna nas ilhas de Cabo Verde e ainda tinha esperança de recebê-la, não testemunhou a execução. Mas, em seu caminho de volta de um passeio nas montanhas, cruzou uma vasta multidão voltando para o centro da cidade, vinda de Belém. "Seus passos eram lentos", ele escreveu, "e os olhos estavam fixos no chão. Reinava um silêncio total. Exceto por alguns suspiros e o barulho de seus passos, nada se ouvia. As expressões, sem exceção, demonstravam a mais profunda melancolia, mas nenhuma raiva." Farmer ficou "extremamente tocado" pelo que via e lembrou que havia sentido "apenas uma outra vez o efeito de uma comunicação de sentimentos como esta, quando, durante o grande terremoto, o novo cais foi engolido, o mar ameaçou a parte baixa da cidade e uma multidão como aquela fugiu para as colinas".[11]

Christopher Hervey, cujo entendimento da enormidade do que havia acontecido não era tão grande quanto o de alguém tão cônscio quanto Benjamin Farmer, observou depois das execuções, "como tudo por aqui é misterioso — mas assim é o governo de Portugal". Disseram-lhe que "outros mais vão morrer; mas só Deus sabe quem e quando". Todos os nobres executados tinham laços de sangue ou de afinidade. Mas isso não era nada diante da ambição de Pombal de se livrar de qualquer um que não fosse seu aliado ou que pudesse se

EXECUÇÕES   237

tornar suficientemente poderoso para removê-lo da Corte. A informação recebida por Hervey estava correta. Muitos outros nobres foram
cercados, condenados à prisão perpétua ou exilados, para se juntarem
aos que, como o ilustre duque de Lafões e seu irmão, já haviam decidido que era mais seguro deixar o país de Pombal. Até os príncipes
de Palhavã, meios-irmãos ilegítimos de D. José, foram banidos de suas
propriedades. Hervey se sentia grato por poder dizer que "enquanto
os relâmpagos reluzem à minha volta, seus raios não ameaçam minha
humilde situação".[12] Do mesmo modo, todos os outros estrangeiros
reagiram fechando os olhos. Pombal realmente manipulou — ou talvez até tenha criado — o "caso Távora" tão habilidosamente que a
única reação vinda do exterior foi de repulsa pelos "traidores" e de
satisfação por terem tido o mesmo destino que os diversos rebeldes
jacobitas na Inglaterra em 1746 e Robert-François Damiens pela tentativa de matar Luís XV em Paris em 1757. Por tudo isso, Pombal
recebeu de D. José seu ingresso na nobreza ao ser nomeado conde de
Oeiras. Na verdade, como Benjamin Farmer observou na época, ele
era mais do que um conde: Pombal era "o mestre do rei", e o rei agora
"não tinha mais ninguém em quem confiar além dele".[13]

Depois de nove anos de manobras pacientes e astutas, o "rei Sebastião", nome pelo qual o novo conde de Oeiras cada vez mais era chamado nas ruas e também na Corte, pelas costas, tinha agora tanto poder que
faria o que bem entendesse. O efeito salutar das execuções reduziu o resto da nobreza, nas palavras de Benjamin Farmer, a "uma condição pouco
acima de servos domésticos". Paulo de Carvalho e Mendonça, irmão de
Pombal, foi nomeado inquisidor-geral, e a Inquisição, depois de duzentos anos, gradualmente se transformou numa "máquina política".[14] Outro irmão, Francisco Xavier de Mendonça, voltou do Brasil para tornar-
se secretário de Estado de Assuntos Marítimos e encarregar-se de toda
a administração colonial. A primeira força policial de Lisboa foi criada,
sob a direção de um intendente que se reportava a Pombal. A criação do
Colégio Real dos Nobres, para a educação dos membros da Corte, e da
Aula do Comércio, uma escola de negócios, tinham a finalidade de produzir uma geração de empreendedores e fidalgos ilustrados.

Mais importante que tudo, aos olhos de Pombal, era a oportunidade
que a conspiração lhe havia proporcionado de assestar o golpe decisivo

na luta com os jesuítas, cujo poder temporal no Brasil finalmente foi suprimido em 1758, depois de uma batalha de cinco anos nas margens do império. Gabriel Malagrida, que havia sido uma pedra no sapato de Pombal no período seguinte ao terremoto, também era confessor da marquesa de Távora, e isso lhe forneceu o pretexto para prendê-lo, assim como a muitos outros jesuítas eminentes, sob a acusação de cumplicidade. No primeiro aniversário do atentado contra a vida de D. José, ocasião escolhida muito intencionalmente, um decreto real anunciava que a Ordem Jesuíta era declarada em estado de rebelião contra a Coroa. Todas as propriedades dos jesuítas no Império Português foram confiscadas e a ordem inteira foi expulsa de território português. O mesmo aconteceu com o núncio papal em Lisboa, Filippo Acciaiuoli.

A notícia da expulsão dos jesuítas criou uma sensação muito maior na Europa do que a execução dos nobres, mais ainda depois que, em setembro de 1761, Malagrida foi submetido a um auto de fé, garroteado e queimado na fogueira ao lado de um retrato do Cavaleiro de Oliveira, que, de sua segurança em Londres, havia sido tão crítico de Portugal depois do terremoto. Católicos e protestantes não deixaram de perceber a ironia de que a última execução "religiosa" em Portugal foi a de um padre jesuíta. Pombal não saciou sua sede de vingança com a morte de Malagrida. Como se pretendesse substituir os judeus pelos jesuítas na psique nacional como uma válvula de escape para os sentimentos de suspeição e ódio, ele fez uma campanha incansável contra a Companhia de Jesus por toda a Europa. Na França, ela foi abolida em 1764 e, quatro anos depois, a Espanha, Nápoles e a Sicília fizeram o mesmo. Em 1773, a ordem foi suprimida pelo Papa. Portugal parecia ter se tornado um líder, e não o retardatário, no grupo de nações aliadas, graças à feroz vingança de Pombal. Quais seriam os efeitos positivos, além de reforçar ainda mais o absolutismo da Coroa, ainda era uma questão em aberto. Enquanto isso, as ramificações desses episódios foram resumidas por um correspondente da *Gentleman's Magazine*, editada por Edward Cave. Depois das execuções, o jornalista escreveu que tinha se tornado "evidente para o mundo que, nos últimos dez anos, uma alteração total de diretrizes teve lugar no sistema político de Portugal", e que o país estava agora à mercê "do punho de ferro de um anjo exterminador, espalhando a vingança pelo país".[15]

CAPÍTULO 20

O fim do otimismo e o nascimento de uma ciência

A agitação causada pelo atentado contra a vida de um soberano não significou nada em comparação com o impacto da obra que Voltaire produziu na mesma época. *Candide, ou l'Optimisme* [*Cândido, ou O otimismo*], uma novela, foi primeiramente publicada de forma secreta e anônima. Mas, na primavera, a identidade de seu autor já era conhecida, e, antes do fim do ano, essa obra de ficção estava sendo discutida em toda a Europa, com seriedade, divertimento ou horror.

Se a tragédia do terremoto de Lisboa havia fornecido um elemento catalisador para o primeiro ataque de Voltaire à filosofia do otimismo com seu *Poème*, muita coisa aconteceu desde então para confirmar sua repugnância pela resignação de que padecia a humanidade. A execução do almirante Byng, sobre a qual ele escreveu, causando grande repercussão, que "considera-se útil matar um almirante de vez em quando '*pour encourager les autres*'*",[1] e outros horrores da Guerra dos Sete Anos foram acontecimentos que aumentaram a fúria de Voltaire contra "a mania de insistir em que tudo está bem quando tudo não está bem de modo algum".[2] Agora, as execuções em Lisboa, fortuitamente, lhe forneceram o mais apropriado pano de fundo que ele poderia ter desejado, e que só seria melhor se as acusações contra

---

* "Para encorajar os outros". Em francês no original. *(N. do T.)*

os condenados tivessem sido percebidas mais amplamente como uma maquinação maquiavélica de Pombal.

Cândido foi a resposta mais sagaz, corrosiva e devastadora ao fatalismo expresso na carta de Rousseau em agosto de 1756 e por todos os outros otimistas. Sua história logo se tornou conhecida dos leitores ilustrados de toda a Europa. O jovem e ingênuo protagonista Cândido embarca numa odisseia (ou *grand tour*) com o otimista Dr. Pangloss como guia (ou tutor leibniziano). A trajetória de um país a outro segue um ritmo de tirar o fôlego, e esse andamento fornece ênfase adicional à pletora de infortúnios e inauditos sofrimentos que eles encontram. Terremotos, estupro, desmembramento, escravidão, naufrágios, exploração, doença, perseguição, ignorância, egoísmo, desencanto, desespero — essas são as marcas do caminho; mas Cândido, incansavelmente alegre, nunca perde a fé na garantia de Pangloss de que, não importa o que aconteça, "tudo está bem no melhor dos mundos possíveis". Duas passagens são genialmente sinistras. Na primeira, um escravo, na América do Sul, sem a mão direita nem a perna esquerda — a primeira perdida num acidente, a segunda cortada como punição por ter tentado fugir —, é o porta-voz da frase estarrecedora: "É o preço a pagar pelo açúcar que vocês ingerem na Europa."[3] Na segunda, Pangloss afirma que a sífilis, da qual ele padece, é uma boa coisa, porque, não tivesse ela ido da América do Sul para a Europa, esta não teria chocolate.

É no quinto capítulo que Cândido e Pangloss chegam a Lisboa, onde a primeira coisa que acontece é que o companheiro deles, Jacques, o anabatista, salva um marinheiro de ser atirado ao mar, mas é, ele mesmo, jogado na água e se afoga. Pangloss impede Cândido de tentar salvá-lo, argumentando que "o porto de Lisboa foi construído expressamente para que um dia o anabatista se afogasse nele". Para qualquer um que tivesse testemunhado os maremotos avançando pelo Tejo em 1º de novembro de 1755, era difícil imaginar uma afirmação mais chocante, mas que poderia não ser levada em conta pelos céticos da filosofia do otimismo; coisa pior estava por vir. Assim que Cândido e Pangloss põem os pés em Lisboa, são pegos pelo terremoto: "Sentem o solo tremer sob seus pés; o mar, furioso, galga o porto e despedaça os navios que ali se acham ancorados. Turbilhões de chama e cinza co-

O FIM DO OTIMISMO E O NASCIMENTO DE UMA CIÊNCIA   241

brem as ruas e as praças públicas; as casas desabam; abatem-se os tetos sobre os alicerces que se abalam; 30 mil habitantes, sem distinção de idade ou sexo, são esmagados sob as ruínas." Esta descrição soaria familiar a qualquer leitor. Mas, ainda uma vez, a frase seguinte — por mais que fosse fiel à vida real — é desconcertante em seu cinismo: um marinheiro diz "assobiando e praguejando (...) há muita coisa para se aproveitar aqui".

Cândido fica ferido por "estilhaços da pedra caída de um prédio", mas Pangloss está ocupado demais com suas meditações filosóficas para responder a seu pedido de óleo e vinho. Só depois que seu jovem protegido desmaia é que ele lhe traz um pouco de água. Antes disso, Cândido havia gritado que "o fim do mundo chegou" e o marinheiro respondeu "afrontando a morte em busca de dinheiro". Ao encontrar algum, fica bêbado e, "depois de dormir um pouco, compra os favores da primeira garota de boa vontade que encontra entre as ruínas das casas, em meio a mortos e moribundos". Quando Pangloss o repreende, o marinheiro retruca: "Você se dirige ao homem errado com suas baboseiras sobre a razão universal."[4] Quando o terremoto termina, Pangloss, inabalável, tranquiliza as pessoas com as palavras: "Tudo isso é o que há de melhor. Porque, se há um vulcão sob Lisboa, não poderia estar em outro lugar. Porque é impossível que as coisas não estejam onde estão. Porque tudo está bem como está."[5] Antes que eles sigam para outras paragens igualmente arrasadas, a Inquisição prende Cândido e Pangloss, e as autoridades decidem que "o modo mais eficiente de evitar mais destruição" é promover um auto de fé, já que "o espetáculo de alguns indivíduos sendo assados em fogo brando é a receita secreta mais infalível de impedir a terra de tremer". Um biscainho e dois portugueses, "vistos jogando fora a gordura ao comerem um frango", são queimados; Cândido é açoitado; Pangloss é enforcado; e "naquele mesmo dia, a terra tremeu mais uma vez com um estrépito aterrorizante". Cândido se pergunta: "Se este é o melhor dos mundos possíveis, como devem ser os outros?"[6]

O famoso fecho que Voltaire deu a *Cândido* — sua afirmação de que, após rejeitar a filosofia de Pangloss, "devemos cultivar nossos jardins", é apenas um pouco menos enigmático do que a do *Poema*

242   A IRA DE DEUS

sobre o desastre de Lisboa. Seja o que for que isso tenha a intenção de significar — um enaltecimento dos méritos de uma abordagem prática (e não filosófica) da vida, ou de um retiro para o próprio quintal, ou do cultivo de uma alternativa pessoal ao otimismo, ou do combate ao desespero com os melhores esforços ao alcance de cada um —, todos os leitores saberão atribuir *algum* sentido. A fábula era, portanto, mais do que uma demolição niilista do otimismo, ainda que Voltaire quisesse que o leitor, e não ele, escolhesse uma interpretação própria. O filósofo declarou que seu propósito, ao escrever *Cândido*, era "trazer divertimento a um pequeno número de homens espirituosos". Foi uma afirmação algo insincera. Voltaire sabia que ia causar escândalo. Também podia prever que a novela seria banida como blasfema e insolente por autoridades religiosas e seculares. Tinha condições de supor que muitos de seus colegas intelectuais a considerariam intolerável e infamante. Ele também sabia que a história seria lida por muita gente. Mas não poderia ter previsto que, só em 1759, pelo menos 17 edições seriam necessárias para dar conta da venda de assombrosos 30 mil exemplares em toda a Europa, para um público leitor que se deliciou com o "divertimento". A combinação oportuna do terremoto de Lisboa com a pena acerba de Voltaire condenou o otimismo leibniziano ao esquecimento: como escreveu Theodore Besterman no 200º aniversário do terremoto, "o *Poema* iniciou o ataque ao otimismo, e *Cândido* o encerrou em definitivo".[7] Estabeleceu-se um divisor de águas no pensamento ocidental e o início de uma nova e "moderna" era.

    Cândido não foi a única grande obra de seu gênero publicada em 1759. Por uma coincidência extraordinária, Samuel Johnson produziu *A história de Rasselas* naquele mesmo ano.[8] O livro escrito por ele em uma semana, para pagar as contas médicas e o enterro de sua mãe, também é uma odisseia — a história de um príncipe abissínio que, assim como Cândido, deixa sua casa no "alegre vale do Amhara" para "ver as desgraças do mundo, uma vez que é necessário conhecê-las para ser feliz". No filósofo Imlac, Rasselas, como Cândido, tem uma companhia supostamente sábia e chega a uma conclusão similar à do personagem de Voltaire, ao fim de suas viagens. Diferentemente de

O FIM DO OTIMISMO E O NASCIMENTO DE UMA CIÊNCIA   243

Cândido, que termina em outro país, Rasselas volta para casa. Ele aprendeu que as coisas que há em outros lugares não são melhores do que na Abissínia, que o segredo da felicidade não é "esforçar-se para mudar o movimento das coisas ou consertar o destino dos reinos" e que ela não pode ser alcançada com qualquer tipo de viagem. É encontrada no interior de cada um, "[ponderando] o que seres como nós podem fazer, cada um trabalhando para a própria felicidade e promovendo dentro do próprio círculo, ainda que em pequena quantidade, a felicidade dos outros".

O otimismo leibniziano era o alvo de Johnson, tanto quanto de Voltaire, mas o cinismo e o ridículo extremos demonstrados pelo autor francês estão ausentes de *Rasselas*. Ao abordar "a condição humana" em vez de procurar destruir uma doutrina, o "livrinho de histórias" de Johnson, como ele mesmo o chamou, era possivelmente mais suave, acessível, amável e, em muitos sentidos, substancial. *Rasselas* é construído de um modo mais sutil e menos óbvio do que *Cândido*, mas pode ser considerado, ao lado do grande *Dicionário de língua inglesa* que ele publicou no ano do terremoto, como o mais belo trabalho de Johnson. E, para alguns, *Rasselas* seria "conhaque para a cerveja rala de Voltaire".[9]

O abalo científico resultante do terremoto de Lisboa não levou a mudanças tão rápidas quanto o filosófico, mas nem por isso foi menos significativo. Os cientistas, ou filósofos naturais, da época não questionavam as explicações teológicas de que os terremotos eram a linguagem de Deus, mas isso não impedia a investigação de suas causas secundárias naturais. Não se via contradição intrínseca entre a noção de intervenção divina e as modernas ideias newtonianas sobre o universo: era fato que Deus havia se manifestado, e o papel da ciência era simplesmente avaliar os meios exatos pelos quais seu discurso havia sido articulado pela natureza. As explicações eram muitas e variadas, comumente apresentando a interação de saberes aristotélicos e "modernos" que incluíam ventos subterrâneos, fogos sob a terra, a expansão de vapores, eletricidade e explosões. Muitos aspectos dos terremotos já haviam sido mais ou menos identificados corretamente na metade do século XVIII — por exemplo, que um barulho oco e estrondoso sempre os precedia, que eles causavam o desaparecimento de lagos e rios e que normalmente havia um lapso considerável de tempo antes que um terremoto de grande magnitude voltasse a atingir o mesmo lugar —, mas muitas outras ideias, mais absurdas, persistiriam por muito tempo, seja nas crenças populares, seja nas teorias "científicas". Alguns filósofos naturais sustentavam que os terremotos eram sempre precedidos por bolas de fogo, meteoros ou ventanias; outros, que eles sempre ocorriam em tempo calmo. Alguns procuravam estabelecer um vínculo causal entre terremotos e períodos de fome ou epidemias; outros, que eles só atingiam grandes centros urbanos, normalmente situados à beira do mar ou de rios.

Na esteira dos tremores de Londres de 1750, que geraram imenso interesse sobre a história e as causas dos sismos, o reverendo William Stukeley, um inglês, propôs, em sua *Filosofia dos terremotos, naturais e religiosos*, a teoria de que a eletricidade da atmosfera fornecia "a fagulha e o choque" que os desencadeava, já que era a mais poderosa das forças naturais. No entanto, os meios pelos quais "a atmosfera e a terra são submetidos a esse estado elétrico e vibratório que os prepara para dar ou receber a fagulha" não eram, ele admitia, mais conhecidos do que "a causa do magnetismo ou da gravidade, ou o mecanismo do movimento, ou mil outros segredos da natureza".[10] Como as causas dos raios e dos terremotos eram, de modo geral, consideradas as mesmas, a teoria de Stukeley pareceu ser comprovada nos dois anos seguintes pela famosa experiência da pipa, feita por Benjamin Franklin, demonstrando que os raios eram um fenômeno elétrico. Mas outros pesquisadores insistiam em que os terremotos seriam causados por uma reação química.

O papel do desastre de Lisboa nesse debate em progresso foi de catalisador. Nenhum terremoto em toda a História havia suscitado tanto interesse e, por isso, um conjunto de observações tão relevantes e significativas. Não se sabe que uso foi dado às respostas aos questionários enviados às freguesias portuguesas e espanholas; com certeza não foram publicadas nem divulgadas. Mas a publicação pela Royal Society, em 1755, de um substancial conjunto de depoimentos de testemunhas sobre o terremoto e os maremotos foi um acontecimento

O FIM DO OTIMISMO E O NASCIMENTO DE UMA CIÊNCIA   245

inovador na história da sismologia. Os relatos vieram de toda a Grã-Bretanha, fornecendo informações valiosas sobre as ondas visíveis nas águas internas do continente e maremotos que atingiram a costa mais tarde naquele dia, e foram reforçados por observações feitas na Suíça, na Madeira, no Porto, na própria Lisboa e até em lugares distantes como Barbados. Em 1756, o reverendo Zachary Grey, vigário da paróquia de St. Giles e St. Peter, em Cambridge, Inglaterra, atualizou um importante catálogo de sua autoria, *Um relato cronológico e histórico dos mais notáveis terremotos até o ano de 1750*, e, em Königsberg, o filósofo alemão Immanuel Kant produziu três ensaios rejeitando a ideia de que os terremotos eram causados pela força gravitacional de corpos celestes. Segundo ele, era a ação da água em depósitos sulfúricos e ferrosos nas cavernas subterrâneas que desencadeava os tremores, e eles se propagavam através de passagens que corriam paralelas a cadeias de montanhas e bacias hidrográficas. Kant também afirmava, corretamente, que a origem do terremoto de Lisboa estava sob o mar e que uma perturbação do leito do oceano dera início ao maremoto.

Dois anos mais tarde, a publicação da *História e filosofia dos terremotos, dos tempos mais remotos até o presente*, da autoria de "Um Membro da Academia Real de Berlim" — o astrônomo John Bevis —, reuniu dez estudos sobre as causas dos terremotos, escritos pelos "melhores teóricos do assunto". A compilação incluía os trabalhos apresentados pela Royal Society no volume 49 da revista *Philosophical Transactions*; no mesmo ano, o pastor e naturalista suíço Élie Bertrand, amigo de Voltaire, produziu suas *Memórias históricas e físicas sobre os tremores de terra*, um catálogo dos terremotos na Suíça. Em Portugal, Joaquim Moreira de Mendonça publicou em 1758 sua *História universal dos terremotos*, que incluía uma dissertação sobre as causas dos sismos. Obras publicadas na Alemanha e na Espanha contribuíram para uma oferta sem precedentes de trabalhos sobre o assunto.

As pesquisas de dois indivíduos viriam a ser lembradas por sua especial importância. O primeiro foi John Winthrop, professor de matemática e filosofia natural da Universidade de Harvard, em Cambridge, na colônia britânica de Massachusetts, que observou a distância a que os objetos foram lançados pelo terremoto da Nova Inglaterra. Numa carta à Royal Society escrita em 1758, [11] ele não só sugeriu — como havia feito o cientista romano Plínio, o Velho — que o movimento do solo havia sido "ondulatório", como o do mar, mas também omitiu qualquer referência à causa "primária" e concentrou-se unicamente nas causas secundárias e naturais. Isso marcou uma mudança de ênfase em relação a uma palestra que ele havia apresentado imediatamente depois do terremoto da Nova Inglaterra, e talvez se devesse à audiência diferente que ele pretendia atingir. Ao concluir, naquela palestra, que algum bem devia estar nos planos de Deus, ele havia fornecido o que seria qualificado de "a visão mais otimista de uma catástrofe natural já impressa desde o afogamento do exército do faraó".[12] Ao privilegiar a ciência em sua carta, no entanto, Winthrop adotou uma abordagem inovadora.

O reverendo John Michell, um pesquisador de 36 anos do Queen's College, em Cambridge, Inglaterra, também demonstrou ter visão "científica". Michell foi reconhecido em vida principalmente como astrônomo (e descrito bastante cruelmente pelo antiquário William Cole como "um homenzinho baixo, gordo e de tez escura"). Durante a primavera de 1760, Michell apresentou uma série de estudos à Royal Society. Ele explicou, ao apresentá-los, que sua intenção era utilizar os fatos reunidos depois do terremoto de Lisboa para provar, mais do que meramente teorizar sobre isso, que "os terremotos se originam de repentinas explosões nas partes internas da terra". Queria ainda explicar "os efeitos mais particulares" dessas explosões e estabelecer "a conexão de tais efeitos com o fenômeno" em si. Era uma atitude ousada descartar, tanto quanto possível, as teorias de Aristóteles, Sêneca e Plínio, em favor de observações mais atuais. Fazendo isso, Michell foi mais longe do que Winthrop, porque desenvolveu uma teoria inteiramente nova.

Michell aderiu à ideia de que grandes quantidades de água, depositadas subitamente sobre "fogos subterrâneos", liberavam "vapores cuja quantidade e força elástica" eram capazes de "balançar a terra". Sua explicação sobre como essa "força elástica" operava era inovadora:

* * *

O FIM DO OTIMISMO E O NASCIMENTO DE UMA CIÊNCIA

Suponha-se um grande pano ou tapete (estendido no chão) sendo levantado de um lado e então subitamente puxado de volta para o chão. Propelido, o ar sob ele vai avançar para a frente, até escapar do lado oposto, fazendo ondular o pano durante todo o trajeto. De modo sèmelhante, pode-se imaginar uma grande quantidade de vapor fazendo a terra subir numa onda enquanto passa entre as camadas de rochas estratificadas, as quais ele pode facilmente separar em sentido horizontal, uma vez que há, como eu disse anteriormente, pouca ou nenhuma coesão entre uma camada e outra.[13]

Esta era não só a origem da teoria ondulatória moderna, mas também o mais perto que alguém já havia chegado no sentido de entender o papel das falhas geológicas. Por seu considerável conhecimento de geologia, Michell sabia que as camadas da terra eram "muitas vezes inclinadas, com elevações em alguns lugares e depressões em outros", e postulava que, "se a diferença entre as camadas for muito considerável, terá um grande efeito na produção das singularidades de certos terremotos".[14] Além disso, ele se utilizou das informações disponíveis sobre a hora em que o tremor foi sentido em diferentes lugares, a direção de seu movimento e o lapso de tempo entre o terremoto e o maremoto para calcular, de modo não inteiramente errôneo, que o epicentro do sismo estava sob o Atlântico, entre Lisboa e o Porto, numa profundidade entre 1,5 e 5 quilômetros. Se Michell não tivesse adotado a noção tradicional de que um terremoto é causado por uma explosão e aceitado que as ondas sísmicas podiam ser provocadas apenas pelas falhas, ele teria antecipado a teoria das falhas geológicas em 130 anos. Seja como for, suas conjecturas o levaram a ser eleito para a Royal Society, e no século XX lhe conferiram reconhecimento como "pai da sismologia". O terremoto de Lisboa ficou com a distinção de ter sido o primeiro "investigado segundo pressupostos científicos modernos".[15]

CAPÍTULO 21

Progresso lento, recessão
e o reinado do terror

Enquanto Sebastião José de Carvalho e Melo, o marquês de Pombal, então conde de Oeiras, acelerava seu trabalho de modernização de Portugal, a reconstrução de Lisboa continuava em ritmo lento. Apesar dos grandes êxitos militares da Inglaterra em 1759 — chamado o "ano das vitórias" —, a guerra continuava trovejando. Os ingleses que quisessem visitar a Itália tinham de procurar uma passagem direta de navio ou navegar até Lisboa e então continuar por terra pela Espanha. Nem os paquetes eram inteiramente seguros: o *Prince Frederick* havia sido tomado pelos franceses com uma carga de 80 mil libras "no porão", valor quase tão grande quanto o doado pela Inglaterra a Portugal imediatamente depois do terremoto. Uma pessoa que não se deixava desanimar era o homem de letras piemontês Giuseppe Baretti, amigo íntimo de Henry Fielding, Samuel Johnson e David Garrick que conhecia as ruas de londres melhor do que as de sua cidade natal, Turim. Baretti havia acabado de receber grande reconhecimento pelo *Dicionário das línguas inglesa e italiana*, com dedicatória para Johnson, e tinha assumido, em agosto de 1760, o emprego de tutor de Edward Southweel, futuro lorde Clifford, como meio de conseguir uma viagem gratuita de volta para casa.

Baretti era um observador muito astuto e perspicaz — apesar de sofrer de miopia extrema — e também muito viajado. Como tantos antes, ele ficou pasmado diante da vista de Lisboa ao chegar pelo Tejo. "Nada que eu já tenha visto pode igualar-se a isso", ele afirmou com ênfase numa carta a seus irmãos, antes de acrescentar a ressalva bairrista: "exceto Gênova e seus arredores". Mas, quando viu a destruição causada pelo terremoto, Baretti foi quase incapaz de encontrar palavras para descrever "um cenário de tão horrível desolação". Ele pensou que a área devastada era duas vezes maior do que Turim e não viu nada ali exceto "grandes pilhas de entulho, de onde emergem em inúmeros lugares os restos deprimentes de muros despedaçados e pilares quebrados". Seu relato continuava:

> Toda a minha constituição tremia enquanto eu subia e descia desses montes de entulho. Talvez, pensava, eu agora esteja em pé sobre algum corpo mutilado que foi subitamente soterrado sob esta pilha! Algum homem de valor! Alguma bela mulher! Alguma criança indefesa! Uma família inteira, talvez! Então uma igreja em ruínas apareceu em meu campo de visão. Imaginem seus muros cedendo! O telhado e a cúpula afundando de uma vez só e esmagando centenas de milhares de pessoas de todas as idades, todas as classes, todas as condições! Isso era um convento, isso era uma creche, isso era uma escola, isso um hospital! Pensem em comunidades inteiras perdidas num instante! A terrível ideia vem à mente com insistência irresistível.

Diante desse cenário, Baretti ficou surpreso porque todos com quem conversava estavam totalmente confiantes em que a cidade seria reconstruída "de modo ordeiro e bonito, mais do que antes" — como se o orgulho nacional dependesse disso. A convicção do povo parecia tão conflitante com as evidências diante de seus olhos que ele duvidou do bom senso, e até da sanidade, dos que falavam nesses termos.

> Como poderá o entulho de 15 mil casas ser removido, junto com o de algumas centenas de grandes igrejas, dois palácios reais e muitos conventos, creches, hospitais e outros edifícios públicos? Se metade dos sobreviventes do terremoto forem em-

PROGRESSO LENTO, RECESSÃO E O REINADO DO TERROR 251

pregados apenas na remoção dessa imensa quantidade de entulho, talvez não consigam fazê-lo num período de dez anos. E onde está o material para reconstruir 16 mil casas e as centenas de outros edifícios? A fabricação de milhões e milhões de tijolos (...) não é trabalho para um só dia. Onde está a lenha para os fornos de cerâmica? Os milhares de oleiros, a cal? O ferro?

Andando a esmo por entre as ruínas, Baretti pôde perceber que os trabalhos já tinham sido iniciados, mas de um modo que lhe parecia muito estranho. Em vez de começarem por alguma coisa de grande necessidade prática, como alojamentos e armazéns, a primeira construção prestes a ser completada era o novo e vasto Arsenal de Marinha. Quando ele perguntava a qualquer pessoa qual era a lógica desse procedimento, a resposta parecia obedecer a "outra maneira de pensar", o que o levou a imaginar se, "depois de pronto o arsenal, eles iriam reconstruir a Inquisição, a catedral ou algum convento estupendo". De sua janela na estalagem Kelly, na colina Buenos Ayres, ele podia observar o que pensava ser a questão primordial — as dificuldades de milhares de pessoas morando em "aglomerados de barracas e cabanas" na periferia da cidade.

Giuseppe Baretti não restringiu suas observações às condições físicas da capital. Ele gostava de se encontrar com Eugene Nicholas, o irlandês que construiu o órgão em Mafra e que tinha apenas 1,20 metro de altura. Numa tourada, ele se admirou com a ousadia dos batedores de carteira, que espalharam pânico e confusão com o grito de "terremoto!". E ficava muito comovido com as histórias que ouviu dos sobreviventes, especialmente uma velha senhora que ainda morava no porão de onde foi retirada nove dias depois do terremoto, quando soube que os outros 12 membros de sua família haviam perecido. Mas a predominância, segundo ele, da ausência de lei, assim como o grande número de africanos, a superstição e outros aspectos da sociedade portuguesa o levaram a observar que o país estava "excessivamente próximo da África". Ele não aprovou a aparente propensão dos habitantes a viver "sem pensar no amanhã". "Os portugueses", escreveu, "não parecem se mover pelo desejo de mudança ou pelo medo da penúria." Isso punha em questão o dinamismo da sociedade e a habilidade de progredir que o país pudesse ter. Parecia-lhe extraordinário que estrangeiros possuíssem tantas lojas — até alfaiatarias e sapatarias —, que houvesse uma multidão de barbeiros e cabeleireiras franceses e que a maioria dos sapatos fosse importada. "É justo suspeitar que a indústria deste país não é grande coisa", ele concluiu.[1]

Naquele mesmo ano, Thomas Pitt, o sobrinho de 23 anos do principal estrategista militar inglês, William Pitt, o Primeiro, registrou impressões que eram igualmente depreciativas em relação aos portugueses e céticas sobre as perspectivas de algum dia a cidade ser reconstruída. Depois de ser apresentado à Corte no alojamento real em Belém em seu primeiro dia no país, o jovem Thomas percebeu imediatamente que "as damas da nobreza fizeram figura muito ridícula", comparável às "bruxas más de um conto de fadas francês"; que os homens eram inapelavelmente ignorantes e nunca haviam viajado para lugar nenhum; e que a superstição, a preguiça, o orgulho e a sede de vingança eram traços característicos da nação portuguesa. "Dizem que o clima daqui favorece a indulgência de toda sorte", ele observou antes de concluir: "De modo geral, temo que não esteja muito errado o provérbio segundo o qual o português é um espanhol sem qualidades." Embora também tenha encontrado muito o que admirar durante sua permanência, e apreciado especialmente suas expedições aos mosteiros de Alcobaça e Batalha, 160 quilômetros ao norte de Lisboa, ele se convenceu de que "o dia em que esta grande cidade vai se levantar dos escombros está bem longe". Mesmo quando terminada a reconstrução, ele prosseguiu, provavelmente sofreria da "falta de gosto" que, na sua opinião, caracterizava "todos os prédios que ainda restam". Quanto ao Arsenal, ele concordava com Baretti: "Uma grande quantidade de dinheiro foi gasta para estocar cordas, âncoras e outros equipamentos que não existem."[2]

Thomas Pitt não pretendia que seu diário fosse publicado, mas, se assim fosse, Pombal o consideraria não apenas descortês, depois de fazer tanto para ajudá-lo durante sua permanência, mas também suficientemente perigoso para que um protesto fosse encaminhado ao tio do rapaz. Quando Giuseppe Baretti pretendeu que suas cartas fossem

PROGRESSO LENTO, RECESSÃO E O REINADO DO TERROR   253

publicadas, Pombal enviou uma queixa ao governador austríaco da Lombardia. Ele tentou publicá-las em Veneza, mas descobriu que ali também estava proibido. Só depois que excluiu todas as críticas a Portugal suas *Cartas familiares aos três irmãos* puderam ser impressas.* Provavelmente o que causou mais ofensa não foram as observações do gênero "nunca vi tantos homens gordos juntos como na tourada de Lisboa" ou "as rodas das carroças portuguesas parecem ser feitas de duas placas pregadas uma na outra e depois desajeitadamente cortadas em forma circular". Mas, aos olhos do ministro, ele passou dos limites ao observar que "o temperamento exaltado" de Pombal, as expulsões do núncio papal e dos jesuítas e o "caso Távora" eram "merecedores de inquérito, especialmente porque houve um esforço para jogar sobre eles um véu que obstruirá o trabalho dos historiadores do futuro".[3] Uma determinação maníaca de censurar toda e qualquer manifestação considerada ofensiva ao país ou à sua pessoa tomou conta de Pombal. Seu alcance era impressionante: não havia canto da Europa onde não conseguisse perseguir os transgressores.

A bordo do mesmo navio que trouxe Thomas Pitt para Lisboa estava o irmão mais velho de Edward Hay, o conde de Kinnoull, enviado em missão muito delicada. Quando a frota francesa baseada em Toulon deixara o porto no ano anterior para participar da planejada invasão da Inglaterra, foi atacada pelo almirante Boscawen na altura de Lagos, na costa do Algarve. As naus capitânias francesas, *L'Océan* e *Redoutable*, foram forçadas a se dirigir para o continente, enquanto dois outros navios capturados antes da frota fugiram e procuraram refúgio em Cádiz. O problema de Kinnoull e da Inglaterra foi que a escaramuça teve lugar em águas portuguesas. Boscawen desembarcou em solo "neutro" português sem permissão para atear fogo aos dois navios franceses. D. José e Pombal aceitaram graciosamente as desculpas, mas, quando começou um diálogo sobre a situação comercial entre as duas nações, Pombal tornou-se bem menos receptivo.

---

* Quando o texto sem censura de Baretti foi finalmente publicado na Inglaterra, em 1770, com o título *Viagens de Londres para Gênova*, Samuel Johnson o descreveu como "um dos melhores livros de viagens já escritos". *(N. do A.)*

Durante cinco anos, ele havia seguido um programa econômico que equivalia a uma tentativa de recuperar o controle de todos os aspectos do comércio português e fortalecer a participação nacional nas relações bilaterais. A criação da Companhia do Grão-Pará e Maranhão, no Brasil, havia sido um começo, seguido pelo estabelecimento da Junta do Comércio e pela criação de outro monopólio brasileiro, a Companhia de Pernambuco e Paraíba. E, por meio da nova Companhia Geral das Vinhas do Alto Douro, em Portugal, Pombal procurava aumentar o controle sobre as regiões vinicultoras ao redor da cidade do Porto e sobre o comércio varejista de vinho, nas mãos de grandes agricultores e comerciantes locais.

Essa iniciativa altamente controversa era ostensivamente motivada por um desejo de controlar a qualidade e os preços. Mas os comerciantes ingleses se viram alijados do comércio brasileiro pela nova companhia e perderam a prerrogativa de regular os preços ou vender vinhos do Douro em Portugal. Muitos portugueses também foram vítimas do novo monopólio, especialmente os donos de tabernas. Os mais insatisfeitos neste último grupo reagiram instigando a "Revolta dos Borrachos", quando foram incendiados os escritórios da nova companhia. Pombal respondeu de forma rápida e brutal: centenas de agitadores foram presos, e 17 ou 18 deles, executados. Uma tentativa de estimular a manufatura, principalmente com a retomada da indústria nacional da seda, e o banimento de importações de luxo foram duas outras iniciativas de Pombal em sua busca para diminuir a dependência portuguesa dos produtos importados — e assim reduzir o déficit comercial e a exportação de ouro que ele provocava.

Muitos comerciantes ingleses se deram muito bem nos anos seguintes ao terremoto, como Edward Hay esperava que acontecesse. Seus negócios eram estimulados pela demanda vinda do Brasil e pela guerra. As exportações inglesas para Portugal em 1756 e 1757 foram maiores do que nunca — ultrapassaram 1,5 milhão de libras em cada ano. Enquanto isso, não houve melhora na venda de produtos portugueses para a Inglaterra. Depois desse período, contudo, as exportações inglesas começaram a minguar. Os comerciantes puseram a culpa no terremoto e, principalmente, nas medidas de Pombal. As disputas

PROGRESSO LENTO, RECESSÃO E O REINADO DO TERROR   255

impostas a Hay e seu sucessor como cônsul, *Sir* Harry Frankland, se multiplicaram e se tornaram cada vez mais ásperas. Kinnoull se viu mergulhado numa atmosfera de extremo rancor. A resposta de Pombal para cada questão levantada por ele era que não havia intenção de romper nenhum item dos tratados entre os dois países, mas que os interesses portugueses estavam acima de tudo. Pombal também lembrou a Kinnoull, com um ligeiríssimo tom de ameaça, que Portugal era a única fonte de ouro da Inglaterra e que o metal sustentava sua crescente dívida nacional em tempos de guerra.

Fazia um calor incomum para a estação em Lisboa, quando, por volta do meio-dia de 31 de março de 1761, a cidade foi atingida pela terceira vez no século por um terremoto acima de 7 graus na escala Richter. Durou mais de três minutos, talvez até cinco, e derrubou de vez muitas das ruínas de 1755. Uma testemunha estacionada no porto a bordo de um barco inglês viu "os escombros do último terremoto formarem uma pilha em cima da outra". Até as novas casas construídas na rua Augusta "se esmigalharam de tal modo" que depois tiveram de ser totalmente derrubadas. Mais uma vez, prisioneiros fugiram das cadeias, soldados foram destacados pela cidade para impedir uma fuga em massa e toda a população se viu tomada por "terríveis apreensões".[4] Mais uma vez, o terremoto era tão forte que foi sentido em Portugal inteiro, derrubando no porto de Setúbal o pouco que havia sido deixado incólume em 1755 e causando destruição bem maior ao Porto do que o desastre de seis anos antes. No navio *Expedition*, que havia deixado Lisboa fazia dois dias, o capitão Woodward observou que, perto da Rocha de Lisboa, "o mar se levantou numa grande altura, com um barulho de ronco", e o paquete foi "jogado de um lado para o outro, como numa tempestade". Até o *Gosport*, que também estava próximo à rocha naquela hora, "sentiu dois choques violentos, e um dos barcos de seu comboio foi sacudido tão violentamente que a tripulação jogou um bote ao mar e se preparou para abandonar o navio".[5]

O terremoto foi poderoso a ponto de ser sentido em Madri, em Bayonne e Bordeaux (na França), em Amsterdã e até em Cork (no Sul da Irlanda) e na Madeira. Mais uma vez, elevações de água foram visíveis no *loch* Ness. Uma hora depois, um maremoto de 2,5 metros

256 A IRA DE DEUS

deixou vários navios à deriva no Tejo. Mais tarde, naquele mesmo dia, ondas também atingiram o litoral da Cornualha (cinco delas, medindo mais de 2,5 metros, avançaram sobre Penzance no período de uma hora), a costa sul da Irlanda e, oito horas depois do terremoto, Barbados, no Caribe. Um visitante inglês em Lisboa escreveu: "Se a reconstrução da cidade vinha caminhando tão devagar antes deste abalo, suponho que agora haverá uma parada completa por um bom tempo."[6] Os eclesiásticos foram bem mais cautelosos em suas reações do que haviam sido seis anos antes, mas isso não impediu que toda a população se perguntasse qual seria o significado dessa nova provação de Deus.

Um ano depois, o conflito global que Voltaire havia descrito como "a mais infernal guerra já disputada"[7] chegou enfim a Portugal e pôs em perigo todos os planos de Pombal. Em 1761, as negociações de paz entre a Inglaterra e a França terminaram quando a França e o novo rei da Espanha, Carlos III, ressuscitaram o Pacto da Família Bourbon. Acabava-se a neutralidade pela qual Benjamin Keene havia se empenhado tão incansavelmente, apressando sua morte, em 1757, de um "ataque convulsivo", e que o irmão de Augustus Hervey, George, lutou por manter. Apesar do estado lamentável do exército português, Pombal acusou a Espanha de blefar e recusou-se a ceder às exigências franco-espanholas para que Portugal abandonasse a aliança com a Inglaterra. Lorde Tyrawley foi enviado a Lisboa para preparar a defesa do país, e, em abril de 1762, Portugal foi invadido na província de Trás-os-Montes. Mas a esperança dos Bourbon de que Portugal se mostrasse o "calcanhar de aquiles" da Inglaterra revelou-se apenas desejo. No fim do ano, a ofensiva se transformara em impasse, e, no resto do mundo, a Inglaterra havia tomado as possessões espanholas de Havana e das Filipinas. O Tratado de Paris, um reconhecimento de que a Inglaterra fizera substanciais ganhos de território e emergia como a potência líder da Europa, além de ter acabado com as ambições coloniais francesas na América, pôs um fim a uma guerra que havia custado mais de um milhão de vidas.

A devastação cobriu o território português depois de ser ocupado por tropas dos dois lados, mas, quando as hostilidades terminaram,

PROGRESSO LENTO, RECESSÃO E O REINADO DO TERROR 257

surgia uma preocupação muito maior. O fator principal por trás da queda das exportações inglesas não era o programa econômico de Pombal, mas um declínio na produção de ouro brasileiro e um fim ao ciclo do açúcar. Essa causa de tantos infortúnios para os portugueses passou despercebida pelos comerciantes ingleses, que simplesmente detectaram uma demanda menor de produtos, e as exportações já tinham caído para metade do nível do fim dos anos 1750. O Império Português experimentava uma severa recessão. Ou seja, exatamente quando Pombal pretendia retomar a sério a reconstrução de Lisboa, a principal fonte de recursos — os ovos da "galinha" brasileira — apodrecera. Nos anos 1760, o ouro, que havia sido durante décadas o esteio dos rendimentos reais, já não respondia por mais de um sexto do total. Além disso, a Inglaterra saiu da guerra ainda mais poderosa, e as esperanças de Pombal de reduzir a dependência em relação à sua aliada foram substituídas por uma extrema desconfiança. Para demonstrar que ainda estava determinado a tornar Portugal tão forte e independente quanto possível e, com isso, reter sua margem de manobra na aliança, Pombal anunciou uma grande reforma do exército.

Quando Henry Hobart, o filho de 29 anos do conde de Buckinghamshire, chegou a Lisboa, em 1767, ficou impressionado ao perceber que a cidade parecia estar "se reconstruindo muito rapidamente" e pensou que "em poucos anos o trabalho estará encerrado". Os edifícios públicos da Praça do Comércio, "a saber, o Arsenal da Marinha, a Casa de Câmbio, a Alfândega, os tribunais de Justiça etc." estavam todos funcionando, "um arco triunfal muito grande" estava sendo construído na entrada da rua Augusta, e a norte do Rossio um novo Passeio Público havia sido pavimentado. A rede de ruas da Baixa, com suas casas todas "uniformes, construídas de pedra e cobertas com estuque", teria, pensou Hobart, "uma aparência muito bonita" quando concluída. Mas o avanço não era tão rápido quanto parecia. Por causa da ausência de recursos, apenas 59 casas haviam sido concluídas na Baixa, das quais 31 na rua Augusta — um acréscimo de apenas 27 em cinco anos. Nos subúrbios da cidade, os alojamentos "temporários" em freguesias como Santa Isabel, a nordeste, haviam se tornado permanentes. Quanto ao centro, permanecia às escuras, "muito sujo e raramente varrido". Hobart se disse mesmo "convicto de que nem Edimburgo pode feder mais", embora lhe tivessem dito que a nova polícia de Pombal havia imposto "penas severas" contra todos os que fossem pegos jogando dejetos pela janela.

A mãe e a esposa de Hobart eram ambas da família Bristow, tradicionalmente proeminente no comércio de Lisboa, e suas observações sobre as mudanças operadas por Pombal eram reveladoras. Ele escreveu que "o reino todo, talvez até tudo o que acontece no país, está sob o governo de Carvalho". A Igreja estava "perdendo poder a cada dia", a Inquisição já não era — como autoridade religiosa — "um tribunal tão problemático como alguns anos atrás", e a superstição "nem de longe predomina como anteriormente". Além disso, não havia "perigo de assalto", "dificilmente se ouvia falar" de homicídio, e as damas tinham "mais permissão de aparecer em público". Sobre a reforma do exército determinada por Pombal, dizia-se que agora os soldados eram "bem pagos e bem vestidos" pela primeira vez em várias décadas e finalmente "tinham a aparência de militares". Tudo isso chamou positivamente a atenção de Hobart, embora as medidas econômicas de Pombal fossem criticadas por seus amigos da comunidade de comerciantes ingleses porque trariam "grandes danos aos nossos negócios". Mas havia, como Baretti suspeitara e Hobart confirmou, um preço cada vez mais pesado para todas essas mudanças. Pombal era "muito temido" e mantinha "a nobreza etc. etc. em grande submissão". "Raramente voltava-se a ouvir falar" das pessoas levadas à prisão de Junqueira e dizia-se que "a melhor coisa que a família podia fazer nesses casos era não perguntar nada".[8] Doze anos depois do terremoto, Portugal se encontrava sob o reinado do terror.

CAPÍTULO 22

O fim de Pombal

Sebastião José de Carvalho e Melo foi sagrado marquês de Pombal em 1769 e desde então amigos e inimigos se refeririam a ele como "Pombal". Sua dedicação à reforma da educação, do comércio e da sociedade portuguesa em geral, além de sua determinação em ver o país "modernizado", não davam sinais de enfraquecimento no início da nova década. Ao mesmo tempo, as relações anglo-portuguesas continuavam a piorar por causa do agravamento da recessão.

Pouco antes de *Sir* Harry Frankland morrer, em 1768, um panfleto inglês intitulado "Pensamentos ocasionais sobre o comércio português e a inutilidade de apoiar a casa de Bragança ao trono de Portugal" tornou-se um embaraço para o cônsul e atestava a maré baixa em que o comércio havia se afundado. O autor sugeria que a Espanha seria um aliado de longo prazo muito melhor do que "a Coroa naufragante de Portugal" e expressava repulsa pela "imensa ajuda que nós somos obrigados agora e sempre a enviar para Portugal". Pior ainda, Portugal era não só um "dependente necessitado", mas "sempre pedia assistência, e nunca nos deu nenhuma durante nossas guerras".*

---

* *Occasional Thoughts on the Portuguese Trade and the Inexpediency of Supporting the House of Braganza on the Throne of Portugal*, pp. 4-9, *passim*. (N. do A.)

Quanto ao ouro português, o autor ponderava que as riquezas do Brasil fluiriam para a Grã-Bretanha independentemente de qualquer acordo não escrito entre as duas nações, pela simples razão de que a Marinha Real, como soberana dos mares, necessariamente continuaria sendo, para Portugal, a transportadora de preciosidades. A Inglaterra ainda respondia por mais da metade dos navios que ancoravam no Tejo, mas era metade de um inteiro muito reduzido. As exportações brasileiras despencaram quase 50% durante a década de 1760; o movimento de entrada e saída de barcos no Tejo estava um terço menor do que na época do terremoto. Numa tentativa desesperada de enfrentar o déficit comercial pela substituição de importações, Pombal ordenou a expansão da manufatura nacional, que viu mais de setenta novos negócios serem criados pela Junta do Comércio nos anos 1770 — uma iniciativa que os comerciantes ingleses consideraram uma iniciativa deliberada para minar seus negócios.

No aniversário do rei, em 1775, apesar desses problemas, uma estátua equestre de D. José, feita de bronze e pesando 84 toneladas, foi descerrada no centro da praça do Comércio. As celebrações duraram três dias, com fogos de artifício, procissões e "toda fonte de diversão que a imaginação pudesse conceber".[1] Era como se a reconstrução de Lisboa estivesse finalmente concluída. Um visitante inglês dessa época, sem interesses comerciais, pensou que a cidade estava, de modo geral, no "mesmo estado ruinoso do dia do terremoto", lembrando uma "situação similar que eu vi na cidade de Dresden*, causada pela guerra e por incêndios".[2]

Dois anos depois, o rei, que havia morado num alojamento de madeira desde o terremoto, morreu. Na coroação de sua filha como rainha D. Maria I, o autodenominado "Duc du Châtelet" também detectou por toda parte "vestígios amedrontadores" do terremoto que havia "excitado os mais festejados filósofos".[3] A rua Augusta, principal ligação entre a praça do Comércio e o Rossio, estava substancialmente terminada, embora seu arco triunfal só fosse ser concluído cem anos depois; cerca de metade da Baixa havia sido reconstruída e suas ruas foram descritas pelo duque como "largas, belas e com calçadas para os pedestres, como as de Londres".[4] Prédios particulares em grande

---

* Capital da Saxônia, hoje Sudeste da Alemanha. (N. do T.)

O FIM DE POMBAL

número revigoraram áreas destruídas nos arredores da Baixa e foram lançadas as fundações de três novos mercados, na Ribeira Velha, na Ribeira Nova e na praça da Figueira. As anotações um pouco ásperas dos visitantes certamente se deviam ao fato de que Lisboa ainda era uma "obra em progresso", mas também uma indicação de que a publicação do poema épico *Lisboa reedificada*, de Miguel Maurício Ramalho, três anos depois da morte de D. José, ainda seria prematura.

A morte de seu supremo protetor deixou Pombal lutando pela sobrevivência. D. Maria mandou abrir as prisões nas quais mofavam os inimigos da Coroa — ou seja, os inimigos *dele* —, e ficou-se sabendo que alguns infelizes estavam encarcerados desde o "caso Távora", quase vinte anos antes. A rainha baniu Pombal para suas propriedades no interior. Estava tão ofendida com algumas de suas atitudes que também ordenou que ele não se aproximasse mais do que 20 milhas (32 quilômetros) de sua pessoa. Se fosse ela quem se aproximasse da casa de Pombal, ele tinha de se afastar. O Duc du Châtelet observou que, no dia da coroação, "em meio à alegria geral ocasionada pela queda de Pombal, uma atmosfera de tristeza prevalecia em tudo".[5] Foi um fim humilhante para um homem que trouxera tanta humilhação a outras pessoas. O tratamento se tornou ainda pior quando Pombal foi submetido a três meses de interrogatórios, depois que denúncias veementes sobre sua conduta brotaram de todos os lados do reino. Isso foi no final de 1779, mesmo ano em que morreram Augustus Hervey, conde de Bristol, de "gota do estômago", e Edward Hay, então governador de Barbados. Pombal já tinha 80 anos, mas providenciou uma vigorosa defesa a respeito de tudo o que já havia feito na vida, alegando, de modo discutível, que todas as suas ações haviam sido aprovadas por D. José.

Em 1781, D. Maria deu um basta ao que ela via como um inconveniente processo de acusação e contra-acusação, mas se recusou a acatar os pedidos pela execução de Pombal. Ele morreu no ano seguinte, quando o medalhão de bronze com sua imagem colocado na estátua de D. José na praça do Comércio já tinha sido removido fazia tempo. A escassez de fundos tornou-se tão acentuada que todo o trabalho de reconstrução de Lisboa foi interrompido, com duas notáveis exceções. A construção de uma grandiosa basílica em Estrela — um novo complexo de Mafra — foi iniciada com o dinheiro que Pombal havia reser-

262   A IRA DE DEUS

vado para construir uma ponte sobre o Tejo, e havia muito D. Maria já providenciara a transformação do "palácio" de madeira na Ajuda em algo bem mais monumental. Era como se D. João V tivesse voltado do túmulo para governar de novo.

Quando Thomas Pelham, o filho do conde de Chichester, visitara Lisboa, dois anos antes da queda de Pombal, descreveu-o como um "homem notavelmente educado" e "uma companhia agradabilíssima".[6] Esta opinião amável era compartilhada pela maioria dos estrangeiros ao conhecer o homem que foi por duas décadas o governante *de facto* de Portugal. Mas os atos e métodos de Pombal geraram muitos inimigos e fizeram com que seu legado se mantivesse controverso para sempre. Ao fim do reinado de D. João, Portugal estava, nas palavras de um visitante inglês, "enfraquecido como se tivesse retrocedido a um estágio mais primário do que a infância",[7] e foi essa condição que Pombal havia começado a enfrentar com um programa de reformas que pretendia alcançar o aparentemente impossível.

A extensão do alcance de seus objetivos variou. Certamente, houve melhoras no sistema educacional, reduziu-se o estigma que as classes mais altas da sociedade portuguesa vinculavam ao comércio, surgiu uma classe média mais numerosa e os piores excessos da Igreja e da Inquisição foram contidos. Mas, sob muitos aspectos, era como se as cartas simplesmente tivessem sido embaralhadas. Os jesuítas se tornaram um bode expiatório para substituir os judeus, e seu domínio na educação passou para os oratorianos. Um terço da nobreza foi substituído por aliados que Pombal indicou, e as companhias monopolistas não transformaram o comércio português, apenas entregaram os privilégios a pessoas diferentes, muitas das quais, como Gerard Devisme e David de Purry, eram estrangeiros, não cidadãos portugueses.

Numerosas reformas existiram apenas no papel. A reorganização do exército só aconteceu depois da invasão francesa durante a Guerra dos Sete Anos, e foi altamente cosmética. Pombal, em última análise, foi lento e malsucedido em criar uma indústria manufatureira nacional (embora seus esforços neste e em outros projetos tenham se emperrado pela recessão econômica que acompanhou boa parte de seu "reinado" e da qual Portugal não se recuperou até as décadas finais

O FIM DE POMBAL

do século, quando o Brasil se tornou próspero de novo, apoiado em uma indústria de algodão em rápida expansão e na exportação do açúcar). Nessa época, o Duc du Châtelet observou que "mais vinte anos dificilmente seriam suficientes para que ele realizasse o que apenas tinha tido tempo de planejar. As enfermidades eram crônicas, e só um longo tratamento com remédios poderia efetuar a cura".[8] Por outro lado, mais recentemente se levantou a hipótese de que, "se ele tivesse usado uma estratégia de alfinetadas regulares em vez de mão de ferro ininterrupta, talvez a transição tivesse sido mais eficiente e menos dolorosa para todos os envolvidos".[9]

Por mais ambíguo que seja o legado, uma conquista é indiscutível: Pombal desempenhou o papel principal em resgatar Lisboa como uma metrópole comercial num tempo em que ela podia ter-se atrofiado. Assim ele pôde salvar a nação portuguesa, ao fazer com que a Inglaterra visse a aliança como algo a ser preservado. O processo de reconstrução não teria ocorrido no ritmo que Pombal procurou imprimir, e pode não ter sido conduzido do modo como ele gostaria em todos os aspectos, antes de mais nada devido à escassez de fundos. Mas, na época de sua morte, a nova cidade havia desenvolvido ímpeto suficiente para garantir que, no futuro, chegasse perto de se completar e ser planejada, tanto quanto qualquer outro projeto de semelhante magnitude. Por isso a Baixa ficaria conhecida com justiça como a Lisboa "pombalina" e "a primeira cidade moderna do Oeste da Europa".[10]

Em 1789, James Murphy, um jovem irlandês que de pedreiro tornou-se arquiteto eminente, chegou a Portugal depois de completar o trabalho de construção de vários anexos da Câmara dos Comuns, em Londres. Seu objetivo primordial era criar uma equipe para projetar a igreja e o mosteiro da cidade de Batalha, mas, quando ele passou por Lisboa, aplicou seu olhar treinado no estado da capital três décadas depois do início da reconstrução. A perspectiva de Murphy era excepcionalmente imparcial, uma vez que procurava combater os preconceitos e as ideias tradicionais trazidos pela maioria dos viajantes do século XVIII, independentemente de nacionalidade ou destinação. "Estamos prontos para ver defeitos em nossos vizinhos", ele escreveu em seus relatos de viagens, "enquanto somos cegos aos nossos, como

264 A IRA DE DEUS

as feiticeiras do chistoso Rabelais, que tinham a visão penetrante de um lince em lugares estrangeiros, mas em casa removiam os olhos e os guardavam dentro de tamancos."[11]

A Lisboa que Murphy encontrou ainda era "o destino constante de comerciantes e viajantes de toda parte do globo". A vista do rio também mantinha "magnífica riqueza e grandiosidade", mesmo que essa impressão "se reduzisse muito depois de uma inspeção mais de perto"[12] e os efeitos do terremoto, ocorrido cinco anos antes de Murphy nascer, ainda fossem visíveis "em muitos pontos da cidade". Enquanto andava pelas ruas, ele encontrava muitos habitantes ávidos por relatar "o cenário apavorante que acompanhou aquela triste tragédia". Murphy observou que o dia 1º de novembro de 1755 havia se tornado "a data de referência para tudo o que aconteceu recentemente". Também percebeu que todos pareciam se assustar facilmente com qualquer barulho alto e súbito, como o passar de uma carruagem ou um disparo de canhão. Mas as pessoas também reconheciam que a destruição dos "becos antigos e retorcidos e das habitações insalubres" da cidade velha eram provas de que mesmo "as mais severas punições da Providência Divina são acompanhadas de múltiplas bênçãos".[13] Sob a direção de Pombal, eles, tal como os londrinos depois do Grande Incêndio, pareciam ter "transformado o mal temporário num bem permanente".[14]

O arquiteto Murphy encontrou muito o que admirar nas novas ruas da Baixa, "amplas, regulares e bem pavimentadas", com suas "convenientes passarelas para pedestres, como nas ruas de Londres", e nas "casas altas, uniformes e sólidas". As novas residências dos nobres e comerciantes que visitou lhe pareceram "mobiliadas de modo magnífico" com artefatos da Índia e da China, mas, apesar de seu número considerável, ele percebeu uma atmosfera "democrática" na cidade, e com isso quis dizer igualitária. Sem nenhum palácio real no centro, não havia proximidade com a Corte, e o fato de que uma das principais ruas novas tivesse sido reservada para meros "trabalhadores de cobre e funileiros" o encantou tanto quanto o desenho ordenado da praça do Comércio, ou "Black Horse Square"(praça do cavalo preto), como era conhecida entre os britânicos. Ele elogiou a estátua de D. José, no centro da praça, como "uma obra muito nobre",[15] e considerou a basílica da Estrela, que estava sendo construída por D. Maria, "o edifício mais magnífico erigido em Lisboa desde o terremoto". Ao ver a "nova igreja", que custara mais de meio milhão de libras, ocorreu-lhe perguntar: "Onde nós encontraríamos marmoreiros tão excelentes como em Portugal?"[16] Tais observações laudatórias ganharam para Murphy a gratidão duradoura dos portugueses. Ele continuava a ser lembrado carinhosamente no século XX como "um dos poucos viajantes estrangeiros que não falaram mal automaticamente de nosso país".[17]

Murphy agradeceu à Providência o fato de o terremoto ter poupado a "bela estrutura" do Mosteiro dos Jerónimos e viu grande mérito no desenho de Pombal para o Passeio Público, que saía do Rossio rumo à parte nordeste da cidade. Talvez mais revelador do que tudo, na opinião de Murphy pelo menos, Lisboa tinha enfim se livrado da reputação de ser mais imunda do que qualquer outra das cidades principais da Europa. Ainda necessitava de "galerias subterrâneas, água encanada e fossas sanitárias", mas a situação estava muito melhor, a ponto de "não ser mais objeto de repreensão pelos estrangeiros". Quanto ao grande aqueduto que resistiu de modo tão impressionante ao terremoto, Murphy o louvou por ser "considerado com justiça um dos mais grandiosos monumentos da Europa e, em questão de magnitude, comparável, talvez, a qualquer aqueduto que os antigos nos deixaram".[18]

O viajante Murphy estava igualmente fascinado por tudo o que via nas ruas, pelas pequenas cerimônias da vida, mais do que qualquer um de seus predecessores. Em frente ao armazém de um comerciante de Hamburgo, na Ribeira Velha, ele confundiu os grandes queijos com balas de canhão, observando que "cada um era do tamanho aproximado de um projétil de 11 quilos e quase tão duro quanto".[19] Ele se fascinou com a visão de damas "enviando sinais amorosos com os dedos, numa linguagem silenciosa", e sentadas à maneira moura, sobre almofadas, com as pernas cruzadas. Também ficou encantado com a indumentária berrante e as quinquilharias e pulseiras douradas das vendedoras de peixes, com as botas e os chapéus cônicos pretos dos fruteiros, com a aparência das pessoas vestidas em roupas de domingo — até um barbeiro levava uma espada, uma fita no chapéu e não apenas um, mas dois relógios de bolso com correntes. Visitar alguém calçando botas, disseram-lhe, "era uma ofensa imperdoável, a menos que elas tivessem esporas".[20] Havia galegos para todo lado, transportando toda a água da cidade em barris de madeira (um dos quais eles tinham que levar para suas residências toda noite para usar no caso de incêndio), mas, para decepção de Murphy, ainda era raro ver damas, abençoadas com olhos "negros e expressivos" e dentes "extremamente brancos e regulares",[21] nas ruas do reino de D. Maria.

Todas as pessoas com quem Murphy conversava enquanto jogavam cartas ou rolavam dados nas ruas pareciam convencidas de que Portugal era "o Elísio abençoado e que Lisboa era a melhor cidade do mundo",[22] uma demonstração de orgulho nacional, ou metropolitano, que ele achou tão tocante quanto o fato de que a maioria das pessoas das "classes baixas" parecia ser "religiosa, honesta e sóbria, afeiçoada a seus pais e respeitosa com os superiores".[23] Mas não compreendeu totalmente a alusão ao Elísio. Os mendigos de Lisboa eram formidáveis em número e conduta: exigiam contribuições, mais do que pediam, e à noite se reuniam em hordas ameaçadoras em frente às casas dos mais ricos. Os camponeses pareciam a Murphy ser mais depauperados e oprimidos do que em qualquer outra nação de seu conhecimento. Era tão raro as classes médias viajarem que pareciam totalmente alienadas das "noções e costumes modernos" e satisfeitas com "a tranquilidade das opiniões estabelecidas". Ele desprezou os fidalgos, por serem pouco mais do que "um bando de tiranos mesquinhos",[24] e não ficou muito impressionado com "a modesta situação das artes".[25]

Acima de tudo, e apesar de todos os grandes encantos de Lisboa, Murphy ficou decepcionado ao perceber que "o avanço do país não é de modo algum proporcional a seus vastos recursos".[26] Parecia que Portugal estava exausto de suas conquistas anteriores, nos séculos XV e XVI, e agora descansava, o que ele considerou compreensível. Só o tempo iria "determinar se algum dia eles vão restabelecer o outrora respeitável nome dos lusitanos".[27] Os quarteirões da Baixa entre a rua Áurea e a rua dos Sapateiros estavam em obras na época da visita de Murphy, e a rua da Prata havia sido concluída. Mas restava muito a ser feito: nada estava finalizado ao norte da nova igreja de São Nicolau, na rua dos Dourados; a construção da rua dos Correeiros mal havia começado; e mesmo o Rossio e a praça do Comércio ainda eram obras em progresso.

CAPÍTULO 23

Memórias e memoriais

Em 1842, quase um século depois da destruição de Lisboa, um in-cêndio terrível arrasou um terço de Hamburgo, e um periódico de Londres declarou que "os únicos eventos da História Moderna que permitem uma comparação apropriada com a conflagração recente são o Grande Incêndio de Londres, o Incêndio de Moscou e o Terremoto de Lisboa".[1] Seis anos depois, enquanto revoluções consumiam a Sicília, a França, os Estados germânicos, o império dos Habsburgo e o Brasil, o desastre de Lisboa era lembrado de modo espetacular. O Colosseum, centro de diversões do Regent's Park, em Londres, que havia recebido mais de um milhão de visitantes nos 12 anos anteriores, acabava de passar por uma cara reforma e reabriu com duas novas atrações, que um correspondente da *Illustrated London News* afirmou serem merecedoras de "atenção especial". A primeira era uma visão panorâmica de Paris sob a luz da lua, do ponto de vista fornecido por um balão sobre o Jardim das Tulherias e projetada numa tela de 4 mil metros quadrados (um acre); a outra era o "Ciclorama de Lisboa", concebido por Mr. William Bradwell e executado por Mr. Danson & Ion.

Os visitantes entravam no teatro pela Albany Street e subiam as escadas até uma sala de descanso. Atrás ficava a mostra de "imagens móveis". O relato da *Illustrated London News* descrevia as cenas iniciais do xodó do *show business* vitoriano da seguinte forma:

268 A IRA DE DEUS

Somos apresentados ao belo, variado e sublime cenário do Tejo, cujo movimento produz uma sensação peculiar no espectador. Os assentos do teatro parecem flutuar como um barco no rio passando por uma paisagem atrás da outra: a margem montanhosa, os navios e barcos, os comerciantes e o xaveco; o mosteiro, o forte, a mansão, o palácio, os vários conventos, o consulado e, ao longe, o centro da cidade, com suas suntuosas construções eclesiásticas, públicas e privadas — todas fadadas à destruição súbita. A última cena apresenta a Grande Praça de Lisboa, com seus palácios belíssimos e suas magníficas ruas ordenadas, grandes arcos e nobres lances de escadas, vasos e outras decorações colossais, como as belas estátuas e a fonte de Apolo.

A sequência narrativa das imagens, cada uma delas "numa ampla escala de grandiosidade", era acompanhada pela música fragorosa produzida por um Bevington's Apollonicon — grande órgão mecânico com 16 pedais e 2.407 tubos — que incluía excertos da *Sinfonia pastoral* de Beethoven, do *Don Giovanni*, de Mozart e do *Masaniello*, de Auber, a área "Preghiera", de *Moisés no Egito*, de Rossini, a "Marcha Nupcial", de Mendelssohn, uma melodia brasileira, uma dança portuguesa e *Il terremoto*, de Haydn. No momento em que o terremoto começava, a audiência era repentinamente assaltada por um grande "rugido subterrâneo" e em seguida mergulhada numa escuridão acompanhada de um "estrondo aterrorizante". Quando a luz voltava, uma cena de "horror e desolação"[2] se revelava. Um espectador notou que o espetáculo mostrava "com terríveis minúcias as cenas horrorosas que marcaram o terremoto";[3] outro, que "a maneira como a terra saltou e depois se abriu, os prédios caíram e o mar se levantou foi mostrada engenhosamente e teve um efeito muito aterrorizante".[4] O correspondente da *Illustrated London News* prosseguia, sem fôlego:

Em seguida vemos os navios sendo arremessados do topo das ondas, destinados à destruição que é visivelmente anunciada pelo céu negro. Tudo é terror e desespero. Mas isso passa, e a vista da cidade retorna, agora coberta de escombros onde há

MEMÓRIAS E MEMORIAIS   269

pouco contemplamos as glórias do gênio arquitetônico — tudo, devido à punição de uma Providência inescrutável, está envolto numa só ruína, que abrange mais de 30 mil de seus moradores.

Era consenso entre as pessoas que se recuperavam das emoções do espetáculo na sala de descanso que "não se poderia imaginar uma série de imagens mais grandiosa", "que a esplêndida execução dessa tarefa devia ser creditada na maior extensão possível"[5] a Mr. Bradwell e Mr. Danson. "Nunca", escreveu um desses espectadores, "uma quantidade tão substancial de medo foi fornecida em troca de dinheiro."[6] O show continuou em cartaz pela década de 1850 afora, mantendo a popularidade até diante da competição feroz oferecida pelo espetáculo da destruição de Pompeia na Grande Exposição de 1851.

A enorme popularidade do Ciclorama numa época em que o "catastrofismo" estava na última moda na Inglaterra levou um grande número de pessoas a aprender ou rememorar qual tinha sido a importância da "mais temível catástrofe registrada pela História".[7] Do mesmo modo como Udal ap Rhys lamentara a falta de informação sobre Portugal em seu *Relato sobre os melhores lugares e curiosidades da Espanha e Portugal*, um século antes, o compilador dos *Conselhos a viajantes em Portugal*, de John Murray, descreveu o país como "um lugar desconhecido para um grande número de ingleses que anualmente viajam para o exterior".[8] O *Manual para viajantes em Portugal*, de Murray, considerou uma vergonha que "a História de Portugal seja tão pouco estudada na Inglaterra"[9] (mas dizia que a data do terremoto havia sido 14 de agosto de 1755).

Entretanto, o conhecimento sobre Portugal fora do ambiente de compra e venda de vinhos, da comunidade comercial e das fileiras das Forças Armadas havia aumentado um pouco — mesmo que às vezes continuasse enganoso e impreciso. O *Breve relato sobre a Quaresma e outras procissões extraordinárias e diversões eclesiásticas vistas no ano passado em Lisboa*, de George Whitefield, publicado pela primeira vez na primavera do ano do terremoto, estava agora em sua enésima edição, com um anexo intitulado "Narrativa do terremoto que destruiu totalmente a cidade alta e os comentários de Mr. Whitefield

270   A IRA DE DEUS

sobre isso". As polcas e valsas de Lisboa desfrutavam de certa popularidade na Inglaterra; havia uma demanda modesta pelas melodias portuguesas como as que foram coletadas pelo Dr. Browning num volume intitulado *A guirlanda lusitana*; o romance *Terremoto de Lisboa*, do escritor teuto-americano Wilhelm Oertel, foi publicado; e, para grande alívio dos turistas, um novo *Dicionário de bolso das línguas portuguesa e inglesa* foi produzido por António Vieira. O comércio anglo-português e o envolvimento da Inglaterra na indústria portuguesa foram tópicos discutidos apaixonadamente — um empreiteiro inglês estava em vias de construir a nova ferrovia de Lisboa para Santarém —, assim como o dedo inglês estava nos assuntos políticos portugueses. Ferdinando, primo do príncipe Alberto e da rainha Vitória da Inglaterra, que pertencia à casa Saxe-Coburgo-Gotha, foi rei consorte de D. Maria II até a morte desta em 1853, e só com a assistência da Marinha Real inglesa e de tropas espanholas se pôs fim, em 1847, a uma guerra civil iniciada por radicais "setembristas",* que contavam com apoio popular considerável na Inglaterra.

A primeira metade do século XIX não havia sido benevolente com Portugal. Houve outros terremotos em 1796 e 1801; D. Maria I foi declarada louca; a Corte portuguesa foi forçada a fugir para o Brasil, escoltada pela Marinha Real inglesa, quando tropas napoleônicas invadiram Portugal pela primeira de três vezes; os ingleses eram os verdadeiros governantes na ausência deles; e, quando a Corte voltou, havia guerra civil em Portugal e o Brasil declarou independência. Tudo isso deixou Portugal falido, devastado e profundamente endividado. Mas uma coisa não havia mudado. A chegada a Lisboa ainda era esplêndida, e, de acordo com o *Manual* de Murray, "pela beleza da localização, Lisboa disputa com Nápoles o segundo lugar entre as cidades europeias, superada apenas por Constantinopla".[10] Charles Dickens descreveu como os navios entrando no Tejo se viam cercados de "frotas de veleiros" e eram convocados, em Belém, por "aquele pequeno

---

* O setembrismo era uma facção política de esquerda que se uniu a outras, ideologicamente próximas, na Guerra da Patuleia, iniciada em 1846, contra o governo centrista do marechal João Oliveira e Daun, conde de Saldanha, que saiu vitorioso do conflito. *(N. do T.)*

Memórias e memoriais 271

vaso de filigrana que chamam de torre", para uma inspeção sanitária. Andorinhas cobriam a superfície da água e sempre parecia haver um "brilho tropical por toda a cidade".[11]

O portentoso conjunto de mosteiro e igreja dos Jerónimos tinha, depois da abolição dos mosteiros em 1833, sido transformado em uma escola para órfãos, mas não era uma construção menos impressionante por causa disso. Atrás dele, os arredores de Lisboa continuavam, consensualmente, "extremamente belos".[12] A reputação do grande aqueduto como "uma das produções mais nobres da moderna arquitetura em toda a Europa"[13] permanecia. O elegante Palácio das Necessidades era a residência predileta de D. Maria II até sua morte, em 1853, embora acima e atrás dele estivesse o Palácio da Ajuda, muito maior, usado agora apenas para grandes festas de gala, recepções e cerimônias de Estado. Iniciado nos anos 1790 no local do alojamento de madeira em que D. José havia escolhido morar até o fim de sua vida, Ajuda era, mesmo em seu estágio semicompleto, considerado um edifício extraordinário num cenário extraordinário. O escritor inglês William Thackeray, ao fazer uma parada na cidade por um dia, a caminho do Mediterrâneo, e visitar Ajuda, pensou que "deve ter sido horrível ver desta colina o panorama da cidade a balançar e revirar-se no momento do terremoto". Ele ficou tão impressionado com a escala do palácio que previu: "Nenhum rei de Portugal será suficientemente rico para concluí-lo." *Se* algum dia isso acontecer, prosseguiu o escritor, o edifício deverá "superar a Torre de Babel".[14] Mas não seria o trono de um monarca absolutista. O poder agora era novamente partilhado com as Cortes, ou Parlamento, que funcionavam no antigo Convento de São Bento, onde milhares de feridos foram reunidos para esperar uma morte lenta nos dias seguintes ao terremoto.

Depois do desembarque no Cais do Sodré ou na praça do Comércio, a mesma vitalidade era evidente. Barqueiros de cintos vermelhos iam atrás de negócios, galegos morenos e descalços — dos quais ainda existiam 20 mil ou mais na cidade — estavam por todo lado, gritando "Água! Água!" com vozes "profundas e sonoras" ou oferecendo seus serviços para os recém-chegados; prisioneiros acorrentados, condenados a serem levados para algum remoto domínio do império, mo-

272   A IRA DE DEUS

viam-se ruidosamente a caminho do Limoeiro; e mulas carregadas de laranjas, limões, figos e flores andavam penosamente a caminho do mercado. Procissões de padres — mas não monges — ainda eram uma visão comum, assim como damas com os rostos cobertos de véus e cercadas de africanos, mendigos e soldados sentados enquanto fumavam charutos. Havia cartazes anunciando touradas e papagaios brasileiros em gaiolas penduradas nas sacadas. Nas esquinas, podiam-se ver meninos "assando algum tipo de animal não registrado nos anais da gastronomia". Havia surpresas até maiores do que esta. Vacas eram ordenhadas bem em frente a palácios, estranhas carroças e carrocinhas com sinos rodavam pelas ruas com as rodas "sem lubrificação até o ponto de ameaçarem pegar fogo", e havia mais gente montada em mulas — e mais gatos selvagens e cachorros sarnentos — "do que em quase qualquer cidade do mundo".[15]

Atrás e acima do Cais do Sodré, na rua do Alecrim, ficava um dos impressionantes novos palácios da cidade. Construído pelo barão de Quintela no lugar daqueles do conde de Vimioso e do marquês de Valença destruídos em novembro de 1755, foi aqui que o marechal Junot estabeleceu residência depois da invasão francesa em 1807. Perto ficava o velho Palácio de Bragança, cujos inestimáveis tesouros reais foram apresentados a Augustus Hervey antes de se perderem no incêndio que se seguiu ao terremoto. Agora, uma pequena parte dele era o Hotel Bragança, de coloração rosada, o melhor de Lisboa, onde, por uma quantia razoável, podia-se conseguir um quarto para o pernoite com vista para o Tejo. Nos Remolares, como eram conhecidos os arredores do Cais do Sodré, ainda havia "marinheiros de todas as nações e feições, desde negros cor de azeviche até dinamarqueses muito brancos". A maioria era composta de ingleses ou irlandeses e, como relatou Dickens, eles faziam suas presenças serem notadas falando "muito alto a fim de tornar o inglês mais fácil para os 'malditos estrangeiros', que entenderiam se quisessem". Como acontecia havia séculos, eles ainda estavam prontos, se fossem pegos em terra depois do toque de recolher, a "desarmar as sentinelas na praça do Comércio, enfrentar a guarda costeira, abrir caminho até o bote, zarpando com três gritos de vitória, os rostos brilhando com a sensação de terem

MEMÓRIAS E MEMORIAIS

273

feito, apropriadamente e de maneira louvável, o que a Inglaterra espera que todo homem faça". A vida de rua da cidade, toda "agitação e movimento", ainda era, em muitos aspectos, aquela "velha Lisboa de Vasco da Gama, Cabral, D. Sebastião e Afonso de Albuquerque",[16] de Augustus Hervey, lorde Tyrawley e Thomas Chase. Era isso e o cenário de sua localização que continuavam a impressionar os visitantes por serem de "interesse especial".[17]

Fora uma conquista considerável para Lisboa — no decorrer de um século que havia começado com destruição e caos quase completo e continuou em estado mais ou menos constante de turbulência — reconstruir-se a esse ponto. Os dois locais mais importantes estavam agora terminados. Em 1845, o magnífico e novo Teatro Nacional foi inaugurado no lugar onde antes ficava a Inquisição, nos limites do lado norte do que havia sido o velho Rossio e agora era a praça D. Pedro IV, com seu inconfundível calçamento de pedras pretas e brancas formando um desenho de ondas. A seção sudeste do velho Rossio era outra nova praça, a da Figueira, ou o "Covent Garden* de Lisboa", onde bancas de peixes, carne, aves e frutas eram armadas todos os dias. A noroeste estava, com suas árvores e jardins, o novo Passeio Público, alameda que Pombal iniciou mas não viu pronta.[18] Na outra ponta da Baixa, a praça do Comércio era um tributo vistoso, embora austero, ao homem. No leste, em volta de uma pequena praça arborizada, e contando com bancos "para acomodação dos ociosos", ficavam a Alfândega, a Casa da Índia, a Casa de Câmbio e o Tribunal do Comércio, que o autor do *Guia do estrangeiro* disse não ser, possivelmente, "superado por qualquer outro edifício de sua espécie no mundo". Um pequeno canhão de latão na praça disparava uma salva de saudação às nove da manhã, ao meio-dia e às três horas da tarde todos os dias, acionado por um mecanismo que respondia à posição do sol. No lado norte da praça ficavam o Ministério da Justiça, a Suprema Corte, a Câmara Municipal e a Junta do Crédito, e, no lado oeste, onde antes estivera o Palácio Real, os ministérios das Relações Exteriores, das Finanças, da Guerra, dos Assuntos Marítimos e do Tesouro.

---

* Região comercial de Londres célebre por seu mercado. (*N. do T.*)

274 A IRA DE DEUS

Mais a oeste, onde ficavam a igreja da sé e a Casa da Ópera, agora estava o novo largo do Pelourinho. Ao sul do largo, ficavam o colossal Arsenal da Marinha, que tinha uma réplica em tamanho natural de uma nau completa e com todas as velas levantadas, e as docas. A leste, havia o Banco de Lisboa e, na esquina noroeste, o conjunto de escritórios das empresas. Além disso, na área em que Mr. Braddock passou o 1º de novembro de 1755, agora ficavam, no Corpo Santo, a igreja dos dominicanos irlandeses, os novos desembarcadouros do Cais do Sodré, um mercado de peixes que, segundo se dizia, abrigava "uma abundância e uma variedade de peixes maior"[19] do que em qualquer lugar do mundo, e a igreja de São Paulo, reconstruída. Segundo a voz corrente, a nova cidade estaria aumentando a cada dia, porque um programa de regeneração havia sido posto em andamento.

Lisboa ainda atraía alguns comentários não muito lisonjeiros. Um viajante ficou atônito com o número de mulheres ostentando "bigodes que não inspirariam em nossos militares conquistadores nenhuma paixão mais terna do que a inveja" e considerou as regiões da cidade que não haviam sido reconstruídas como "absolutamente repulsivas, nada além do que um labirinto de ruas estreitas, tortas e imundas, um caos de habitações sombrias e lúgubres de se ver". Algumas críticas se dirigiam até aos "grandes projetos" de Pombal, porque teriam sido comprometidos pela "total inadequação dos materiais". Como havia sido dito de Londres depois do Grande Incêndio, "perdeu-se a oportunidade de erigir uma das mais belas cidades do mundo".[20] O *Manual* de Murray advertia que o visitante precisava estar "preparado para as piores acomodações, a pior comida e o maior cansaço, e não deve esperar muita coisa de interesse da arquitetura, da eclesiologia ou das belas-artes".[21] Mas muitas afirmações similares, desconhecidas dos portugueses, que costumavam tomá-las como algo pessoal, eram expressas por visitantes sobre qualquer cidade estrangeira. Lisboa recebia mais aplausos do que a maioria delas, e até os que concordavam com as críticas não negavam que a vista do Castelo de São Jorge, de onde Richard Goddard havia assistido à cidade desabar e queimar em 1755, era "uma paisagem indescritivelmente majestosa" e, para alguns, "incomparável".[22]

MEMÓRIAS E MEMORIAIS 275

Ainda havia ruínas aqui e ali na cidade (e por todo o Algarve). Para leste do castelo, ainda faltava o domo da igreja de Santa Engrácia, no campo de Santa Clara, que não ficaria completa antes de mais um século — período durante o qual a expressão "obras de Santa Engrácia" se tornou sinônimo de projetos destinados a nunca serem concluídos. Mais conspícua do que tudo isso era a vista dos escombros dos grandes arcos do Carmo, mirando a Baixa.

Esse grande complexo de convento e igreja continuava, nas palavras de um visitante inglês, "num estado pitoresco deixado pela destruição e pelos destruidores". Uma "tentativa abortada" havia sido feita para restaurá-lo, mas tudo o que se conseguiu foi a transferência do entulho do interior da igreja para a rua. A Guarda Municipal ocupou os claustros, e um químico havia erguido uma cabana de madeira à guisa de laboratório dentro do terreno da igreja (perto de alguns estábulos para mulas). Tais ruínas forneciam uma memória constante daquele dia terrível de 1755 e imbuíam a cidade de um "ar de desolação" que o mesmo turista descreveu como "muito tocante". Ele nunca conseguia passar por ali "sem se comover".[23]

Esse visitante não estava sozinho. Dickens também observou que, apesar de toda a cor e exuberância de Lisboa, com sua efervescente vida nas ruas, "as pessoas comuns" dificilmente riam. Thackeray detectou uma atmosfera de "mentes humanas suspirando pelas glórias de dias passados".[24] Desde a década de 1820, havia um novo som nas ruas depois do entardecer, particularmente nas retorcidas vielas da Alfama e da Mouraria: o canto do fado. Suas origens exatas foram debatidas ferozmente, mas não os sentimentos que ele tenta expressar. O fado era a dolorosa vocalização da saudade — um sentimento de rememoração, nostalgia, melancolia, de sentir falta de amigos e familiares — que se tornou o sentimento definidor dessa grande cidade.

Um século depois do terremoto, Lisboa fazia lembrar a um visitante "uma senhora idosa que se sentou num jardim de rosas, onde medita sobre sua alegre juventude, uma época em que todos disputavam seus sorrisos. Talvez ela conceda também um pensamento a seus filhos. Longe dela, eles estabeleceram residência além do oceano, deixando a mãe solitária e abandonada".[25]

"Naquela noite, olhando pela janela de Bragança para a agitada baía que parecia ter se transformado em prata e de onde eu podia enxergar até Belém, na protegida foz do Tejo, vi os tranquilos telhados com varandas lá embaixo, silenciosos sob o luar, pois a resoluta lua maometana estava em seu crescente, e eu quase podia me imaginar na velha cidade moura. Enquanto olhava, mergulhei num devaneio em minha cadeira na sacada de Bragança. Com o livro *Peninsular War* [*A guerra peninsular*], de Napier, caindo de minhas mãos, eu me imaginei ali seguro, observando a cidade tranquila naquela manhã de novembro. Subitamente, as casas à minha volta começaram a jogar e balançar como um mar tormentoso. Através de um escurecimento, tal qual um eclipse, vi os edifícios próximos e distantes abrirem-se e desmoronarem; os pisos caíam com a vibração de canhões. Os gemidos e gritos de uma grande batalha me cercavam. Eu podia ouvir o mar fustigar as docas e se levantar para engolir o que o terremoto havia poupado. Através do ar, escuro com a queda de muros e vigas, entre chuvas de pedras acesas pelas línguas de fogo das súbitas conflagrações, vi as ruas enevoadas cobertas de mortos e agonizantes, multidões gritando, correndo para lá e para cá, como ovelhas quando se fecham os portões do vermelho matadouro."

Charles Dickens, *Household Words*, 25 de dezembro de 1858, p. 89

NOTAS

Introdução

1. Murray, p. 5.

2. Reid, p. 80.

3. "RDO", "Recent earthquakes", *Geographic Journal*, vol. 27, n° 6, junho de 1906, p. 616.

4. Boxer, "Some contemporary reactions to the Lisbon earthquake of 1755", p. 5.

5. Baptista *et al.*, p. 144.

6. Chester, p. 363.

7. Zebrowski, Ernest Jr., *Perils of a Restless Planet*, CUP, 1999, p. 1.

8. Gould, p. 402.

9. Boxer, *op. cit.*, p. 5.

10. Téllez Alarcia, Diego, "Spanish interpretations of the Lisbon earthquake, 1755-62", *in* Braun e Radner, p. 52.

11. Título do artigo de Dynes, Russell, "*The Lisbon earthquake of 1755: the first modern disaster*", *in* Braun e Radner, pp. 34-39.

12. Neimann, Susan, *Evil in Modern Thought: an Alternative History of Philosophy*, Princeton University Press, 2002, p. 1.

13. Davison, *Great Earthquakes*, p. 3.

14. Ver, por exemplo, Wiesner-Hanks, Merry E., *Early Modern Europe, 1450-1789*, CUP, 2006; Marshall, P. J. (org.), *The Eighteenth Century*, OUP, 1998;

280   A Ira de Deus

Outram, Dorinda, *The Enlightenment*, CUP, 2005; Claydon, Tony, *Europe and the Making of England, 1660-1760*, CUP, 2007; Schaich, Michael (org.), *Mornarchy and Religion: the Transformation of Royal Culture in Eighteenth Century Europe*, German Historical Institute, OUP, 2007; Lees, Andrew e Hollen Lees, Lynn, *Cities and the Making of Modern Europe, 1750-1914*, CUP, 2007. A observação do autor de modo algum pretende ser um julgamento dos méritos dessas obras.

15. Gattrel, Vic, *City of Laughter*, Atlantic Books, 2006, p. 204: "Depois do abalo produzido em Lisboa pelo arbítrio divino, em 1751, quando a cidade foi demolida pelo terremoto (...)"

16. Pessoa, Fernando, *O que o turista deve ver*. Numa veia similar, a introdução aos textos de um simpósio sobre o terremoto de Lisboa ocorrido no encontro anual da Academia Europaea dizia que ele aconteceu num domingo, em vez de um sábado (ver *European Review*, vol. 14, nº 2, maio de 2006, p. 167); e G. W. Housner, em seu artigo "Historical view of earthquake engineering", *in* Lee, William H. K. *et al.* (orgs.), *International Handbook of Earthquake and Engineering Seismology*, Academic Press, 2002, refere-se, na p. 15, ao "famoso terremoto de 1775 em Lisboa" (Livros Horizonte, Lisboa, 1997, p. 10).

Capítulo 1: Quem nunca viu Lisboa não viu coisa boa

1. Hervey, Carta 4, 6 de janeiro de 1758.

2. Murphy, *Travels in Portugal in the years 1789 and 1790*, p. 213.

3. Young, p. 23.

4. Montagu, John (conde de Sandwich), *A Voyage performed by the late Earl of Sandwich round the Mediterranean in the years 1738 and 1739*, Londres, 1799, p. 520.

5. "Scots Gentleman", pp. 560-63.

6. Anônimo, *Explication de l'estampe de Lisbonne*, p. 25.

7 .Black, "Portugal in 1730 by the reverend John Swinton", p. 72 (com agradecimentos ao diretor e aos pesquisadores do Wadham College, Oxford).

8. "MP", p. 1.

9. Anônimo, *Description de la ville de Lisbonne*, p. 6.

10. Baretti, Carta XVI, 29 de agosto de 1760.

11. "Scots Gentleman", pp. 560-63.

12. Rhys, p. 237.

13. Boxer, *The Portuguese Seaborne Empire*, p. 189.

14. MS/Pitt (i).

NOTAS   281

15. APDG, p. 189.
16. APDG, p. 190.
17. Rhys, p. 219.
18. Black, *op. cit.*, p. 78.
19. Sequeira, "A Cidade de D. João V", p. 39.
20. "Scots Gentleman", pp. 560-63.
21. MS/Pitt (i).
22. Cheke, p. 13.
23. "Scots Gentleman", pp. 550-63.
24. APDG, p. 43.
25. Black, "Lisbon in 1730: the account of a British traveler", p. 11.

Capítulo 2: Na Corte do rei João

1. TNA/SP/89/37: Tyrawley ao duque de Newcastle, 22 de setembro de 1730.
2. Merveilleux, p. 41.
3. TNA/SP/89/48: Castres para Holdernesse, 3 de julho de 1751.
4. Courtils, p. 154.
5. Villiers, p. 70.
6. O título do capítulo 8 em Delaforce, Angela, *Art and Patronage in Eighteenth Century Portugal* (CUP, 2002): "The court of Dom José and the new Lisbon: grandeur and vanity".
7. Murphy, *Travels in Portugal in the Years 1789 and 1790*, p. 177.
8. TNA/SP/89/37: Tyrawley ao duque de Newcastle, 12 de novembro de 1730.
9. TNA/SP/89/48: Castres para Holdernesse, 3 de julho de 1751.
10. "Costigan", p. 384.
11. Boxer, "Lord Tyrawley in Lisbon: An Anglo-Irish protestant at the Portuguese court 1728-41", p. 794.
12. Whitefield, *A Brief Account of some Lent and other extraordinary processions (...) seen last year at Lisbon*, Cartas 1 e 2, março de 1754.
13. *Ibid.*, Cartas 1 e 2, março de 1754.
14. Cormatin, pp. 85 e 87.
15. Villiers (tese), p. 155.
16. Mercator.
17. Dumourier, *État present du royaume de Portugal*, p. 21.

18. Cormatin, p. 248.

19. Carta de Pombal para o cardeal da Mota, 19 de fevereiro de 1742, citado em Rodrigues, Lúcia Lima e Craig, Russell, "English mercantilist influences on the foundation of the Portuguese School of Commerce in 1759", *Atlantic Economic Journal*, vol. 32, n° 4, dezembro de 2004, p. 336.

20. Birmingham, David, "A world on the move: the Portuguese in Africa, Asia and America 1415-1808", Book Reviews, *History Today*, vol. 43, junho de 1993, p. 59.

21. TNA/SP/89/48: Castres para Holdernesse, 3 de julho de 1751.

Capítulo 3: *Terra incognita*

1. Diário de Samuel Pepys, 17 de outubro de 1661.

2. Markham, C. R., *Journal of the Royal Geographical Society*, vol. 38, 1868, p. 1.

3. Hanson, p. 3.

4. Farmer, p. 3.

5. Black, "Portugal in 1730 by the Reverend John Swinton", p. 74.

6. Dumouriez, *An account of Portugal as it appeared in 1766 to Dumouriez, since a celebrated general in the French army*, pp. 174-5.

7. Courtils, p. 155.

8. Black, *op. cit.*, p. 80.

9. Erskine, p. 76.

10. Ibid., pp. 75-7.

11. TNA/SP/89/37: Tyrawley para o duque de Newcastle, 11 de fevereiro de 1730.

12. Boxer, "Lord Tyrawley in Lisbon: an Anglo-Irish protestant at the Portuguese court 1728-1741", pp. 791-8 *passim*.

13. Walpole, Horace, *Memoirs of (...) George II*, Londres, 1845, vol. III, p. 14.

14. TNA/SP/89/40: Tyrawley para o duque de Newcastle, 7 de janeiro de 1741.

15. Lewis, W. S. *et al.* (orgs.), *Horace Walpole's correspondence with Sir Horace Mann* (OUP, 1967), Walpole para Mann, 1° de julho de 1762.

16. *Ibid.*, Walpole para Mann, 15 de novembro de 1742; "singularmente licencioso, mesmo para o padrão das Cortes de Portugal e da Rússia", era uma nota de rodapé na edição Le Marchant de 1742 das *Memoirs of (...) George II*, de Walpole, vol. I, p. 144 n..

NOTAS   283

17. TNA/SP/89/37: Tyrawley para o duque de Newcastle, 11 de maio de 1733.

18. Erskine, p. 121.

19. Hanway, Jonas, *Travels of Jonas Hanway, Esq*, Filadélfia, 1797.

20. Crítica de Smith, John, "Memoirs of the Marquis de Pombal", *Monthly Review*, maio de 1844, p. 6.

21. Lodge (org.), *The private correspondence of Sir Benjamin Keene*, p. 72, carta de Keene para Castres, outubro de 1745.

22. Lewis *et al.*, *op. cit.*, Walpole para Mann, 4 de dezembro de 1755, pp. 121-7 *passim*.

23. Erskine, pp. 121-7 *passim*.

24. *Ibid.*, pp. 143 e 150.

25. *London Gazette*, 2-5 de novembro de 1754, citando uma notícia na *Gazeta de Lisboa* datada de 24 de setembro de 1754.

26. Erskine, p. 175.

27. Leake, p. v.

28. Fielding, pp. 16-19 *passim*.

29. Ibid., p. 23.

30. Ibid., p. 29.

31. Ibid., pp. 103-107 *passim*.

32. Ibid., p. 9.

33. Ver Battestin e Probyn, Cartas 75-77, pp. 109-19 *passim*.

34. Fielding, p. 24.

Capítulo 4: A tempestade se aproxima

1. TNA/SP/89/50: Hay para *Sir* Thomas Robinson, 2 de abril de 1755.

2. Lodge (org.), *The private correspondence of Sir Benjamin Keene*, p. 402, carta de Keene para Castres, 11 de abril de 1755.

3. Erskine, p. 179.

4. TNA/SP/89/48: Castres para Amyand, 29 de janeiro de 1753.

5. TNA/SP/89/50: Castres para *Sir* Thomas Robinson, 12 de agosto de 1755.

6. Lodge, *op. cit.*, p. 407, carta de Keene a Castres, 22 de maio de 1755.

7. TNA/SP/89/48: Castres para Holdernesse, 16 de junho de 1755.

8. *Ibid.*, Castres para Holdernesse, 16 de junho de 1755.

9. Courtils, p. 124.

10. *Ibid.*, pp. 146-61 *passim*.

284 A IRA DE DEUS

11. Erskine, p. 179.

12. Lodge, *op. Cit.*, p. 416, carta de Keene para Castres, 7 de julho de 1755.

13. TNA/SP/89/48: Castres para Holdernesse, 16 de setembro de 1755.

14. Erskine, p. 183.

15. TNA/SP/89/48: Castres para Holdernesse, 16 de setembro de 1755.

16. *London Gazette*, 2-6 de setembro de 1755, citando uma notícia na *Gazeta de Lisboa* de 29 de julho de 1755.

17. Ver, por exemplo, TNA/SP/89/50: despacho de Edward Hay datado de 19 de maio de 1755.

18. TNA/SP/89/50: Castres para *Sir* Thomas Robinson, 15 de julho de 1755.

19. *Ibid.*, Castres para *Sir* Thomas Robinson, 22 de setembro de 1755.

20. Smith, p. 52.

21. APDG, p. 27.

22. TNA/SP/89/50: Castres para *Sir* Thomas Robinson, 17 de maio de 1755.

23. MS/Farmer, pp. 1, 46, 5, 13.

24. Nason, p. 12.

25. *Ibid.*, p. 57.

26. MS/Goddard (ii).

27. MS/Goddard (i).

28. TNA/SP/89/50: Castres para *Sir* Thomas Robinson, 20 de outubro de 1755.

Capítulo 5: Dia de Todos os Santos

1. *Philosophical Transactions of The Royal Society* (daqui em diante PT), vol. 49, 1775-6, p. 414: carta do Sr. Stoqueler lida em 5 de fevereiro de 1756.

2. PT, *op. cit.*, p. 410.

3. APDG, p. 107.

4. MS/Drumlanrig, 6 de novembro de 1755.

5. Carta datada de 19 de novembro de 1755, *Gentleman's Magazine*, vol. XXV, dezembro de 1755, p. 560.

6. Relato de Braddock.

7. Carta datada de 3 de novembro de 1755 de um comerciante a bordo do navio *Swithington*, do capitão Minoch, *The Boston Gazette*, 12 de janeiro de 1756.

8. MS/Goddard (ii).

NOTAS   285

9. Relato de Fowkes.

10. MS/Drumlanrig, 6 de novembro de 1755.

11. Farmer, p. 3.

12. Relato de Braddock.

13. PT, *op. cit.*, pp. 410-13, carta de J. Latham, datada de 11 de dezembro de 1755, lida em 15.de janeiro de 1756.

Capítulo 6: Uma cidade em ruínas

1. TNA/SP/89/50: Despacho de Edward Hay, 19 de novembro de 1755.

2. MS/Farmer, pp. 14-17.

3. MS/Goddard (ii).

4. Um relato anônimo em francês se referia a "les rues pavés de corps morts et de mourants" (ruas cobertas de mortos e agonizantes). Ver Guedes, p. 245.

5. Relato de Braddock.

6. Nozes, p. 222.

7. Citado em Macaulay, pp. 273-4.

8. "Another Gentleman", p. 11.

Capítulo 7: Ondas de choque

1. PT, vol. 49, 1755-6, pp. 432-4: carta de Thomas Heberden para seu irmão, datada de 1º de novembro de 1755, lida em 8 de janeiro de 1756.

2. MS/Bean.

3. PT, *op. cit.*, p. 420: carta de Mr. Plummer, datada de 1º de novembro de 1755, lida em 27 de novembro de 1755.

4. PT, *op. cit.*, p. 423: carta para o cônsul espanhol em Londres, datada de 3 de novembro de 1755, lida em 27 de novembro de 1755.

5. *Gazeta de Lisboa*, 13 de novembro de 1755.

6. MS/Agnew, carta de um sobrinho em Cádiz para seu tio, 25 de novembro de 1755.

7. Bevis, p. 319.

8. Uma carta para o *Western Flying Post* publicada em 17 de novembro de 1755 mencionava "um choque muito perceptível" às 9h36 de 1º de novembro. Citado por Gould, p. 400.

9. PT, *op. cit.*, pp. 389-91: carta de *Sir* James Colquhoun, datada de 8 de dezembro de 1755, lida em 22 de janeiro de 1756.

10. PT, *op. cit.*, pp. 387-9: carta de Robert Gardener para o Dr. John Stevenson, datada de 22 de dezembro de 1755, lida em 8 de janeiro de 1756.

11. PT, *op. cit.*, pp. 351-3: carta de John Robertson para Thomas Birch, datada de 23 de novembro de 1755, lida em 27 de novembro de 1755.

12. PT, *op. cit.*, pp. 381-4: carta do reverendo John Harrison para o bispo Dr. Edmund Keene, datada de 24 de dezembro de 1755, lida em 15 de janeiro de 1756.

13. PT, *op. cit.*, pp. 385-6: carta do reverendo Dr. Spencer Cowper para o honorável William Earl Cowper, lida em 15 de janeiro de 1756.

14. PT, *op. cit.*, p. 381: carta de Thomas Barber para William Arderon, datada de 26 de janeiro de 1756, lida em 19 de fevereiro de 1756.

15. PT, *op. cit.*, pp. 362-3: relato de Thomas Birch, lido em 18 de dezembro de 1755.

16. PT, *op. cit.*, p. 361: carta de Henry Mills para Thomas Birch, datada de 15 de dezembro de 1755, lida em 8 de janeiro de 1756.

17. PT, *op. cit.*, pp. 357-8: carta de Swithin Adee, lida em 27 de novembro de 1755.

18. PT, *op. cit.*, pp. 398-402 *passim*: carta do reverendo William Bullock, lida em 11 de março de 1756.

19. PT, *op. cit.* p. 396: carta de M. De Hondt, em Haia, datada de 7 de novembro de 1755, lida em 20 de novembro de 1755.

20. PT, *op. cit.*, p. 437: carta de M. De Valltravers, lida em 22 de janeiro de 1756.

21. *Göttingische Gelehrte Anzeigen*, 12 de janeiro de 1756, citado em Stuber, Martin, "Divine punishment or object of research? The resonance of earthquakes, floods, epidemics and famine in the correspondence network of Albrecht von Haller", *Environment and History*, vol. 9, n° 2, 2003, p. 178.

22. PT, *op. cit.*, pp. 395-6: carta do padre Joseph Steplin, datada de 30 de janeiro de 1756, lida em 26 de fevereiro de 1756.

23. *The Public Advertiser*, n° 6579, 28 de novembro de 1755.

24. *The Pennsylvania Gazette*, 18 de dezembro de 1755.

25. Relato de Braddock.

26. Bevis, p. 331.

27. *Ibid.*, p. 331.

28. PT, *op. cit.*, p. 430: carta do general Fowke para o honorável Henry Fox, lida em 4 de março de 1756.

29. Solares e Arroyo, p. 275.

NOTAS   287

Capítulo 8: Fogo e água

1. MS/Chase.
2. Relato de Braddock.
3. Relato de Fowkes.
4. MS/Drumlanrig, 6 de novembro de 1755.
5. Carta de um dos criados de lorde Drumlanrig, datada de 8 de novembro e reproduzida em *The Scots Magazine*, vol. XVII, dezembro de 1755, p. 591.
6. MS/Goddard (i).
7. MS/Chase.
8. Carta datada de 19 de novembro de 1755, *Gentleman's Magazine*, vol. XXV, dezembro de 1755, p. 561.
9. Relato de Braddock.
10. Carta datada de 19 de novembro de 1755, *Gentleman's Magazine*, *op. cit.*
11. Relato de Braddock.
12. Carta datada de 19 de novembro de 1755, *Gentleman's Magazine*, *op. cit.*
13. Ver Pereira, E. J., p. 7.
14. PT, vol. 49, 1755-6, pp. 410-13: carta de J. Latham para seu tio, datada de 11 de dezembro de 1755, lida em 15 de janeiro de 1756.
15. Carta datada de 19 de novembro de 1755, *Gentleman's Magazine*, *op. cit.*

Capítulo 9: Teletsunami

1. Para conhecer as pesquisas mais recentes neste campo, ver Scheffers, Anja e Kelletat, Dieter, "Tsunami relics on he coastal landscape west of Lisbon in Portugal", *Science of Tsunami Hazards*, vol. 23, nº 1, 2005, pp. 3-16. Os autores encontraram sinais de que, em certos lugares da costa, a altura do maremoto atingiu 50 metros acima do nível do mar.
2. Bevis, p. 318.
3. Sousa, p. 77.
4. Ibid., p. 12.
5. MS/Agnew: carta de um sobrinho em Cádiz para seu tio, 25 de novembro de 1755.
6. Relato de Hibbert: *The Boston Gazette*, 22 de dezembro de 1755.
7. PT, vol. 49, 1755-6, p. 425: carta de Benjamin Bewick para Joseph Paice, datada de 4 de novembro de 1755, lida em 18 de dezembro de 1755.
8. PT, *op. cit.* p. 426: carta de Benjamin Bewick para Joseph Paice datada de 4 de novembro de 1755, lida em 18 de dezembro de 1755.

288 A IRA DE DEUS

9. PT, *op. cit.*, p. 427: carta de Don Antonio d'Ulloa, lida em 18 de dezembro de 1755.

10. *Whitehall Evening Post*, 1524, 2 de dezembro de 1755: carta de 4 de novembro de 1755.

11. PT, *op. cit.*, p. 433: carta do Dr. Tho. Heberden para seu irmão, lida em 8 de janeiro de 1756.

12. PT, *op. cit.*, p. 434: carta de Charles Chalmers para seu pai, datada de 1º de novembro de 1755, lida em 8 de janeiro de 1755.

13. PT, *op. cit.*, p. 433, carta do Dr. Tho. Heberden para seu irmão, lida em 8 de janeiro de 1756.

14. PT, *op. cit.*, p. 429: carta do general Fowke para o honorável Henry Fox, lida em 4 de março de 1756.

15. PT, *op. cit.*, pp. 373-8: carta de William Borlase, lida em 18 de dezembro de 1755.

16. PT, *op. cit.*, pp. 391-3: carta de Lewis Nicola, lida em 22 de janeiro de 1756.

17. PT, *op. cit.*, pp. 668-70: tenente Philip Affleck, da fragata *Advice*, para Charles Gray, 3 de janeiro de 1756.

18. *Ibid.*

19. Ver suplemento da *Gentleman's Magazine*, 1755.

Capítulo 10: O segundo grande tremor

1. MS/Chase.

2. MS/Goddard (ii).

3. MS/Drumlanrig, 8 de novembro de 1755.

4. Relato de Fowkes.

5. MS/Farmer, p. 29.

6. Nason, p. 67.

7. Pedegache, p. 4.

8. Relato de Braddock.

9. PT, vol. 49, 1755-6, pp. 402-7: carta de Richard Wolfall para James Parsons, datada de 18 de novembro de 1755, lida em 18 de dezembro de 1755.

Capítulo 11: A primeira noite

1. Relato de Braddock.

2. MS/Chase.

NOTAS   289

3. MS//Drumlanrig, 6 de novembro de 1755.

4. MS/Chase.

5. Relato de Fowkes.

6. MS/Chase.

Capítulo 12: "Horroroso deserto"

1. MS/Drumlanrig, 8 de novembro de 1755.

2. MS/Chase.

3. Ver Arquivos da Cidade de Birmingham: Documentos de Galton MS 3101/
C/D/15/5/43, carta de James Farmer para Samuel Galton, 2 de dezembro de
1755.

4. MS/Goddard (i), 7 de novembro de 1755.

5. Delany, pp. 378-9.

6. MS/Drumlanrig, 19 de novembro de 1755.

7. TNA/SP/89/50: Castres para *Sir* Thomas Robinson, 6 de novembro de
1755.

8. Notícia no *Edinburgh Journal*, das Câmaras, novembro de 1836, p. 323.

9. Ver carta de David de Purry datada de 25 de dezembro de 1755, *in* Brandt,
Fréderic, *Notice sur la vie de Monsieur le Baron David de Purry*, Neuchâtel, 1826,
pp. 59-63 *passim*. Purry e Devisme mais tarde detiveram o monopólio, dentre
outras coisas, da importação de pau-brasil, e Purry se tornou um dos maiores
benfeitores de sua cidade, Neuchâtel.

10. Relato de Braddock.

11. Relato de Fowkes.

12. *London Gazette*, nº 9553, 29 de novembro-2 de dezembro de 1755, p. 1.

13. TNA/SP/89/50: Castres para *Sir* Thomas Robinson, 6 de novembro de
1755.

14. *Boston Gazette*, 4 de maio de 1756.

15. Pereira, Ângelo, p. 17.

16. TNA/SP/89/50: Castres para *Sir* Thomas Robinson, 6 de novembro de
1755.

17. *Ibid.*

18. MS/Hay (ii).

19. MS/Williamson.

20. Citado em Mann, p. 43.

21. MS/Goddard (i).

290 A IRA DE DEUS

22. MS/Drumlanrig, 6 de novembro de 1755.
23. Cardoso, Arnaldo Pinto, pp. 21-3.
24. MS/Chase.
25. Clemente, p. 31.
26. *Ibid.*, p. 59.

Capítulo 13: Leis e desordem

1. Boxer, "Some contemporary reactions to the Lisbon earthquake of 1755", p. 4.
2. TNA/SP/89/50: Castres para *Sir* Thomas Robinson, 6 de novembro de 1755.
3. *Gentleman's Magazine*, vol. XXV, dezembro de 1755, p. 559.
4. MS/Drumlanrig, 8 de novembro de 1755.
5. MS/Chase.
6. Notícia no *Edinburgh Journal*, das Câmaras, novembro de 1836, p. 324.
7. TNA/SP/89/50: Hay para Sir Thomas Robinson, 15 de novembro de 1755.
8. *Ibid.*
9. *Ibid.*, Castres para *Sir* Thomas Robinson, 19 de novembro de 1755.
10. Carta datada de 3 de novembro de 1755, de um comerciante a bordo do navio *Swithington*, do capitão Minoch, *The Boston Gazette*, 12 de janeiro de 1756.
11. Kendrick, p. 32.
12. TNA/SP/98/50: Castres para *Sir* Thomas Robinson, 20 de novembro de 1755.
13. *Ibid.*, Castres para *Sir* Thomas Robinson, 19 de novembro de 1755.
14. MS/Hay (ii).
15. Lodge (org.), *The Private Correspondence of Sir Benjamin Keene*, p. 437, carta de Keene para Castres, 23 de novembro de 1755.
16. Ver PT, vol. 49, 1755-6, pp. 402-7: carta de Richard Wolfall para James Parsons, datada de 18 de novembro de 1755, lida em 18 de dezembro de 1755.
17. MS/Drumlaring, 19 de novembro de 1755.

Capítulo 14: As notícias se espalham

1. Lodge (org.), *The Private Correspondence of Sir Benjamin Keene*, p. 434, carta de Keene para Castres, 10.de novembro de 1755.
2. *Ibid.*, p. 435, carta de Keene para Castres, 20 de novembro de 1755.

NOTAS   291

3. Goethe, Johann Wolfgang von, *Dichtung und Warheit*, p. 30, *in* Trunz, Erich, *Goethes Werke*, vol. 10, Beck, Munique, 1981.

4. *Whitehall Evening Post* 1521, 22-25 de novembro de 1755.

5. *Whitehall Evening Post* 1522, 25 de novembro de 1755.

6. *Whitehall Evening Post* 1523, 27 de novembro de 1755.

7. *Whitehall Evening Post* 1524, 29 de novembro-2 de dezembro de 1755.

8. British Library Manuscript Add. 32860 (jornais de Newcastle), pasta 428: despacho de Benjamin Keene de 10 de novembro de 1755.

9. TNA/SP/89/50: Hay para *Sir* Thomas Robinson, 15 de novembro de 1755.

10. *The Scots Magazine*, vol. XVI, novembro de 1755, p. 554.

11. Delany, pp. 378-9.

12. Ibid., pp. 378-9. Seu sogro era Peter Auriol, próspero comerciante de Lisboa.

13. *Whitehall Evening Post* 1524, 29 de novembro-2 de dezembro de 1755.

14. Lewis, W. S. *et al.* (orgs.), *Horace Walpole's Correspondence with Sir Horace Mann* (OUP, 1967), Walpole para Mann, 4 de dezembro de 1755.

15. Delany, pp. 378-9.

16. Macaulay, Thomas Babington, *Critical and Historical Essays*, vol. II, Londres, 1907, p. 551.

17. Diário do reverendo Charles Wesley, 1849, anotação do dia 5 de abril de 1750.

18. TNA/SP/89/50: Fox para Castres, 3 de dezembro de 1755.

19. Baretti, Carta XVI, 29 de agosto de 1760.

20. TNA/SP/89/50: Fox para Castres, 3 de dezembro de 1755.

21. Delany, p. 380.

22. Lewis, *op. cit.*, Walpole para Mann, 4 de dezembro de 1755.

23. Erskine, pp. 189-90.

24. *Boston Weekly News*, 20 de novembro de 1755.

25. PT, vol. 50, 1757-8, "An account of the earthquake felt in New England, and the neighbouring parts of America, on the 18th November 1755". Numa carta para Thomas Birch, do professor Winthrop, de Cambridge, na Nova Inglaterra, datada de 10 de janeiro de 1756, pp. 1-18.

Capítulo 15: Ajuda e medo

1. MS/Dobson (i).

2. TNA/SP/89/50: Hay para Fox, 11 de dezembro de 1755.

292   A Ira de Deus

3. *Ibid.*

4. Lodge (org.), *The Private Correspondence of Sir Benjamin Keene*, pp. 443-4, carta de Keene para Castres, 19 de novembro de 1755.

5. *Ibid.*

6. TNA/SP/89/50, despachos de Castres de 24/12 e 30/12.

7. Lodge, *op. cit.*, p. 434, carta de Keene para Castres, 10 de novembro de 1755.

8. PT, vol. 49, 1755-6, p. 429: carta do general Fowke para o honorável Henry Fox, lida em 4 de março de 1756.

9. PT, *op. cit.*, p. 437: carta de M. De Valltravers, lida em 22 de janeiro de 1756.

10. Horace Walpole para George Montagu, 25 de novembro de 1755 (Projeto Gutenberg: *The Letters of Horace Walpole*, carta 162).

11. "MP", pp. 1-2.

12. Lodge, *op. cit.*, p. 434, carta de Keene para Castres, 19 de dezembro de 1755.

13. *Notes and Queries*, 28 de agosto de 1928, p. 86.

14. Smollett, Tobias, *Complete History of England*, Oxford, 1827, pp. 421-2.

15. *An Address to the Inhabitants of Great-Britain; Occasioned by the Late Earthquake in Lisbon*, p. 6.

16. Whitefield, *A Letter to the Remaining Disconsolate Inhabitants of Lisbon*, p. 3.

17. *An old remedy new reviv'd; or an infallible method to prevent this city from sharing the calamities of Lisbon*, pp. i-4 passim.

18. *Lisbon's Voice to England, particularly to London*, 1755, atribuído a Samuel Hayward, ministro congregacional em Silver Street, Cheapside, pp. 2, 8 e 4.

19. "MP", p. 2.

20. *Lisbon's Voice to England, particularly to London*, pp. 2, 8 e 4.

21. Wesley, John, *Serious Thoughts Occasioned by the Late Earthquake at Lisbon*, 1755, *passim*.

22. James Bate, *The Practical Use of Public Judgements. A Sermon preached at St. Paul's Deptford, Kent, on February 6th, 1756*, p. 4.

23. Ver Kendrick, p. 148.

24. Ver *ibid.*, p. 147.

25. Citado em Macaulay, p. 271.

NOTAS 293

Capítulo 16: O saldo de mortes

1. *New Universal Magazine*, n° LVIII, vol. VIII, dezembro de 1755, p. 235.

2. Lodge (org.), *The Private Correspondence of Sir Benjamin Keene*, p. 434, carta de Keene para Castres, 19 de dezembro de 1755.

3. Por exemplo, em Fr. Francisco António de S. Jozé, *Canto fúnebre ou lamentação harmonica na infeliz destruição da famosa cidade de Lisboa*, 1756.

4. Ver, por exemplo, *Destruição de Lisboa e famosa desgraça que padeceo no dia primeiro de Novembro de 1755* (Anônimo, Lisboa, 1756).

5. Os registros das freguesias de Beato, São João da Praça, Santa Maria Madalena, Mártires, São Julião, São Nicolau e São Paulo foram todos destruídos, de acordo com *A Freguesia de Santa Catarina de Lisboa no 1° quartel do século XVIII* (Instituto Nacional de Estatística, Lisboa, 1959); e as numerosas freguesias do país não responderam às perguntas sobre o número de mortos.

6. TNA/SP/89/50: despacho de Castres, 27 de dezembro de 1755.

7. Oliveira, p. 153.

8. Dickens, Charles, artigo na revista *Household Words*, 25 de dezembro de 1858.

9. Murray, p. 6.

Capítulo 17: Chuva, falência e revolução

1. Cormatin, p. 155.

2. Fonseca, p. 122, citando Montessus de Balore.

3. TNA/ADM/51/429, 16 de março de 1756.

4. Nozes, p. 224.

5. Tyrawley, "Considerations upon the affaires at Lisbon in December 1755", manuscrito na British Library, Add. 26364, pasta 140.

6. TNA/SP/89/50: Hay para Fox, 14 de janeiro e 11 de fevereiro de 1756.

7. Edward French para William Wansey, 19 de novembro de 1755, citado em Mann, p. 44.

8. Citado em Mann, p. 35.

9. MS/Bean.

10. Por exemplo, João Lúcio de Azevedo em seu *O Marquês de Pombal e a sua Época,*, Clássica Editora, Lisboa, 1909.

11. Citado em Pereira, Ângelo.

12. Pereira, Álvaro S., p. 15.

294   A IRA DE DEUS

13. Ver Cardoso, José Luís, *Pombal, o Terramoto e a Política de Regulação Econômica.*

14. *New Universal Magazine*, nº LVIII, vol. VIII, dezembro de 1755, excerto de carta datada de 17 de novembro de 1755, p. 234.

15. Solares e Arroyo, p. 279.

16. Lodge (org.), *The Private Corrrespondence of Sir Benjamin Keene*, p. 436, carta de Keene para Castres, 20 de novembro de 1755.

17. Edward French para William Wansey, 19 de novembro de 1755, citado em Mann, p. 45.

18. TNA/SP/89/50: Hay para Fox, 8 de maio de 1756.

19. Whitefoord, p. 126.

20. Goudar, *passim.*

21. TNA/SP/89/50: Castres para Fox, 11 de fevereiro de 1756.

22. *Ibid.*, Castres para Fox, 8 de maio de 1756.

23. Whitefoord, pp. 126-9.

Capítulo 18: Jejum e filosofia

1. Anônimo, "A Sermon preached before a congregation on the general fast-day delivered in two parts", pp. 7-8.

2. *Ibid.*, p. 11.

3. T. Seward, cônego de Lichfield, "The late dreadful earthquakes no proof of God's particular wrath against the Portuguese", sermão pregado em Lichfield, 7 de dezembro de 1755.

4. Richard Terrick, cônego residente de St. Paul, sermão pregado à Câmara dos Comuns em 6 de fevereiro de 1756, p. 17.

5. Oliveira, Francisco, pp. 9-18 *passim.*

6. Shklar, J. N., *The Faces of Injustice*, Yale University Press, 1990, pp. 51-5.

7. Pope, Alexander, *An Essay on Man*, 1733-4, verso 294.

8. Besterman, p. 12.

9. Voltaire para Jean-Robert Tonchin, 24 de novembro de 1755, *in* Besterman, Theodore, *Voltaire's Correspondence*, Publications de l'Institut et Musée Voltaire, Genebra, 1953-65, vol. XXVIII.

10. Voltaire, *in* Besterman, *op. cit.*

11. Voltaire, p. 97.

12. *Ibid.*, p. 99.

13. Voltaire para Élie Bertrand, 18 de fevereiro de 1756, *in* Besterman, *op. cit.*

NOTAS   295

14. Voltaire, p. 108.
15. *Ibid.*, p. 99.
16. Rousseau para Voltaire, 18 de agosto de 1756, *in* Besterman, *op. cit.*
17. Voltaire para Rousseau, 12 de setembro de 1756, *in* Besterman, *op. cit.*

Capítulo 19: Execuções

1. Hervey, Carta 2, 30 de dezembro de 1758.
2. Carta do reverendo W. Allen para seu amigo Mr. Thicknesse, grão-mestre de St. Paul, escrita pouco após o terremoto e publicada na *Gentleman's Magazine*, vol. 59, setembro de 1789, pp. 788-9.
3. Hervey, Carta 4, 6 de janeiro de 1759.
4. Hervey, Carta 9, 30 de janeiro de 1759.
5. Hervey, Carta 3, 31 de dezembro de 1758, e Carta 4, 6 de janeiro de 1759.
6. Hughes, p. 2. A *Gentlemen's Magazine* sugeriu que o relato de Hughes era "fictício" (vol. XXIX, 1759, p. 76), mas isso só pode se dever ao fato de Hughes não relatar a versão oficial dos acontecimentos.
7. Há excelentes discussões sobre a conspiração em Dutra, Francis A., "The wounding of King José I — accident or assassination attempt?", *Mediterranean Studies*, vol. 7, (1998), pp. 221-9, e em Donovan, Bill M., "Crime, policing, and the absolutist state in early modern Lisbon", *Portuguese Studies Review*, vol. 5, nº 2, 1996-7, p. 52-71.
8. TNA/SP/89/51: Hay para W. Pitt, 13 de setembro de 1758.
9. Cheke, p. 114.
10. Hughes, p. 6.
11. MS/Farmer, p. 28.
12. Hervey, Carta 4, 6 de janeiro de 1759.
13. MS/Farmer, p. 29.
14. MS/Farmer, p. 31.
15. *Gentleman's Magazine*, vol. XXIX, 1759, p. 324.

Capítulo 20: O fim do otimismo e o nascimento de uma ciência

1. Voltaire, p. 69.
2. *Ibid.*, p. xii.
3. *Ibid.*, p. 51.

296   A IRA DE DEUS

4. *Ibid.*, p. 14.

5. *Ibid.*, p. 15.

6. *Ibid.*, p. 16.

7. Besterman, p. 23.

8. Em 1735, Samuel Johnson havia traduzido o *Itinerário*, de Jerónimo Lobo, como *A Voyage to Abyssinia*.

9. Dalrymple, Theodore, "What makes Dr. Johnson great", *City Journal*, outono de 2006.

10. PT, vol. 46, 1749-50, pp. 745-6.

11. Winthrop, John, *An account of the earthquake felt in New England, and the neighbouring parts of America*, PT, vol. 50, parte I, 1757, pp. 1-18.

12. Ver Clark, p. 352.

13. Michell, pp. 37-8; também publicado em PT, vol. 51, parte II, 1760, pp. 566-634.

14. Michell, pp. 24-5.

15. Davison, *Great Earthquakes*, p. 3.

Capítulo 21: Progresso lento, recessão e o reinado do terror

1. Baretti, Cartas XVI (29 de agosto de 1760) a XXXI (15 de setembro de 1760) *passim*.

2. MS/Pitt (i) *passim*.

3. Baretti, Carta XXXI, 15 de setembro de 1760.

4. PT, vol. 52, 1761-2, pp. 422-3.

5. *Ibid.*, p. 421.

6. John Webber para Charles Lyttleton, reitor de Exeter, 2 de abril de 1761, manuscritos da British Library, arquivo 754, pasta 87.

7. Voltaire, p. 124, n. 1.

8. MS/Hobart.

Capítulo 22: O fim de Pombal

1. Smith, p. 187.

2. Twiss, pp. 3-4.

3. Cormatin, p. 34.

4. *Ibid.*, p. 28.

5. *Ibid.*, p. 30.

NOTAS   297

6. Black, "Portugal in 1775. The letters of Thomas Pelham", p. 53.

7. Blankett/Stephens, p. 57.

8. Cormatin, p. 138.

9. Boxer, *The Portuguese Seaborne Empire 1415-1825*, p. 366.

10. Ver França, José-Augusto, "Uma experiência pombalina", *Monumentos: revista semestral de edifícios e monumentos* 21, 2004, p. 18.

11. Murphy, *Travels in Portugal in the years 1789 and 1790*, p. 159.

12. *Ibid.*, pp. 131-2.

13. *Ibid.*, p. 146.

14. *Ibid.*, p. 147.

15. *Ibid.*, p. 151.

16. *Ibid.*, pp. 169-70.

17. Sequeira, "A cidade de D. João V", p. 86.

18. Murphy, p. 195.

19. *Ibid.*, p. 149.

20. *Ibid.*, p. 201.

21. *Ibid.*, p. 206.

22. *Ibid.*, p. 210.

23. *Ibid.*, p. 208.

24. Murphy, *A general view of the state of Portugal*, p. 142.

25. Murphy, *Travels in Portugal in the years 1789 and 1790*, p. 151.

26. *Ibid.*, p. 216.

27. *Ibid.*, p. 219.

Capítulo 23: Memórias e memoriais

1. *The Penny Magazine*, junho de 1842, p. 237. Nem todos os detalhes foram corretamente lembrados — o autor do artigo datou o terremoto em 1750.

2. *Illustrated London News*, 30 de março de 1850, p. 222.

3. Timbs, John, *Curiosities of London*, 1857.

4. Yates, Edmund, *His Recollections and Experiences*, 1885; ver capítulo sobre o período 1847-52.

5. *Illustrated London News*, 30 de março de 1850, p. 222.

6. Yates, *op. cit.*; ver capítulo sobre o período 1847-52.

7. Murray, John, *Handbook for Travellers in Portugal*, p. 5.

8. Murray, John, *Hints to Travellers in Portugal in Search of the Beautiful and the Grand*, 1852, p. 2.

298 A Ira de Deus

9. Murray, p. xxii. Mesmo o bem informado Murray dizia no *Handbook* que o terremoto havia acontecido em 14 de agosto de 1755.

10. Murray, p. 4.

11. Ver artigo de Dickens na *Household Words*, 25 de dezembro de 1858, pp. 84-9.

12. Ver as colunas sobre Lisboa na *The Penny Magazine*, 22 de julho de 1837, pp. 273-5, e 29 de julho de 1837, pp. 285-6.

13. *Ibid.*

14. Thackeray, William Makepeace, *Notes of a Journey from Cornhill to Grand Cairo, by way of Lisbon, Athens, Constantinople and Jerusalem*, Chapman & Hall, 1846, pp. 10-15 *passim*. Thackeray confundiu o Palácio da Ajuda com o Palácio das Necessidades.

15. *The Penny Magazine, op. cit.*

16. Dickens, *op. cit.*

17. *The Penny Magazine, op. cit.*

18. Em 1934, muito depois da transformação do Passeio Público em avenida da Liberdade, uma estátua de 9 metros de altura de Pombal sobre uma coluna de 36 metros foi concluída, mirando imperialmente a Baixa que ele criou.

19. Anônimo, *The Stranger's Guide*, pp. 125, 130.

20. *The Penny Magazine, op. cit.*

21. Murray, p. xxxv.

22. *The Penny Magazine, op. cit.*

23. Owen, Hugh. *Here and There in Portugal*, Londres, 1856, pp. 68-71 *passim*.

24. Thackeray, *op. cit.*, p. 11.

25. *The Penny Magazine, op. cit.*

BIBLIOGRAFIA

Livros e artigos

"Amador Patrício de Lisboa" (pseudônimo do padre Francisco José Freire), *Memorias das Principaes Providencias que se derão no Terremoto, que Padeceo a Côrte de Lisboa no anno de 1755*, Lisboa, 1758.

Anônimo, *Description de la ville de Lisbonne*, Paris, 1730.

Anônimo, *Destruição de Lisboa e famosa desgraça que padeceo no dia primeiro de Novembro de 1755*, Lisboa, 1756.

Anônimo, *Explication de l'estampe de Lisbonne avec une description succincte des curiosités et événements mémorables de cette ville* (c. 1735).

Anônimo, *A Genuine Account Of The Execution Of The Conspirators At Lisbon on January 13th 1759*, Londres, 1759.

Anônimo, *A Picture of Lisbon by a gentleman many years resident at Lisbon*, Londres, 1809.

Anônimo, *The Stranger's Guide in Lisbon and its Environs*, Lisboa, 1848.

"Another Gentleman", *Two very circumstantial accounts of the late dreadful earthquake at Lisbon: giving a more particular relation of that event than any hitherto publish'd. The first drawn up by Mr Farmer, a merchant, of undoubted veracity. . . the second by another gentleman*, Exeter, 1755.

APDG, *Sketches of Portuguese Life, Manners, Costume, and Character*, Londres, 1826.

Araújo, Ana Cristina, "The Lisbon Earthquake of 1755 — Public Distress and Political Propaganda", *e-JPH*, vol. 4, Nº. 1, verão de 2006.

Araújo, Ana Cristina, *O Terramoto de 1755: Lisboa e a Europa*, CTT Correios de Portugal, Lisboa, 2005.

Araújo, Ana Cristina; Cardoso, José Luís; Monteiro, Nuno Gonçalo; Rossa, Walter e Serrão, José Vicente, *O Terramoto de 1755: Impactos Históricos*, Livros Horizonte, Lisboa, 2007.

Baptista, M. A.; Miranda, J. M. e Luis, J. F., "In Search of the 31 March Earthquake and Tsunami Source", *The Bulletin of the Seismological Society of America*, vol. 96, n° 2, abril de 2006, pp. 713-21.

Baptista, M. A. *et al.*, "The 1755 Lisbon Tsunami: evaluation of the Tsunami Parameters", *Journal of Geodynamics*, vol. 25, n° 2, 1998, pp. 143-57.

Baretti, Giuseppe, *A Journey from London to Genoa*, Londres, 1770.

Battestin, Martin e Probyn, Clive (orgs.), *The Correspondence of Henry and Sarah Fielding*, Clarendon Press, 1993.

Belo, André, "Between History and Periodicity: Printed and Hand-Written News in 18th Century Portugal", *e-JPH*, vol. 2, n° 2, inverno de 2004.

Belo, André, "A Gazeta de Lisboa e o terramoto de 1755: a margem do não-escrito", *Análise Social*, n° 151-2, vol. XXXIV, inverno de 2000, pp. 619-36.

Besterman, Theodore, "Voltaire et le désastre de Lisbonne: ou, La mort de l'optimisme", *Studies on Voltaire and the Eighteenth Century*, vol. 2, 1956, pp. 7-24.

Bethencourt, Francisco e Curto, Diogo Ramada (orgs.), *Portuguese Oceanic Expansion, 1400-1800*, CUP, 2007.

Bevis, John, *The History and Philosophy of Earthquakes, from the Remotest to the Present Times*, London, 1757.

Birmingham, David, *A Concise History of Portugal*, CUP, 2003.

Black, Jeremy, "Anglo-Portuguese Relations in the Eighteenth Century: A Reassessment", *The British Historical Society of Portugal Fourteenth Annual Report*, 1987, pp. 125-42.

Black, Jeremy, "Lisbon in 1730: The account of a British traveller", *Bulletin of the British Society for Eighteenth Century Studies*, n°s 7-8, primavera/verão de 1985, pp. 11-14.

Black, Jeremy, "Portugal in 1730 by the Reverend John Swinton", *The British Historical Society of Portugal Thirteenth Annual Report*, 1986, p. 65-87.

Black, Jeremy, "Portugal in 1775. The Letters of Thomas Pelham", *The British Historical Society of Portugal Fourteenth Annual Report*, 1987, pp. 49-56.

Blankett, John (também atribuídas a Stephens, Filadelfia), *Letters from Portugal, on the late and present state of that kingdom*, Londres, 1777.

BIBLIOGRAFIA 301

Boiça, Joaquim e Barros, Maria de Fátima Rombouts de, *1755: A Memória das Palavras*, Edição da Câmara de Oeiras, 2005.

Boxer, C. R., "Brazilian Gold and British Traders in the First Half of the Eighteenth Century", *Hispanic American Historical Review*, vol. 49, n° 3, agosto de 1969, pp. 454-72.

Boxer, C. R., "Lord Tyrawley in Lisbon: An Anglo-Irish Protestant at the Portuguese Court 1728-41, *History Today*, vol. 20, novembro de 1970, pp. 791-8.

Boxer, C. R., *The Portuguese Seaborne Empire 1415-1825*, Hutchinson, 1977.

Boxer, C. R., "Some Contemporary Reactions to the Lisbon Earthquake of 1755", *Separata da Faculdade de Letras*, Universidade de Lisboa, vol. XXII, série 2, n° 2, 1956.

Braddock, A., "Letter to Revd. Dr. George Sandby dated 13th November 1755", *in* Davy, Charles, *Letters addressed chiefly to a young gentleman upon subjects of literature*, vol. II, Londres, 1787, pp. 12-60.

Braun, Theodore E. D. e Radner, John B. (orgs.), *The Lisbon Earthquake of 1755: Representations and Reactions*, The Voltaire Foundation, Oxford, 2005.

Brockwell, Charles, *The Natural and Political History of Portugal*, Londres, 1726.

Brown, Bahngrell W., "The Quake That Shook Christendom — Lisbon 1755", *The Southern Quarterly*, vol. VII, julho de 1969, n° 4, pp. 425-31.

Buescu, Helena Carvalhão *et al.* (orgs.), *1755: Catástrofe, Memória e Arte*, ACT 14, Centro de Estudos Comparatistas, Edições Colibri, Lisboa, 2006.

Buescu, Helena Carvalhão e Cordeiro, Gonçalo (orgs.), *O Grande Terramoto de Lisboa: Ficar Differente*, Gradiva, Lisboa, 2005.

Cardoso, Arnaldo Pinto (org.), *O Terrível Terramoto da Cidade que foi Lisboa: Correspondência do Núncio Filippo Acciaiuoli*, Alêtheia Editores, Lisboa, 2005.

Cardoso, José Luís, *Pombal, o Terramoto e a Política de Regulação Económica*, *in* Araújo *et al.*, pp. 165-81.

Carozzi, Marguerite, "Reaction of the British Colonies in America to the 1755 Lisbon Earthquake, *Earth Sciences History*, vol. 2, parte I, 1983, pp. 17-27.

Castilho, Julio de, *A Ribeira de Lisboa*, Câmara Municipal de Lisboa, Lisboa, 1940-44.

Castinel, G., Le Désastre de Lisbonne, *Revue du dix-huitième siècle*, ano 1, n° 4, 1913, pp. 396-409 e ano 2, n° 1, 1914, pp. 72-92.

Castro, João Baptista de, *Mappa de Portugal antigo e moderno*, Lisboa, 1763.

Chaves, Castelo Branco, *O Portugal de D. João V visto por três forasteiros*, Biblioteca Nacional, Lisboa, 1983.

Cheke, Marcus, *Dictator of Portugal: A life of the Marquis of Pombal 1699-1782*, Sidgwick & Jackson, 1938.

Chester, D. K., "The 1755 Lisbon Earthquake", *Progress in Physical Geography*, vol. 25, n° 3, 2001, p. 363-83.

"Citizen", *An old remedy new reviv'd: or, an infallible method to prevent this city from sharing in the calamities of Lisbon*, Londres, 1755.

Clark, Charles Edwin, "Science, Reason, and an Angry God: The Literature of an Earthquake", *The New England Quarterly*, vol. 38, n° 3, setembro de 1965, pp. 340-62.

Clemente, D. Manuel (prefácio), *Memórias de uma cidade destruída: testemunhos das igrejas da Baixa-Chiado*, Alêtheia Editores, Lisboa, 2005.

Conceição, Frei Claudio da, *Gabinete Historico*, vol. XIII, Lisboa, 1829.

Cormatin, Pierre Desoteux de, *Travels of the Duke de Châtelet in Portugal*, Londres, 1809.

"Costigan, Arthur" (pseudônimo de Ferrier, James), *Sketches of Society and Manners in Portugal*, vol. II, Londres, 1787.

Courtils, Charles-Christian, Chevalier des (Aman, Jacques, org.), "Une description de Lisbonne en Juin de 1755", *Bulletin des Études Portugaises*, L'Institut Français au Portugal, vol. XXVI, 1965, pp. 145-80.

Davison, Charles, *The Founders of Seismology*, CUP, 1927.

Davison, Charles, *Great Earthquakes*, Thomas Murby, 1936.

Delaforce, Angela, *Art and Patronage in Eighteenth-Century Portugal*, CUP, 2002.

Delaforce, Angela, "Paul Crespin's Silver-Gilt Bath for the King of Portugal", *The Burlington Magazine*, vol. 139, n° 1126, janeiro de 1997, pp. 38-40.

Delany, Mary, *The Autobiography and Correspondence of Mary Granville, Mrs Delany*, vol. III, Richard Bentley, 1862.

Donovan, Bill M., "Crime, Policing, and the Absolutist State in Early Modern Lisbon", *Portuguese Studies Review*, vol. 5, n° 2, 1996-7, p. 52-71.

Dumouriez, Charles-François, *État présent du royaume de Portugal*, Lausanne, 1775.

Dumouriez, Charles-François, *An Account of Portugal as it Appeared in 1766 to Dumouriez, since a celebrated general in the French army*, Londres, 1797.

Dutra, Francis A., "The Wounding of King José I — Accident or Assassination Attempt?", *Mediterranean Studies*, vol. 7, 1998, pp. 221-9.

Dynes, Russell, "The Dialogue between Voltaire and Rousseau on the Lisbon earthquake: The Emergence of a Social Science View", *International Journal of Mass Emergencies and Disasters*, vol. 18, n° 1, março de 2000, pp. 97-115.

BIBLIOGRAFIA 303

Dynes, Russell, "The Lisbon Earthquake of 1755: the first modern disaster", *in* Braun e Radner, pp. 34-49.

Erskine, David (org.), *Augustus Hervey's Journal*, Chatham Publishing, 2002.

Estorninho, Carlos, "O Terramoto de 1755 e a sua repercussão nas relações Luso-Britânicas", *Separata da Faculdade de Letras*, Universidade de Lisboa, vol. XXII, série 2, n° 1, 1956.

Farmer, Benjamin, *Two very circumstantial accounts of the late dreadful earthquake at Lisbon: giving a more particular relation of that event than any hitherto publish'd. The first drawn up by Mr Farmer, a merchant, of undoubted veracity... the second by another gentleman*, Exeter, 1755.

Ferro, João Pedro, *A População Portuguesa no Final do Antigo Regime, 1750-1815)*, Editorial Presença, Lisboa, 1995.

Fielding, Henry (org. Keymer, Tom), *The Journal of a Voyage to Lisbon*, Penguin, 1996.

Figueiredo, António Pereira de, *Diário dos Sucessos de Lisboa, desde o Terramoto até o Extermínio dos Jezuítas*, Lisboa, 1761.

Figueiredo, António Pereira de, *A narrative of the earthquake and fire of Lisbon*, Londres, 1756.

Fisher, H. E. S., "Anglo-Portuguese Trade", *Economic History Review*, vol. 16, n° 2, 1963, pp. 219-33.

Fisher, H. E. S., *The Portugal Trade: a Study of Anglo-Portuguese Commerce, 1700-1770*, Methuen, 1971.

Fisher, Stephen, *Lisbon as a Port Town*, Exeter Maritime Studies n°. 2, 1988.

Fonseca, João Duarte, *1755: O terramoto de Lisboa*, Argumentum, Lisboa, 2005.

Fowkes, Lawrence, *A Genuine Letter to Mr Joseph Fowkes, from his brother near Lisbon, in which is given a very minute and striking description of the late earthquake*, Londres, 1755.

França, José-Augusto, *Une Ville des Lumières: La Lisbonne de Pombal*, Fondation Calouste Gulbenkian, Paris, 1988.

Francis, A. D., *Portugal 1715-1808: Joanine, Pombaline and Rococo Portugal as Seen by British Diplomats and Traders*, Tamesis Books, 1985.

Goudar, Ange, *Relation historique du tremblement de terre survenu à Lisbonne le premier Novembre 1755*, Haia, 1756.

Gould, Peter, "Lisbon 1755: Enlightenment, Catastrophe, and Communication", *in* Livingstone, David N. e Withers, Charles W. J. (orgs.), *Geography and Enlightenment*, The University of Chicago Press, 1999, pp. 399-411.

Grey, Zachary, *A farther account of memorable earthquakes to the present year 1756 wherein is inserted a short and faithful relation of the late dreadful calamity at Lisbon. By a Gentleman of the University of Cambridge*, Cambridge, 1756.

Grey, Zachary ("Ingenious Gentleman"), *The General Theory and Phaenomena of Earthquakes and Volcanoes*, Londres, 1756.

Guedes, Fernando, *O livro e a leitura*, Editorial Verbo, Lisboa, 1987.

D'Haen, Theo, "On How Not to be Lisbon if you want to be modern — Dutch reactions to the Lisbon earthquake", *European Review*, vol. 14, n° 3, 2006, pp. 351-8.

Hanson, Carl A., *Economy and Society in Baroque Portugal, 1668-1703*, Macmillan, 1981.

Hayward, Samuel (atribuído a), *Lisbon's voice to England, particularly London*, Londres, 1755.

Henriques, Paulo, *Lisbonne avant le tremblement de terre de 1755*, Chandeigne-gotica, Paris, 2004.

Hervey, Christopher, *Letters from Portugal, Spain, Italy and Germany, in the years 1759, 1760, and 1761*, Londres, 1785.

Hufton, Olwen, *Europe: Privilege and Protest 1730-1789*, Blackwell, 2000.

Hughes, Joseph, *An authentick letter from Mr Hughes, a gentleman residing at Lisbon, to his friends in London; containing several curious and interesting particulars in relation to the late conspiracy against the King of Portugal*, Londres, 1759.

Ingram, Robert G., "The trembling Earth is God's Herald: earthquakes, religion and public life in Britain during the 1750s", *in* Braun e Radner (orgs.), pp. 97-115.

Justo, J. L. e Salwa, C., "The 1531 Lisbon Earthquake", *Bulletin of the Seismological Society of America*, vol. 88, n° 2, abril de 1988, pp. 319-28.

Kendrick, T. D., *The Lisbon Earthquake*, Methuen, 1955.

Kent, Henry, *Kent's Directory for the year 1754*, Londres, 1754.

Labourdette, Jean-François, *La Nation Française à Lisbonne de 1669 à 1790 entre Colbertisme et Liberalisme*, Fondation Calouste Gulbenkian, Paris, 1988.

Leake, John, *A Dissertation on the Properties and Efficacy of the Lisbon Diet-Drink*, Londres, 1757.

Levret, A., "The effects of the November 1, 1755 'Lisbon' earthquake in Morocco", *Tectonophysics*, vol. 193, 1991, pp. 83-94.

BIBLIOGRAFIA   305

Lima, Durval R. Pires de, *O Terremoto de 1755 e a Freguesia de Sta Isabel de Lisboa*, Imprensa Lucas, Lisboa, 1930.

Lodge, Richard, "The English Factory at Lisbon: Some Chapters in its History", *Transactions Of The Royal Historical Society*, série 4, vol. XVI, 1932, pp. 211-42.

Lodge, Richard (org.), *The Private Correspondence of Sir Benjamin Keene, KB*, CUP, 1933.

Loupès, Philippe, "*Castigo de Dios*, le tremblement de terre de 1755 dans les publications espagnoles de circonstance", *Lumières*, n° 6, 2005, pp. 77-93.

Lousada, Maria Alexandre e Henriques, Eduardo Brito, "Viver nos escombros: Lisboa durante a reconstrução", *in* Araújo *et al.*, pp. 183-97.

Lüsebrink, Hans-Jürgen, "Le tremblement de terre de Lisbonne dans les périodiques français et allemands du XVIIIe siècle", *in* Duranton e Rétat (orgs.), *Gazettes et information politique sous l'Ancien Régime*, Centre d'Études du XVIIIe siècle, Publications de l'Université de Saint-Étienne, 1999.

Macaulay, Rose, *They Went to Lisbon*, Jonathan Cape, 1946.

Macedo, Joaquim Antonio de, *A Guide to Lisbon and its environs, including Cintra and Mafra*, Londres, 1874.

Macedo, Luís, Pastor de, *Lisboa de Lés-a-Lés*, Publicações Culturais da Câmara Municipal de Lisboa, 1960.

Macedo, Luís, Pastor de, *A Rua das Pedras Negras*, Lisboa, 1931.

Macedo, Luís, Pastor de, *O terremoto de 1755 na Freguesia da Madalena*, Edição da Solução Editora, Lisboa, s.d.

Madureira, Nuno, *Cidade: espaço e quotidiano, Lisboa 1740-1830)*, Livros Horizonte, Lisboa, 1992.

Mann, Julia De L (org.), *Documents Illustrating the Wiltshire Textile Trades in the Eighteenth Century*, Wiltshire Archaeological and Natural History Society, 1964.

Marques, José, "The Paths of Providence: Voltaire and Rousseau on the Lisbon Earthquake", *Cadernos de História e Filosofia da Ciência*, série 3, vol. 15, n° 1, janeiro-junho de 2005, pp. 33-57.

Matos, A. e Portugal, F., *Lisboa em 1758: memórias paroquiais de Lisboa*, Coimbra Editora, 1974.

Maxwell, Kenneth, *Conflicts and Conspiracies: Brazil and Portugal, 1750-1808*, Routledge, 2004.

Maxwell, Kenneth, *Naked Tropics*, Routledge, 2003.

Maxwell, Kenneth, "Pombal and the Nationalization of the Luso-Brazilian Economy", *Hispanic American Historical Review*, vol. 48, n° 4, novembro de 1968, pp. 608-31.

Maxwell, Kenneth, *Pombal: Paradox of the Enlightenment*, CUP, 1995.

Mendonça, Joachim José Moreira de, *História Universal dos Terremotos*, Lisboa, 1758.

Mercator, *Letters on Portugal and its Commerce*, Londres, 1754.

Merveilleux, Charles Frédéric de, *Mémoires instructifs pour un voyageur dans les divers états de l'Europe*, Amsterdã, 1738.

Michell, John, *Conjectures concerning the cause and observations of the phaenomena of earthquakes: particularly of that great earthquake of the first of November, 1755, which proved so fatal to the city of Lisbon*, Londres, 1760.

"MP", *Reflections Physical and Moral upon the various and numerous uncommon phenomena in the air, water or earth which have happened at Lisbon to the present time: letters from an MP to his friend in the country*, Londres, 1756.

Mullin, John R., "The Reconstruction of Lisbon following the earthquake of 1755: a study in despotic planning", *Planning Perspectives*, vol. 7, 1992, pp. 157-79.

Murphy, James, *A general view of the state of Portugal*, Londres, 1798.

Murphy, James, *Travels in Portugal in the years 1789 and 1790*, Londres, 1795.

Murray, John, *Murray's Handbook For Travellers In Portugal*, Londres, 1856.

Murteira, Helena, *Lisboa da Restauração às Luzes*, Editorial Presença, Lisboa, 1999.

Nason, Elias, *Sir Charles Henry Frankland, Baronet: or, Boston in the Colonial Ttimes*, Albany, Nova York, 1865.

Nozes, Judite (org.), *The Lisbon earthquake of 1755: some British eye-witness accounts*, The British Historical Society of Portugal/Lisóptima, Lisboa 1990.

Nugent, Thomas, *The Grand Tour*, vol. IV, Londres, 1749.

Oliveira, Eduardo Freire de, *Elementos para a história do municipio de Lisboa*, vol. XVI, Typographia Universal, Lisboa, 1908.

Oliveira, Francisco Xavier de, *A Pathetic Discourse on the present Calamities of Portugal*, Londres, 1756.

Pedegache, Miguel Tibério, *Nova e Fiel Relação do Terremoto, que experimentou Lisboa, e todo Portugal no 1° de Novembro de 1755*, Lisboa, 1756.

Pedreira, Jorge, "Costs and Financial Trends in the Portuguese Empire, 1415-1822", *in* Bethencourt e Curto, pp. 49-86.

BIBLIOGRAFIA 307

Pedreira, Jorge, "From Growth to Collapse: Portugal, Brazil, and the Break-down of the Old Colonial System, 1760-1830)", *Hispanic American Historical Review*, vol. 80, n° 4, 2000, pp. 840-64.

Penn, Richard; Wild, Stanley e Mascarenhas, Jorge, "The Pombaline Quarter of Lisbon: An Eighteenth Century Example of Prefabrication and Dimensional Coordination", *Construction History*, vol. II, 1995, pp. 3-17.

Pereira, Álvaro S., *The Opportunity of a Disaster: the Economic Impact of the 1755 Lisbon Earthquake*, Centre for Historical Economics and Related Research at York, Artigo para Discussão 03/2006.

Pereira, Ângelo (org.), *O Terramoto de 1755: narrativa de uma testemunha ocular*, Livraria Ferio, Lisboa, 1953.

Pereira, E. J., "The great earthquake of Lisbon", *Transactions of the Seismological Society of Japan*, vol. 12, 1888, pp. 5-19.

Pereira, José Fernandes *et al.*, *Lisbon in the Age of Dom João V*, Instituto Português de Museus, Lisboa, 1994.

Poirier, Jean-Paul, *Le Tremblement de Terre de Lisbonne*, Odile Jacob, Paris, 2005.

Portal, Manuel, *História da ruína da cidade de Lisboa*, Lisboa, 1756.

Quenet, Grégory, *Les Tremblements de Terre aux XVIIe et XVIIIe Siècles: La Naissance d'un Risque*, Champ Vallon, Seysel, 2005.

Reeves, Robert K., *The Lisbon Earthquake of 1755: Confrontation Between the Church and the Enlightenment in Eighteenth Century Portugal*, http://nisee.berkeley.edu/elibrary.

Reid, Harry Fielding, "The Lisbon earthquake of November 1, 1755", *Bulletin of the Seismological Society of America*, vol. IV, n° 2, junho de 1914, pp. 53-80.

Rhys, Udal ap, *An Account of the Most Remarkable Places and Curiosities in Spain and Portugal*, Londres, 1749.

Rodrigues, Teresa, *A Vida em Lisboa do Século XVI aos Nossos Dias*, Edições Cosmos, Lisboa, 1997.

Rossa, Walter, *Beyond Baixa: Signs of Urban Planning in Eighteenth Century Lisbon*, Ippar, Lisboa, 1998.

Russell-Wood, A. J. R., *The Portuguese Empire, 1415-1808*, The Johns Hopkins University Press, 1998.

"Scots Gentleman", "A short description of Lisbon, taken upon the spot, in the year 1745, by a Scots gentleman", *The Scots Magazine*, vol. XVII, novembro de 1755, pp. 560-3.

308 A IRA DE DEUS

Sequeira, Gustavo de Matos, "A Cidade de D. João V", *D. João V: conferências e estudos comemorativos do segundo centenário da sua morte, 1750-1950,* Câmara Municipal de Lisboa, 1952.

Sequeira, Gustavo de Matos, *Depois do terremoto,* Academia das Ciências de Lisboa, 1916-34.

Serrão, Joel; Marques, A. H. de Oliveira e Meneses, Avelino de Freitas de, *Nova História de Portugal,* vol. 7, Editorial Presença, Lisboa, 2001.

Serrão, José Vicente, "Os Impactos Económicos do Terramoto", *in* Araújo *et al.,* pp. 141-63.

Shaw, L.M.E., *The Anglo-Portuguese Alliance and the English Merchants in Portugal, 1654-1810,* Ashgate, 1998.

Silva, Augusto Vieira da, *Dispersos,* Câmara Municipal de Lisboa, 1954-1960.

Smith, John Athelstane, Conde de Carnota), *Memoirs of the Marquis de Pombal,* Londres, 1871.

Solares, J. M. Martínez e Arroyo, A. López, "The great historical 1755 earthquake: effects and damage in Spain", *Journal of Seismology,* vol. 8, 2004, pp. 275-94.

Sousa, Francisco Luiz Pereira de, *O terramoto do 1º de novembro de 1755 em Portugal e um estudo demográfico,* Serviços Geológicos, Lisboa, 1919.

Subtil, José, *O Terramoto Político, 1755-1759),* Universidade Autónoma de Lisboa, 2006.

Sutherland, L. S., "The Accounts of an Eighteenth-Century Merchant: The Portuguese Ventures of William Braund", *Economic History Review,* vol. 3, nº 3, abril de 1932, pp. 367-87.

Tavares, Rui, *O Pequeno Livro do Grande Terramoto,* Tinta-da-china, Lisboa, 2005.

Twiss, Richard, *Voyages Through Portugal and Spain in 1772 and 1773,* Londres, 1775.

Vaughan, H. S. (org.), *The Voyages and Cruises of Commodore Walker,* Cassell, 1928.

Villiers, John, "Singers, Sailors, Watches and Wigs: Foreign Influences in Portugal in the Reign of D. João V", *The British Historical Society of Portugal Fourteenth Annual Report,* 1987, pp. 57-77.

Voltaire (trad. e org. Cuffe, Theo; introdução de Wood, Michael), *Candide, or Optimism,* Penguin Classics, 2005.

BIBLIOGRAFIA

309

Walford, A. R., *The British Factory in Lisbon*, Instituto Britânico em Portugal, Lisboa, 1940.

Whitefield, George, *A brief account of some Lent and other extraordinary processions and ecclesiastical entertainments seen last year at Lisbon*, Londres, 1755.

Whitefield, George, *A Letter to the Remaining Disconsolate Inhabitants of Lisbon*, Londres, 1755.

Whitefoord, Charles, *The Whitefoord Papers. Being the correspondence and other manuscripts of Colonel Charles Whitefoord and Caleb Whitefoord from 1739 to 1810*, Clarendon Press, 1898.

Young, George, *Portugal Old and Young*, Clarendon Press, 1917.

Jornais e revistas

Gazeta de Lisboa

The Gentleman's Magazine

Household Words

Illustrated London News

The London Gazette

New Universal Magazine

The Penny Magazine

The Scots Magazine

Whitehall Evening Post

Tese

Villiers, John, "Portuguese Society in the Reigns of Pedro II and João V, 1680-1750", tese de doutorado nº 4441, Universidade de Cambridge, 1962.

Outros

TNA
Arquivos Nacionais do Reino Unido (The National Archives of the United Kingdom), Série de Documentos SP/89 (Arquivos do Estado sobre o Exterior, Portugal) e ADM (Almirantado).

310   A IRA DE DEUS

PT
Relatórios Filosóficos (Philosophical Transactions) da Royal Society de Londres.

Manuscritos (MS)

Agnew, Major-General Patrick
Documentos das famílias Agnew e Stuart-Menteath (Mentieth), Documentos privados da British Library (Arquivos do Departamento da Índia): Manuscritos Eur E313/12.

Bean, Thomas
Carta do capitão Bean a bordo do *Bean Blossome* em Faro, 5 de dezembro de 1755, Arquivos do Departamento de East Sussex, Arquivo de Drake e Lee, ref. SAS-DM/281.

Chase, Thomas
Carta à sua mãe, Centro de Estudos sobre Kent, Coleção Gordon Ward U442 e British Library Add. 38510, pastas 7-14 "Narrative of his escape from the earthquake at Lisbon".

Devisme, Gerard
Relato de 4 de novembro 1755, British Library Add. 32860, pasta.354.

Dobson, John
(i)   Carta de John Dobson para *Sir* John Mordaunt, 15 de dezembro de 1755, Warwickshire County Record Office, CR1368/Vol. V, item 16.
(ii)   Carta de John Dobson para Mrs. Philippa Hayes, governanta de George Lucy em Charlecote, s.d., Warwickshire County Record Office, L6/1481.
(iii)   Carta de John Dobson para seu tio, *Sir* Charles Mordaunt, 25 de março de 1756, Warwickshire County Record Office, CR1368/vol. V, item 16.
Com agradecimentos aos depositários do espólio de *Sir* Richard Hamilton.

Drumlanrig, Lorde (Charles Douglas)
Cartas para seus pais, o duque e a duquesa de Queensbury, 6 de novembro de 1755, 8 de novembro e 19 de novembro de 1755, Arquivos de Gloucestershire, D2700.W/4 (com a gentil permissão do duque de Beaufort).

BIBLIOGRAFIA   311

Farmer, Benjamin
"Some account of Timothy Quidnunc, the author, by the Editor", c. 1790,
coleção particular.

Farmer, James
Carta para Samuel Galton, 2 de dezembro de 1755,
Documentos de Galton, Arquivos da Cidade de Birmingham,
MS3101/C/D/15/5/43.

Goddard, Richard
(i) Carta datada de 7 de novembro de 1755 de Richard Goddard para Thomas Goddard, relatando o bom estado de saúde do primeiro depois do terremoto de Lisboa, Arquivos de Wiltshire e Swindon (WSA): 1461/2732.
(ii) Carta datada de 22 de outubro de 1755 de Richard Goddard para Thomas
Goddard e carta datada de 9 de novembro de 1755 de Richard Goddard para um
amigo, British Library Add. 69847 A-M, item F.

Hay, Honorável Edward
(i) Carta datada de 4 de novembro de 1755 ao bispo de St. Asaph, British
Library Add. 32860, pasta 352.
(ii) Carta datada de 14 de novembro ao lorde Dupplin, British Library Eg.
3482, pasta 145.

Hobart, Henry
"Journal of tours by Henry Hobart in Portugal and Spain", 20 de junho-9 de
setembro de 1767, 31 de maio-31 de outubro de 1768 e 28 de março-27 de julho
de 1769,
Norfolk Record Office, The Colman Manuscript Collection, Documentos do
reverendo James Bulwer, COL/13/27.

Jacomb, Thomas
Account of the Earthquake at Lisbon, British Library Add. 40015, pasta 39.

Pitt, Thomas
(i) "Observations in a Tour to Portugal and Spain in 1760 by John Earl of
Strathmore and Thomas Pitt Esq.", British Library Add. 5845, vol. XLIV, "Mr
Cole's collections, the contents of which are miscellaneous", pasta 111-147.
(ii) Carta ao reitor de Exeter, 24 de março de 1760, British Library, arquivo
754, pastas 48-9.

Williamson, Reverendo John

Carta de 20 de novembro de 1755 para Andrew Millar, British Library Add. 4326B, pasta 214.

Todos os manuscritos da British Library são © British Library Board. Todos os direitos reservados.

ÍNDICE REMISSIVO

Abrantes, marquês de, 29
acampamentos, 147, 166, 167, 184, 202
Acciaiuoli, Filippo, 73, 159, 172, 193, 201, 238, 253
Açores-Gibraltar, falha de, 116
Affleck, tenente Philip, 131
Afonso I, rei, 55
agitação social, 45, 254
Águas Livres (aqueduto), 43, 76, 185, 265, 271
Águias, Palácio das, 28
Ajuda estrangeira, 177, 185-86, 187
Ajuda, Palácio da, 262, 271
Albert, príncipe consorte, 270
Albufeira, 126
Albuquerque, Afonso de, 26, 35, 273
Alcáçova, ilustríssimo Gonçalo José de, 162
alcance da destruição, 160-63
Alcântara, 28, 36, 43, 163, 169

Alcobaça, mosteiro de, 252
Alegrete, Marquês de, 166
Alemanha, terremotos na, 216
Alfama, 36, 99, 163, 275
Alfândega, 148, 160, 183, 184, 203, 205, 207, 257, 273
Algarves, reino dos, 54, 108, 110, 125-26, 207, 275
Almansa, batalha de, 61
Alorna, Marquês de, 235
Alves, Francisco, 93, 117
Alves, José, 93, 99, 117
América do Norte
    fim das ambições coloniais francesas na, 257
    recepção das notícias do desastre, 177-79
    rivalidade anglo-francesa, 73, 77, 81, 190
    terremoto na, 178-79
Amoreiras, 43
Amsterdã, 172, 173, 177, 255

314 A IRA DE DEUS

Andaluzia, 109
animais que pressentem o perigo,
  89-90
aniversários, memórias e memoriais,
  13, 15, 267-69
antes do terremoto
  arquitetura, 25-30, 35-7
  atmosfera, 33-5
  descrição, 25-37
  habitantes, 31-4
  ponto de vista francês sobre, 75-7
  população, 195-96
  pouco visitada, 54
  presença inglesa, 56, 63-4, 66-70,
    75, 81-4
Antígua, 131
Antunes, Miguel Telles, x17
Aristóteles, 47, 244, 246
Armação de Pera, 125-26
Arnhem, 188
Arrifana, 125
Arrighi, Antonio, 42
Arsenal, 251, 257, 274
Asilah, 128
Ataíde, Dom João de, 162
Atlântico, oceano
  epicentro sob o, 116, 247
  maremoto 131
Atouguia, Conde de, 161, 234, 235
Aula do Comércio, 237
autos de fé, 35, 36, 238, 241
Aveiro, 90
Aveiro, Dom José, Mascarenhas,
  Duque de, 209, 233, 234, 235, 237
Ayamonte, 109, 128

Badajoz, 155

Bairro Alto, 36, 42, 66, 91, 93, 94,
  119, 135, 162, 212
Baixa, 33, 36, 92, 99, 120, 121, 135,
  137, 138, 146, 153, 162
  reconstrução da 185, 199, 212,
    231, 232, 257-58, 260, 263, 264,
    266
Banff, Alexander Ogilvy, sexto lorde
  de, 67
Baños, Duque de, 58, 59, 60
Barbacena, Visconde de, 161
Barbados, 131, 245, 256
Barbosa, João Mendes Saccheti, 89
Barclay, David, 83
Barclay, George, 148
Baretti, Giuseppe, 249-52, 252, 258
Baschi, Conde de, 74, 187, 194, 202,
  211
Batalha, Mosteiro da, 252, 263
Bean, capitão Thomas, 108, 205
Beaufremont, Cavaleiro de, 76
Beco das Mudas, 91, 93, 117
Beco de João das Armas, 121
Beco do Mezas, 118
Beco do Pato, 118
Bedford (navio), 158, 169
Beja, Duque de, 58
Belém, 25, 26, 28, 36, 163, 184, 185,
  201, 230
Belém, Palácio de, 73, 156-57, 170,
  183, 185, 233, 234, 252
Bemposta, Dom João da, 58, 60, 65,
  73, 75, 177
Bento XIV, papa 42, 159
Bérberes, piratas, 23, 68, 69, 78, 153,
  172
Bernardas, Convento das, 163

Bertrand, Élie, 192, 218, 245-46
Besterman, Theodore, 222, 242
Bevis, John, 245
Bewick, Benjamin, 126
Bibiena, Giovanni Carlo, 72, 160
bibliotecas, destruição de, 207
Boliqueime, 108
Bordeaux, 110, 255
Borlase, William, 129
Boscawen, almirante, 78, 253
Boston Gazette, 178
Boston Weekly Newspaper, 188
Boston, 177, 178, 188
Bourbon, pacto da família., 210, 256
Boxer, Charles, 14
Braddock, general Edward 77, 81, 179
Braddock, Mr. (comerciante)
  experiência do terremoto 92, 94, 101-3
  no pós-terremoto 117, 122, 123, 137-39, 143, 154*55, 163, 167, 220, 274
Bradwell, William, 167, 169
Bragança Hotel, 272
Bragança, Catarina de: ver Catarina de Bragança
Bragança, Dom João Carlos de, 166
Bragança, Dom Pedro de, Duque de Lafões 162, 166, 185, 199, 209, 237
Bragança, Palácio de, 66, 161, 177, 272
Branfill, Benjamin, 84, 109, 134, 136, 208, 220
Brasil, princesa do: ver Maria I, rainha
Brasil

ataques holandeses, 39
comércio depois do terremoto, 207-8
descoberta, 26
escravidão, 32, 56
fuga da corte portuguesa, 270
imigração portuguesa, 49
independência, 270
jesuítas, 47, 81, 217, 238
recessão e recuperação, 260, 263
reformas comerciais de Pombal, 254
riquezas, 35, 39-40, 41, 47-8, 168, 208, 257
Braund, William, 84, 208
Brezio, Francisca, 60
Brignole, madame, 73
brigue, 215-16
Bristow & Ward, 152-53, 205
Bristow, família, 258
Bristow, John, 138, 174, 176
British Historical Society of Portugal, 15
Brodrick, capitão Thomas, 201
bruxaria, 32, 47
Bugio, o: ver São Lourenço do Bugio
Burmester, Johann, 153
Burn, Edward, 208
Burrell, Merrick, 176
Byng, almirante John, 209-10, 239

Cabral, Pedro Álvares, 24, 273
cachorros, 33, 202, 272
Cadaval, Duque de, 234
Cadaval, Duquesa de, 65
Cádiz, 109, 126-28, 140, 169, 173
Caffarello (castrato), 72

Cais da Pedra, 35, 124, 145, 1601, 207
Cais do Sodré, 271, 272, 274
Callao, 123, 128, 219
Calmette, Bosc de la, 135, 156, 158
Calvário, Convento do, 163
Camões, Luís de, 46
Campo Grande, 166
Cândido ou O Otimismo (Voltaire), 2239-43
Caneças, 43
Canevari, Antonio, 43
Canibalismo, 166
Caparica, 27
Carlos II, rei da Espanha, 39
Carlos III, rei da Espanha, 256
Carstens, Johann, 153
Carvalho e Melo, Sebastião José de (depois Marquês de Pombal), 73, 79, 233-34
    banido por Maria I, 261
    e a censura, 252-53
    legado, 262-63, 273
    morte, 261
    política externa, 210-11, 256-57
    e o terremoto de Lisboa
        conduta no pós-terremoto, 185, 187, 199-201, 207
    navegação, 169, 202
    promove pesquisa nacional, 200-1
    reconstrução da cidade, 199, 212, 217, 231, 232, 249, 263, 264, 273, 278
        subestima as proporções do desastre, 194-95
    e reforma, 49, 62-3, 80, 200-1, 217, 237-38, 249, 258, 259, 262

clero, 216-17, 262
comércio britânico, 62-3, 64, 253-55
império português, 80-1
medidas econômicas, 202-3, 258, 260, 262-63
os jesuítas, 80-1, 217, 237, 262
ascensão, 51, 74, 209, 238, 258, 259
execuções, 237, 238, 239-40
nomeado conde de Oeiras, 237
nomeado Marquês de Pombal, 259
reinado de terror, 258
Carvalho, Paulo de, 237
Casa da Índia, 30, 160, 207, 273
Casa da Moeda, 29, 137, 163, 167, 204, 207
Casa da Ópera, 30, 66, 72-3, 76, 76, 138, 160, 183, 205, 207, 274
Casa dos Bicos, 35
Casamajor, Daniel, 143
Cascais, 74, 122, 125, 153
"caso Távora", 238, 261
Castres, Abraham, 64, 65, 72, 73, 74, 84, 165, 168, 211
    despachos de/para, 78, 154, 155-59, 171, 185-87, 194
    e o comércio britânico, 51, 62, 80, 81, 83, 202, 213
    morte, 233
    refugiados na casa de, 135, 144, 145, 151, 159, 169, 171, 182
Castro Sarmento, Jacob de, 44
Catarina de Bragança, 55, 56, 58, 60
catastrofismo, 269
catedral, 35, 163, 251

ÍNDICE REMISSIVO 317

catolicismo romano, 46-7, 54, 56, 216

Cave, Edward, 238

César de Menezes, família, 28

Ceuta, 128

Chafariz d'el Rei, 36

Chagas, 207

Chalmers, Charles, 107, 128

Charles II, rei da Inglaterra, 55, 56, 60

Charles VI, imperador do sacro império romano-germânico, 51

Chase, Thomas, 84, 162, 193-94, 208, 273
    experiência do terremoto, 91, 92, 93, 100-1, 103-4
    no pós-terremoto, 117, 121, 134, 136, 139, 144, 145-50, 160, 181
    volta à Inglaterra, 189

Châtelet, Duque de, 260, 261, 263

Chiado, 162
    "meninos desamparados", 32-3
    mortas no terremoto, 195

Churchill, John, 143

Ciclorama de Lisboa, 267-69

ciência, impacto do desastre na, 243-47

ciganos, 32, 195, 196

cirurgiões, 152

Clark, capitão, 115

Clemente XIII, papa, 238

Clerk, Duncan, 152

Clero, 32, 47, 166, 170, 272
    Carvalho e o, 216-17, 262
    mortes no, 196

Clies, capitão William, 79, 145, 170

clima, 170, 187, 201

Cobham, 113

Cocolim, Conde de, 162, 207

Colares, 89

Cole, William, 246

Colégio Real dos Nobres, 237

Coliseu do Regent's Park, 267-69

Colônia, 192

comerciantes de tecidos, 203

comércio de açúcar, 35, 39, 40, 207

comércio de diamantes, 41, 72, 79, 153, 169, 174, 205, 207, 208

comércio de vinho, 254

comércio
    abalado em seguida ao terremoto, 184, 203-5
    anglo-português, 48, 49, 51, 55, 62-3, 64, 80, 169, 178-79, 202-3, 208-9, 211, 213, 253-55, 257, 258, 258-60, 263, 270
    atingido pela recessão, 257, 259-60, 263

cometa Halley, 191

comida e bebida em Lisboa, 34, 35

Companhia de Pernambuco e Paraíba, 254

Companhia do Grão-Pará e Maranhão, 254

Companhia Geral das Vinhas do Alto Douro, 254

comunidades comerciais
    e as taxas de importação, 202-3
    estímulos à manutenção dos negócios, 169
    mortes e perdas financeiras, 153, 157, 174, 204-5, 206
    perdas de estoques, registros e livros contábeis, 160-61

problemas para restabelecer os
negócios, 184, 185
ver também: Fábrica inglesa
condições sanitárias, 33, 265
congregacionistas, 191
contrabando, 26, 27, 79, 202
conventos: ver pelo nome
Cork, 110, 256
Cornuália, 129-30, 256
Corpo Santo, 137-38, 162, 274
Corte-Reais, Palácio dos, 29, 97, 161
Cortes, 44, 271
costumes portugueses, 34
Cotovia, 166
Courrier d'Avignon, 177
Courtils, Charles-Christian, cavaleiro
de, 75-7
Crespin, Paul, 44
crianças de rua, 50, 187, 209
Cromwell, Harry, 84
Cunha, Luís da, 50, 187, 209
custo, 205-7

Damiens, Robert-François, 237
danças portuguesas, 270
Davison, Charles, 114
Delany, Mary, 174, 175
desafio humanitário, 166
Desertores, 137, 154, 165
Deus
natureza de, 217-22
terremotos como ira de, 189-92,
196, 215, 222, 243-44
Devisme, Gerard, 152, 154, 208, 262
Dia de Finados, 147
Dia de Todos os Santos, 90, 196
dia do juízo final, 146, 190

dias de jejum, 191, 192-93, 215
Dickens, Charles, 197, 270-71, 272,
273, 277
distribuição de riqueza, 47-8
Dobson, John, 182-84
Doddridge, Philip, 67
doença venérea, 66-7, 83
doença, 27, 154, 167, 168, 191, 213
Doneraile, Arthur Mohun St. Leger,
terceiro Visconde de, 67
Dormer, major-general James, 61
Dorrill, capitão Rich, 182
Drumlanrig, Charles Douglas, Lorde,
82, 133
experiência do terremoto, 91, 94,
105
no pós-terremoto, 117, 119, 134-
35, 144-45, 151, 158, 159
retorno à Inglaterra e morte, 170,
182, 189
Dryden, John, 54
Dufour, Monsieur, 152
Dupplin, Lorde, 168
Duquesne, forte, 81
duração, 13, 97

educação, 47, 262
Ega, Palácio da, 28
eletricidade, 244
Elliott, capitão, 114
Elvas, 165
embargo à navegação, 151, 169-70,
202, 233
emigração, 49
Encarnação, 153
Ensenada, Marquês de, 210
enterros, 17-18, 167, 193, 195

ÍNDICE REMISSIVO   319

envio de tropas, 166, 167, 217, 255
epicentro, 116, 147-48
epidemias, 26-7, 191, 213
Era dos descobrimentos, 26, 46
Ericeira, 77, 89, 125
escala Richter, 97
Escóci
   terremoto de Lisboa visto na, 110
   terremoto na, 187
escravos, 32, 40, 56, 197
Espanha
   ajuda a Portugal, 187
   armada espanhola, 55
   e a Guerra dos Sete Anos, 256
   e o conflito anglo-francês, 74, 75,
     210
   espiões, 47
   Guerra da Sucessão Espanhola, 39,
     49, 55, 61
   impacto do terremoto, 109, 126-
     28, 140, 173, 206
   "ocupação" espanhola, 29, 39
   saldo de mortes, 197
estimativas de população, 200
estrangeirados, 51
Estrela, Basílica da, 261, 265
Estrela, cemitério inglês da, 67
Évora, 90, 166
execuções, 235-36, 238, 239-40,
   254
exército português, 44, 77, 209, 256,
   257, 258, 262
Expedition (navio), 79, 145, 151, 153,
   155, 159, 170, 181, 255
Eyam Edge, 113

Fábrica inglesa, 63-4

circunstâncias pessoais, 134, 155,
   212-13
e a busca por barcos ingleses, 79
e as reformas de Carvalho, 202-3,
   211, 258
envia condolências à família real,
   168, 169
fortunas nos anos seguintes, 213,
   254-55
impacto do terremoto nos
   interesses comerciais 174, 183,
   184, 185, 206, 208-9
mortes na, 196
fado, 275-76
falhas geológicas, 116, 247-48
Falmouth, paquete de, 23-4, 27, 56,
   80, 81, 182, 229, 232-33
Faria e Castro, Damião de, 126
Farmer, Benjamin, 82-3, 179, 208, 236
   experiência do terremoto, 98
   no pós-terremoto, 135-36
   relato escrito do terremoto, 179
   retorno à Inglaterra, 169-70, 189
Farmer, James, 83, 216
Faro, 108, 126
fatalismo, 240
Fawkner, Sir Everard, 173
Felipe II, rei, 30
Fernando II, rei consorte, 270
Fernando VI, rei da Espanha, 187,
   210
Ferreira, Antônio Álvares, 235, 236
Ferreira, Carlos Antônio, 72
ferrovia de Lisboa a Santarém, 270
Fez, 116, 129
Fielding, Henry, 67-70, 158, 230
Filipinas, 256

filosofia, impacto do desastre na, 217-22, 239-43

fim do mundo, 175-76

Finlândia, 114

Flamengas, mosteiro das, 28

Fort Augustus, 111

Fowke, general, 115

Fowkes, Anne, 100, 149

Fowkes, Harry, 100

Fowkes, Lawrence
experiência do terremoto, 91, 93-4, 99, 100, 220
no pós-terremoto, 117-19, 135, 149, 155, 161-62, 208

Fowkes, Neb, 119, 135, 155

Fowkes, Sam, 118, 119, 149, 155

Fox, Henry, 176, 204

França
terremotos na, 215
as notícias chegam à, 172, 177
comunidade francesa em Lisboa, 152, 153
e o terremoto de Lisboa
sentido ou visto na, 110, 113-14
relações com a Grã-Bretanha, 73-5, 78, 81, 87, 190, 194
guerra, 209, 256
percepção da aliança anglo-portuguesa, 49, 194
relações com Portugal
ajuda recusada, 187
envio da esquadra a Lisboa, 74-7, 78
invasão durante as guerras napoleônicas, 270, 272

Frankland, Lady Agnes, 83, 84, 137, 152, 183

Frankland, Sir Harry, 92-4
como cônsul britânico, 233, 255, 259
experiência do terremoto, 90-1, 94, 101, 106, 183
no pós-terremoto 117, 137, 152

Franklin, Benjamin, 244

Frederico, o Grande, rei da Prússia, 46

French, Edward, 158, 208-9

Frota de pesca de Newfoundland, 176, 182, 184, 202

Funchal, 107, 128

galegos, 34, 155, 195, 197, 266, 271-72

Galton, Samuel, 83

Gama, Vasco da, 26, 27, 273

Gardener, Robert, 111

Gazeta de Lisboa, 165, 208

Gazette de Cologne, 177

Gazette de France, 172

Gentleman's Magazine, 238

George II, rei da Grã-Bretanha, 45, 80, 176, 185, 186-7, 191

Germain, François-Thomas, 43

Gibraltar, 110, 115, 129, 169

Gilbert of Hastings, 55

Glasgow, 188

Goddard, Ambrose
experiência do terremoto, 91, 93, 99, 104-5
interesses comerciais, 84, 152, 159, 208
no pós-terremoto, 121, 133-34, 136, 183

Goddard, reverendo Richard, 84
experiência do terremoto, 91, 92-3, 99, 104-5, 275

no pós-terremoto, 120, 134, 159,
160
Goethe, 14, 172
Gore, John, 174, 176
Goudar, Ange, 210-11
Gould, Peter, 14
Grã-Bretanha
comércio com o Brasil, 56, 203-4,
208, 254
e o terremoto de Lisboa
envia ajuda a Portugal, 176-77,
185, 201, 203
impacto religioso, 189-92, 192,
215-16
maremoto atinge, 129-31
mortes, 196-97
recebe as notícias, 172, 173-74,
177
visto mas não sentido, 110-13
prosperidade da, 49
relações com a França, 73-5, 77-8,
81, 187-88, 190-91, 194
guerra, 209, 256-57
relações com Portugal
comércio, 48, 49, 51, 55, 56-7,
62-3, 65, 80, 169, 173-74,
202-3, 208-9, 211, 213, 253-
55, 254-55, 257, 258, 259-60,
263, 270
diplomacia, 39, 44, 49, 55, 56,
74, 210-11, 256, 257
importações de ouro, 57, 62-3,
65, 79, 211, 255, 259-60
incursões no império, 39
ver também: Fábrica inglesa;
Irlanda; Escócia; Gales
"grade de doces", 58-9

Granada, 109
Grand Tour, 53, 202
Graves, família, 146-47, 150
Grenier et Perret, 153
Grenier, Nicolas, 186
Grey, reverendo Zachary, 245
Guay, Conde de, 74, 75, 77
Guerra da Sucessão Espanhola, 39,
49, 55, 61
Guerra dos Sete Anos, 209, 239, 249,
256, 262
Guerras napoleônicas, 270, 272
Guevarre, Andrea, 158

Haia, 110
Hake, família, 150, 151, 152, 181,
194, 208
Hamburgo, 110
ajuda a Portugal, 187
comunidade mercantil, 153
incêndio de 1842, 267
Hampton Court (navio), 201-52
Harboyne, Benjamin, 189
Harrison, reverendo John, 112
Havana, 256
Hay, o honorável Edward
como cônsul inglês em Lisboa, 71,
72, 79, 81, 168, 173-74, 181,
184, 193, 206, 255
como enviado extraordinário, 233
e o comércio britânico, 203-4, 205,
207, 209, 213, 254, 255
experiência do terremoto, 98, 134
morte, 263
no pós-terremoto, 159, 168
Hayward, Samuel, 191
Heberden, Thomas, 107, 128

Henkel, Tilman, 108
heréticos acusados de culpa por
catástrofes, 106, 120, 153, 179, 190,
216-17
Hervey, capitão Augustus, 57-8, 59,
60, 62, 64, 65-6, 73-5, 82, 177,
209, 261, 272, 273
Hervey, Christopher, 229-31, 232-33,
236
Hervey, George, 256
Hervey, William, 77
Hibbert, capitão Joseph, 127, 177
Hillary, William, 131
Hobart, Henry, 257-58
Hoissard, Daniel, 204-5
Holanda: ver Províncias Unidas
Holford, Charles, 144
hospitais de campo, 166
Hospital Real de Todos-os-Santos, 36,
97, 119, 161
Houston, John, 149
Hussey, Mrs., 134, 220

ignorância a respeito, 14, 15
ignorância sobre, 15, 54, 56, 269
Igreja carmelita (Carmo), 37, 119,
161, 275
Igreja patriarcal, 30, 42, 487, 75, 103,
138, 159, 166, 205, 274
Igreja portuguesa, 45, 45-7, 50, 258,
262
Illustrated London News, 267-69
Império português
frotas servindo ao, 71-2, 79, 185,
203, 207-8, 213
incursões no, 39
perda de registros históricos, 160

recessão, 257, 260
riqueza, 35, 39-40, 41, 47-8, 169,
208, 257
ver também: Brasil
incêndio criminoso, 121
incêndio, 13, 120, 134, 135, 139,
143, 144, 145, 146, 147-49, 150,
153, 160, 183, 232
incêndios subsequentes, 13, 120, 134,
135, 139, 143, 144, 145, 146, 147-
49, 150, 153, 160, 169, 183
Índias Ocidentais, 131, 245, 256
indústria da seda, 254
indústrias manufatureiras, 48, 160, 262
Inglaterra: ver Grã-Bretanha
Inglesinhas, Convento das, 162
Inquisição, 35, 36, 47, 50, 54, 64, 80,
119, 144, 190, 211, 216, 219, 234,
241, 251, 253, 262, 273
Instituto Geográfico Nacional
(Espanha), 116
insularidade, 46, 50
ver também: Lisboa
Irlanda
ajuda a Portugal, 188, 201, 203
comunidade irlandesa em Lisboa,
29, 91, 156, 181, 182, 194-97,
203
impacto dos terremotos na, 130-
31, 256
Isla de León, 127, 171
isolamento do resto do mundo, 156,
169
Itália
comunidade italiana em Lisboa,
153
terremoto sentido na, 110

Jackson, Branfill & Goddard, 84, 152, 208
Jackson, John, 84
Jacomb, Thomas, 105
Jerônimos, mosteiro dos, 27, 69, 162, 230, 263, 271
jesuítas, 47, 50, 81, 216-17, 262
  confisco de propriedades e expulsão, 237-38, 253
João IV, rei Dom, 207
João V, rei Dom, 27, 28, 39
  amantes e filhos ilegítimos, 44, 59-60
  características de seu governo, 44-5, 51
  coleção de arte, 43-4
  grandes projetos, 39, 40, 41, 42-3
  morte, 51
Johnson, capitão, 114
Johnson, Dr. Samuel, 67, 70, 174, 242-43, 249
Jorge, John, 133, 136, 139, 145, 147, 149, 150-51, 181
José I, rei Dom, 51, 62, 253
  características de seu governo, 64, 66, 71, 210
  celebrações do aniversário, 65, 66, 73, 260
  depois do terremoto, 153, 1586, 165, 168, 170, 183, 199, 201
  e a chegada da esquadra francesa, 74, 75
  e os piratas berberes, 78
  morando num alojamento de madeira, 171, 230, 233, 252, 260, 262, 271
  morte, 260

promoção de Pombal, 209, 237, 259, 261
reação à ajuda britânica, 185-6, 187
tentativa de assassinato, 233-35
Joyce, Mr., 93, 100, 118
judeus
  convertidos, 44, 49, 106
  e comércio, 63
  refugiados, 54, 57
Junot, marechal, 272
Junqueira, 36, 70, 258
Junta do Comércio, 81, 254, 260

Kant, Immanuel, 245
Katrina, furacão, 13
Keene, Benjamin, 64, 72-3, 77, 109, 155, 170, 171-72, 173, 184-85, 186, 189, 194, 206, 210
Kinnoull, Conde de, 253, 255
Kinsale, 130

L'Estrange, Sir Thomas, 130
La Caleta, 127
La Coruña, 170
Lafões, Duque de, ver: Bragança, Dom Pedro de
Lagos, 108, 125, 126
Largo da Anunciada, 120
Largo das Pedras Negras, 121, 136
Largo de São Nicolau, 117, 119
Largo de São Paulo, 103, 137
Largo do Pelourinho, 146, 203, 274
Largo do Rato, 135
Largo Paço da Rainha, 177
Latham, Mr. (comerciante de vinho), 94, 124
Le Havre, 114

lei e segurança, 18, 165-69, 184, 251
Leibniz, Gottfried, 217-18, 221, 242, 246
León, ilha de , 127, 173
Lepe, 128
Levache, Nicolas, 41
levante português (1640), 30
Lichfield, cônego de, 216
Lima, 123, 128, 219
Lisboa
Loch Lomond, 110
Loch Ness, 111, 126
lojistas, 203
Londres
    Comerciantes de Lisboa em, 174, 176
    comparada com Lisboa, 33
    Grande Incêndio, 13, 106, 169, 185, 190, 206, 264, 267, 274
    Grande Peste, 197
    idade do gim, 191
    percepção do terremoto de 1755, 112-13
    terremoto de 1750, 175-76, 244
Loreto, igreja de, 163
Louis XV, rei da França, 237
Louriçal, Marquês de, 120, 135, 207
Lucerna, lago de, 114
Lucy, George, 162, 164
Ludovice, Johann, 40
Luís, Sr., 117-18, 149
Luísa Clara de Portugal, 59

M'Diarmid, Angus, 59-60
Machico, 128
Madalena, 162
Madeira, 92, 107, 128, 245, 256

Madeira, terremoto na, 92, 107
Madragoa, 29, 163
Madri, 109, 156, 172, 173, 255
Mafra, Palácio de, 40-1, 44, 45, 75, 76, 170
magnitude, 13-4, 97, 116
Maia, Manuel da, 43, 185, 199, 213, 231
Major, Mr., 93, 100
Malagrida, Gabriel, 216-17, 237
Malta, 17
Manila, 256
Mann, Sir Horace, 175
Manuel I, rei, 25, 27, 29
manuscritos, perda de, 207
Mar da Palha, 30, 97, 124
Mardel, Carlos, 185
maremoto, 13, 122-24, 125-31, 145, 183
maremotos
    terremoto de 1755, 13, 122-24, 125-30, 145, 183, 245
    terremoto de 1761, 256
    ver também: tsunami
Maria Anna Leopoldine, princesa de Holstein, 65
Maria I, rainha
    como princesa do Brasil, 73, 234
    coroação, 260, 261
    declarada louca, 270
    e a queda de Pombal, 261
    projetos arquitetônicos, 262, 263
Maria II, rainha, 270, 271
Maria Teresa, imperatriz, 51
Marialva, Marquês de, 162
Mariana Josefa da Áustria 51, 60, 65, 69

Mariana Vitória, rainha, 64, 66, 72, 74, 157, 171, 183, 234
Marinha portuguesa, 44-5, 77, 78-9, 209
Marinha Real inglesa, 45, 49, 65, 74, 77, 82, 158, 260, 270
Marrocos, 115, 128
  saldo de mortes, 197
  terremoto no, 188
Martinica, 130
Mártires, 161
Marvila, 134, 168
Mascarenhas, Dom Fernando, marquês de Fronteira, 207, 233
Mason, Francis, 113
material de construção, 167, 204, 232, 251
May, Joseph, 152, 208
Mazzoni, Antonio, 72
médicos, 152, 154
Meknes, 116, 188
Mellish, Joseph, 174, 176
mendigos, 33, 266, 272
Mendonça Corte-Real, Diogo, 28, 209, 234
Mendonça Furtado, Francisco Xavier, 81, 237
Mendonça, Joachim Moreira de, 194, 246
Mercalli, escala, 97-8
Mercure de France, 177
metodistas, 190, 191-92
Michell, reverendo John, 246-48
Mills, Henry, 113
Minas Gerais, 40
Minorca, 209
Miranda, Madalena Máxima de, 59

mito fundador, 31
Mocambo, 29
Montagu, George, 188
Montaigut, Sam, 83, 152
Monte Calvário, mosteiro do, 28
Morley, taberna do, 139, 143, 145, 154, 155, 213
Morrogh, Andrew, 100, 117, 118
Morrogh, Frank, 100, 118
mosteiros: ver por nome
Mota, Pedro da, 209
Mouraria, 275
"MP", 188
mulheres em Lisboa, 33, 35, 252, 266, 276
Murphy, James, 43, 263-67
Murray, John, 13, 198, 269, 276
Museu da Academia de Ciência, 17
música portuguesa, 270, 275-76

Necessidades, Palácio das, 28, 271
Neuchâtel, Lago, 114
New Universal Magazine, 193, 206
Newcastle, Duque de 176
Nicholas, Eugene, 251
Nicola, major Lewis, 130
Nijmegen, 188
Nisa, Marquês de, 162
Nobreza portuguesa, 45, 50, 55, 157, 166-67, 170, 209, 258
  execuções depois da conspiração, 235-36, 237
  tentativa de assassinato de Dom José I, 233-35
Normandia, 110
Norris, Sir John, 45, 58
Noruega, 113

Nossa Senhora da Conceição, 146, 161

Nossa Senhora das Necessidades, 43, 170

Nossa Senhora de Jesus, Convento de, 17, 18, 195

Nossa Senhora dos Mártires, 25

notícia sobre o assunto se espalha, 171-75, 177-79

Nova Inglaterra, 177-8, 188, 192, 246

Nowell, Thomas, 87

núncio papal: ver Acciaiuoli, Filippo

O guia do estrangeiro em Lisboa, 205-6

O'Hara, James: ver Tyrawley, Lorde

obras de arte, destruição de, 27

Odivelas, Convento de, 44, 59, 60, 66, 177

Oeiras, 122

Oeiras, Conde de, 162

Oertel, Wilhelm, 270

Oliveira, Francisco Xavier, Cavaleiro de, 197, 216, 238

Olivença, 165

ondas de choque, 107-16

oratorianos, 28, 43, 50, 262

otimismo (doutrina filosófica), 217-18, 219, 220, 221, 222, 239, 240, 242, 243

ouro brasileiro, 39-40, 41, 47-8, 169, 214, 257

    exportado para a Inglaterra, 57, 60, 62-3, 65, 79, 81, 205, 211, 254, 255, 259-60

paço da Ribeira, 29-30, 41, 42, 76, 147-48, 160, 183, 205, 207, 208

Paghetti, Elena, 44, 58

País de Gales, 130

palácios: ver por nome

Palhavã, príncipes de, 59, 167, 237

Paris, 172

Paris, Tratado de, 256

Passeio Público, 257, 265, 273

Patriarcas, Palácio dos, 29

Pedegache et Blanc, 153

Pedegache, Miguel, 193

Pedro II, rei, 30

Pelham, Thomas, 262

Peniche, 125, 166

Penzance (navio), 12, 189

Penzance, 130, 256

Pepys, Samuel, 54

Perelada, Conde de, 73, 155, 157, 171, 172

Perochon, Elias e Mrs., 143

Pessoa, Fernando, 15

peste, 27, 198

Peterborough, Charles Mordaunt, terceiro conde de, 67

Pitt, o Velho, William, 252

Pitt, Thomas, 252-53

Pliny, 246, 247

Plymouth, 130

pobreza, 32, 256, 272

Poema sobre o desastre de Lisboa (Voltaire), 219-20, 221, 223, 239, 242

Policarpo, José, 235

política externa, 210-11

Pombal, Marquês de, ver: Carvalho e Melo

ÍNDICE REMISSIVO 327

Pope, Alexander, 217, 218, 220, 221
Portimão, 108, 125, 126
Porto da Cruz, 128
Porto, 108-9, 173, 245, 255
Portsmouth, 112, 187
Portugal
  levado à Guerra dos Sete Anos,
  256-57, 262
  no início do século XIX, 270
  visão de Baretti, 251-52
pós-terremoto, 264-66, 270-77
  habitantes, 276
  reconstrução, 167, 168, 185, 199,
  212, 213, 231-32, 249, 251, 257-
  58, 260, 263, 273-74
  relatos de testemunhas oculares,
  182-83, 211-13, 251-52
  viajantes, 230
praça da Figueira, 261, 273
praça da Ribeira, 35
praça do Comércio, 232, 257, 260,
  261, 265, 267, 271, 273-74
praça Dom Pedro IV, 273
preços, 184
prisioneiros
  fugitivos, 160, 165, 255
  transporte de, 272
produtos têxteis ingleses, 55, 56, 57,
  157, 185, 204-5, 207
providência divina, 218, 219, 221,
  222
Províncias Unidas
  ajuda a Portugal, 187
  chegada das notícias do terremoto,
  172, 173, 177
  impacto religioso do terremoto,
  192-93

incursões no império português, 29
  terremoto nas, 188
provisões, suprimento de, 166, 168,
  176, 182, 201, 202, 208
Prússia, 211
Purry, David de, 174, 208, 260
Purry, Mellish & Devisme, 153, 155,
  157

Queen's Ferry, 111
Queensbury, Duque de, 82, 189
Quintella, Barão de, 272

Ramalho, Miguel Maurício, 261
Rasselas (Johnson), 242-43
Raymond & Burrell, 157
rebelião jacobita, 191, 237
refugiados, 167, 189, 202
Reid, Harry Fielding, 13-14
relatos de testemunhas oculares, 15,
  245
  dias seguintes, 151-52, 154-60,
  168-69
  o terremoto, 91-5
  período imediatamente posterior,
  98-106, 117-24
  primeira noite, 143-50
  segundo tremor secundário, 133-41
religião
  debate estimulado pelo terremoto,
  189-92, 215-22
  reação fervorosa ao desastre, 103,
  106, 120, 122, 140, 146, 165,
  167, 182
Remolares, 29, 106, 272
Revolta dos Borrachos, 254
Rhys, Udal ap, 54, 269

Ribeira das Naus, 90, 92, 123, 144, 160

Ribeira Grande, Palácio da, 29, 161

Ribeira Nova, 261

Ribeira Velha, 261, 265

Ribeiro, Francisco de, 90, 136

Robinson, Sir Thomas, 72, 78, 82, 156, 158

rocha Conde de Óbidos, 30

Romeiro, Brás José, 235

Rossio, 36-7, 84, 97, 105, 118-19, 120-21, 161, 231, 260, 265, 267, 273

Rousseau, Jean-Jacques, 221-22, 240

Royal Society, 110, 128, 188, 189, 245, 246, 248

rua Augusta, 161, 255, 257, 258, 260

rua Áurea, 161, 231, 266

rua da Conceição, 232

rua da Confeitaria, 35, 146, 274

rua da Correaria, 146

rua da Corte Real, 137

rua da Junqueira, 27

rua da Madalena, 232

rua da Prata, 231, 256

rua das Arcas, 118

rua das Pedras Negras, 91, 100, 103, 121

rua das Portas de Santo Antão, 119

rua de Santa Justa, 232

rua de São Nicolau, 232

rua Direita da Boa Vista, 102

rua do Alecrim, 272

rua do Carmo, 162

rua dos Armazéns, 121

rua dos Correeiros, 231, 266

rua dos Douradores, 231, 266

rua dos Fanqueiros, 231

rua dos Ourives da Prata, 146

rua dos Sapateiros, 231, 266

rua Largo de São Roque, 162

rua Nova de Almada, 138, 153, 154

rua Nova dos Ferros, 36, 146

rua São Julião, 232

"rua Suja", 144

ruína financeira, 152-53, 154, 184-85, 203-7

Saba, 131

Sabugosa, Palácio, 29

Sacavém, 149

Sacramento, 162

Safi, 129

Sagres, 108

saldo de mortes, 172, 173, 183, 193-97

saldo de mortes, 172, 173, 183, 193-97

Salé, 128-29

saloios, 42

Salvaterra, Palácio de, 29, 65, 71, 75

Salvi, Nicola, 42

Sampaio, Monsenhor, 166

Sanches, Antônio Nunes Ribeiro, 44

Santa Apolónia, 230, 231

Santa Catalina, Castelo de, 127

Santa Catarina, 92, 101, 153, 162, 196

Santa Catarina, colina de, 30, 122, 123

Santa Clara, Convento e Igreja de 162

Santa Cruz (Agadir), 129

Santa Engrácia, 163, 275

Santa Isabel, 258

ÍNDICE REMISSIVO

Santa Justa, 161
Santa Maria Madalena, 121, 146
Santa Marta, 91, 119, 144, 151
Santana, Convento de, (em Viana do Castelo) 59
Santiago de Compostela, 170
Santíssima Trindade, Convento da, 66, 121, 161-62, 212
Santo Antão, 76
Santo Antônio, 163
Santos, Convento de, 59
Santos, Eugénio dos, 185
São Bento, Convento de, 30, 166, 271
São Bruno, Forte de, 25
São Domingos, Convento de, 119, 120, 161
São Francisco, Convento de, 30, 79, 155, 160, 161
São João Baptista, Capela de, 42
São João das Maias, Forte de, 25
São Jorge, Castelo de, 36, 37, 91, 92, 99, 105, 120, 134, 160-60, 274
São José, 119
São Julião da Barra, Fortaleza de, 24, 25
São Julião, freguesia de, 160
São Lourenço do Bugio, 24, 122, 144
São Miguel, Conde de, 161
São Nicolau, 91, 118, 119, 161, 267
São Paulo, 30, 103, 121, 143, 162, 220, 273
São Roque, 42, 75, 162, 163
São Vicente de Fora, 75, 163
saqueadores, 121, 164, 166
saudade, 275
Scarlatti, Domenico, 44

Scrafton, Dr. Richard, 94, 105, 133, 151-52, 170
segurança depois do, 165-70
Sequeira, Gustavo de Matos, 15
setembristas, 270
Setúbal, 108, 125, 1736, 255
Sevilha, 109, 140
Sherlock, Thomas, 192
significado, 15
    para o debate científico, 243-47
    para o debate filosófico, 217-22, 239-43
    para o debate religioso, 190-92, 215-18
Silva, Madre Paula Teresa da, 44, 59
Silva, Manuel Teles da, 51
Silva, Rui da, 162
Silveira, almirante Dom Antônio da, 162
Silveira, Feliciana da, 65, 73
Silves, 108
sinais de alerta, 89-90
sismologia, 245, 247
Smollett, Tobias, 190
Solares, José Manuel Martínez, 116
Sousa Meixa, tenente Bartolomeu de, 137, 167
Sousa, Francisco Luiz Pereira de, 197
Southwell, Edward, 249
St. Asaph, bispo de, 174
St. Ignatius, 170
St. Ives, 130
St. Maarten, 131, 178-79
St. Paul's, cônego de, 216
Stoqueler, Mr., (cônsul de Hamburgo) 89
Stubbs, John, 70

330 A IRA DE DEUS

Stukeley, reverendo William, 189-90, 244

Suíça
  terremoto de Lisboa visto na, 114, 245
  terremotos na, 188, 192, 215-16, 244

superstição, 32, 47, 84, 216, 251, 252, 257

suprimento de água, 43
  imediatamente antes do terremoto, 89-90
  teoria ondulatória, 247

Swansea, 130

Swinton, reverendo John, 34

Tagus (navio), 181

Tânger, 115, 129

Tavira, 136

Távora, Francisco de Assis, marquês de, 28, 161, 235, 236

Távora, José Maria de, 235

Távora, Luís Bernardo de, 235

Távora, Mariana Bernarda de, 64, 73, 235

Távora, Marquesa de, 234

taxas de importação, 202-3, 231

Teatro dos Bonecos, 135

Teatro Nacional, 273

técnicas de construção modificadas depois do, 232

Teixeira, Pedro, 233, 234

Tejo, rio, 24-5
  embargo aos navios saindo do, 151, 169, 202
  maremoto de 1755, 122-24, 125, 145, 183
  maremoto de 1761, 256
  número de navios no, 71-2

Terreiro do Paço, 29, 35, 36, 140, 146-50, 160

Terremoto da Caxemira, 13

terremoto de 1755
  custo financeiro, 205-7
  impacto além de Lisboa, 107-9, 125-26
  saldo de mortes, 197
  subestimativa da escala do desastre, 194-95

terremoto de 1761, 255

Terremoto de Lisboa de 1755

Terremoto de Lisboa de 1761, 255-56

Terremoto de São Francisco (1906), 13-4

terremoto de Sumatra-Andaman, 13, 97

terremotos de 1796 e 1801, 270

terremotos e catástrofes anteriores, 97, 106

terremotos
  como ira de Deus, 189-92, 196, 215, 243-44
  interesse científico em, 243-47
  ver também: terremoto de Lisboa de 1755

Tesouro Real português, 167

Tetuan, 116, 129

Thackeray, William, 271, 275

The London Gazette, 173

Thor-Laden, Mr., 158

Töplitz, 114

Torre de Belém, 25-6, 271

Torre Velha, 27

Toulouse, 110

touradas, 35, 84
tratados de Methuen, 48, 55
tremores secundários
  posteriores, 145, 163, 168, 170,
  185, 199, 201-2, 211-2
  primeiro, 117, 121
  segundo, 133-41
Trinas do Mocambo, Convento das,
  162
Tronchin, Jean-Robert, 218
Tsunami
  de 2004, 13
  teletsunami, 131
Tyrawley, Lorde, 37, 40, 41-2, 44, 45,
  61-2, 63-4, 202-3, 256, 273

Ulloa, Don Antonio de, 127-28

Valadares, Conde de, 162
valas comuns, 17-8, 167, 195
Valença, Marquês de, 272
Valltravers, Rodolf, 188
Vanvitelli, Luigi, 42
Vaticano, 45-6
Vaudreuil, Marquês de, 77
Veale, capitão Rich, 68, 69
  ver também Carvalho de Melo
  ver também: comércio de diamantes,
    ouro, comércio de açúcar
  ver também: provisões
Vergennes, conde de, 60
Verney, Luís Antônio, 50
Vertot, abade de, 53-4
vestuário, escassez de, 177, 184
Vieira, Antônio, 270

Vieira, José Custódio, 43
Vila do Bispo, 108
Vimiero, Conde de, 161
Vimioso, Conde de, 272
Vincent, Giles, 143
vinhos do Porto, 55, 254
violência, 32-3, 154
Vitória, rainha, 270
Voltaire, 14, 218-22, 239-43, 256

Walpole, Horace, 62, 174-75, 177,
  188, 192
Wansey, George, 204
Wansey, William, 204
Wappäus, Mr., 145, 146, 150
Washington, George, 81
Wesley, Charles, 175
Wesley, John, 191, 215
Whiston, William, 175-76
Whitefield, reverendo George, 46,
  190, 269-70
Whitefoord, Caleb, 211-13
Whitehall Evening Post, 172, 173,
  174
Williamson, reverendo John, 70, 159
Williston, capitão, 24
Windermere, lago, 112
Windsor, tratado de, 55
Winthrop, John, 178, 246, 247
Witham, Kitty, 192
Witlocks, Willem, 41
Wolfall, Richard, 141, 154, 180
Woodward, capitão, 255

Yarmouth, porto de, 112

Este livro foi composto na tipologia ClassGarmnd BT,
em corpo 11/15, impresso em papel off set 75g/m²,
no Sistema Sistema Digital Instant Duplex da
Divisão Gráfica da Distribuidora Record.